LEARNING WITH DIGITAL GAMES

A Practical Guide to Engaging Students in Higher Education

디지털 게임을 통한 학습

고등교육에서 학습자 참여를 위한 실제적인 안내

Nicola Whitton 저 | 백영균 · 박형성 공역

학지사

역자 서문

오늘날 디지털 게임을 하는 게이머의 수는 날로 증가하고 있으며, 게임은 이제 완전한 하나의 오락으로 확실하게 자리매김하였다. 이에 따라 게임에 대한 관심이 나날이 높아지고 있으며, 게임 활동의 과열로 인해 발생되는 문제에 대한 우려 또한 높아지고 있다. 게임이 갖는 부정적 영향 및 역작용을 간과할 수 없는 이유가 여기에 있다.

게임의 교육적인 기능과 긍정적인 효과에 대한 연구를 지속해 온 역자들은 게임의 부정적인 이미지 속에서 긍정적인 측면의 순기능을 제대로 보지 못하는 사례들에 대해서 안타까움을 가지고 있었다. 긍정적인 사례들을 많이 발굴하고 게임을 교수-학습에 통합시키는 아이디어를 보급하여 보다 건전하고 바람직한 방향으로 게이머들을 자연스럽게 유도하는 일이 선행되어야 한다는 생각을 갖고 있던 중에, Nicola Whitton이 쓴 *Learning with Digital Games*라는 책을 접하게 되었고 순간 많은 교육자에게 소개하고 싶은 마음이 들었다. 교육적인 측면에서 바라보는 게임은 어떤 속성을 지니고 있는지, 학습에 이용될 수 있는 게임의 특성과 유형은 어떠한지, 그리고 어떠한 사례들이 있는지 등을 제시하고 있는 이 책은 교육자들이 게임에 대해서 가지고 있는 궁금증을 해결해 줄 것이라고 생각한다.

독자는 이 책을 통해 학습용 게임의 사례를 접할 수 있으며, 디지털 게임을 교육과정 내에 어떻게 통합할 것인가에 대한 아이디어를 시사받을 수 있다. 한편, 이 책은 게임과 학습의 통합, 그리고 학습용 게임을 설계하는 다양한 방법을 제시하고 있다. 또한 학습용 게임 내에서의 평가와 관련하여 기술하고 있으며, 학습용 게임의 설계 그리고 나아가서는 개발에 관한 언급도 하고 있다. 이 책이 교육자들에게 게임 활용에 대한 안목을 넓혀 주고 인식을 제고하는 데 큰 역할을 할 것이라 기대한다.

이 책은 크게 세 부분으로 나뉘어 있으며 독자가 디지털 게임의 이해와 활용, 개발 및 평가를 직접 수행해 볼 수 있는 구조로 구성되어 있다. 학습용 디지털 게임의 특성과 활용 방법, 디지털 게임의 교육적 이해, 그리고 학습을 위한 디지털 게임의 유형 등 이론적인 내용을 다루는 것으로 시작하여, 두 번째 부분에서는 교육과정에 디지털 게임을 통합하는 방법, 학습을 위한 디지털 게임 설계, 그리고 학습에서 디지털 게임의 영향 평가 등 주로 디지털 게임을 학습에 활용하는 측면을 다루고 있다. 마지막 세 번째 부분에서는 학습을 위해 기존의 디지털 게임의 활용, 학습을 위한 새로운 디지털 게임 개발, 그리고 학습용 디지털 게임 평가 및 사례 연구 등의 내용을 다루고 있다.

이 책의 번역을 마치면서 한국의 독자들에게 감사의 말을 전하기 위해 특별히 서문을 써 주신 이 책의 저자, Nicola Whitton 박사에게 감사의 뜻을 전한다. 저자는 맨체스터 메트로폴리탄 대학교의 교육&사회 연구소에서 연구 교수로 일하고 있으며, 디지털 게임의 교육적인 활용을 위한 다양한 연구논문을 발표하고 있다. 그리고 이 번역서의 출판을 흔쾌히 허락해 주신 학지사 김진환 사장님께도 깊은 감사를 드리며, 좋은 책으로 만들기 위해 수고해 주신 직원 분들께도 감사의 말씀을 드린다.

2011년 7월
역자 씀

한국어판 저자 서문

나는 *Learning with Digital Games: A Practical Guide to Engaging Students in Higher Education*이 한국에서 출판된다는 소식을 듣고 서문을 부탁받았을 때 너무나 기뻤습니다. 특히, 컴퓨터 게임의 인기가 매우 높은 나라 중 하나인 한국 독자가 나의 책을 즐겁게 읽으며 유용한 자원으로 사용하기를 바랍니다.

이 책이 처음 발간된 해에, 세계 경제는 돈의 합리적인 가치와 비용 절감을 더욱 강조하는 양상으로 변화하였습니다. 게임기반학습과 같은 혁신적이고 잠재적인 방법은, 우리가 학습자의 참여와 지원 방법에 대해 다시 생각하게 하는 기회를 제공합니다. 나는 디지털 게임을 활용한 수업과 평가를 위한 창의적인 접근이 다양한 수준을 지닌 학생들을 참여시키는 데 상당한 잠재력을 지닌 대안적인 학습활동 방법일 수 있다고 확신합니다.

만약 질문이나 의견이 있다면, http://digitalgames.playthinklearn.net을 통해 나와 연락할 수 있습니다. 저자로서 언제든지 여러분을 적극적으로 돕고 가치 있는 피드백을 드릴 것을 약속합니다.

친애하는 한국의 독자들에게
Nicola Whitton으로부터

차 례

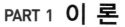

PART 1 이 론

02 디지털 게임의 특성 알기 ··· 33

PART 2 실 제

PART 3 기 술

서문

01

이 책은 성인학습자를 대상으로 하는 학습과 교수, 그리고 평가를 지원하기 위한 컴퓨터 게임의 개발과 이용에 대해 이해하기 쉽게 소개하는 데 목적이 있다. 디지털 게임을 활용하여 수업을 개선하려는 데 관심을 가진 사람이라면 누구나 독자가 될 수 있으며, 높은 수준의 공학적 지식을 요구하지는 않지만 고등교육의 설계와 개발과정에 어떻게 디지털 게임을 통합할 것인지에 대하여 차근차근 단계적으로 안내할 것이다. 이 책이 실제적인 지침서의 역할뿐 아니라, 영감과 아이디어를 제공하여 이 영역에 대한 친절하고 이해할 만한 안내서가 되기를 바란다.

나는 오랫동안 컴퓨터 게임을 이용한 학습에 관심을 가지고 진보된 기술을 활용한 학습 영역의 개발자, 교사, 연구자로서 일해 왔다. 이 책은 「고등교육에서 협력적 컴퓨터 게임기반학습의 가능성에 대한 연구(An investigation into the potential of collaborative computer game-based learning in higher education)」라는 내 박사학위 논문 주제의 연구 결과에 기초하고 있다(Whitton, 2007).

이 책은 그동안의 내 연구와 경험이 정제된 것으로서 독자들이 이론적인 내용을 쉽게 이해할 수 있도록 지원하는 활동과 이 작업을 통해 배운 교훈을 제공하고, 학습에 게임을 활용하는 것에 대한 실제적인 고려사항을 설명하고, 각자의 주제를 학습하기 위해 디지털 게임을 실행하는 최선의 방법을 소개하고 있다. 처음부터 끝까지 이 책의 성격을 현실적인 실용성 측면에서 유지하려 하였으며, 교수-학습과정에서 디지털 게임을 적용하는 것에 대한 조언을 위해 실용적인 제언과 지침, 체크리스트 등을 간단한 사례연구와 함께 제시하였다.

도입에 해당하는 이 장의 전반부에는 이 책이 만들어진 배경을 설명하고 논의하였으며, 적령기의 학습자가 아닌 고등교육 학습자가 특히 컴퓨터 게임을 활용하는 데 대한 근거를 탐색하며 책의 구조와 포함된 요소들에 대하여 설명한다. 그리고 후반부는 이 영역에서 사용되었던 게임기반학습 논문들로부터 몇 가지 사례를 소개한다. 이 장을 읽은 후에 독자들이 학습에 있어 디지털 게임의 가능성을 발견하길 바라며, 여기에서 이야기하고 있는 원리들을 각자의 상황에 적용할 수 있는 방법에 대하여 생각하는 일을 깊이 고민해 보기를 바란다.

이 책의 배경

이 책의 주된 목적은 고등교육의 맥락에서 학습을 위한 컴퓨터 게임 활용에 관심이 있는 사람에게 실제적인 출발점을 제공해 주는 것이다. 학습을 위한 컴퓨터 게임의 일반적인 개념은 원격에서 사용되는 온라인 게임에 국한되는 것이 아니라, 전통적 교실 환경의 면대면 수업에서부터 온라인 가상 세계의 모든 환경과 상황에서 게임을 활용한 이러한 수업 학습을 포함하며, 특히 이러한 수준의 학습을 지원하는 적절한 장르의 게임을 이용한다.

‘디지털 게임을 통한 학습’은 강사, 교육 개발자, e-러닝 전문가와 연구자를 포함한 게임과 교육에 관심을 가진 모든 사람을 위한 책이다. 이 책은, 이론에 치우치지 않으려 했지만, 실제적인 조언을 뒷받침하는 이론과 사례를 제공하고 있다. 이렇게 하는 목적은 학생들의 경험을 향상시키기 위한 기술로서 게임기반학습의 원리를 학습에 적용할 수 있게 하는 데 있다.

　이 책은 디지털 게임을 통한 학습의 교육적, 실천적 그리고 기술적 측면 모두를 보여 주지만 독자가 학습 이론의 전문가가 되거나 기술적으로 숙련되기보다는(이 책을 읽는 데 높은 수준의 기술적 전문성이 필요하지는 않다.) 어떻게 제안된 기술들을 적절하게 활용하느냐를 생각하는 능력을 가지게 될 것이다. 기술의 활용을 뒷받침하는 교수법이 이 책이 가진 정신의 핵심이고, 이 책을 읽고 제안된 활동을 마친 후 교수-학습과 평가를 발전시키는 데 디지털 게임을 잘 활용할 수 있도록 다양한 접근법에 대한 아이디어로 가득 차길 바란다.

　이 책은 또한 탄탄한 연구 결과에 근거하여 실제 교수와 학습 맥락에서 디지털 게임이 어떻게 적용되는지에 대한 적절한 권고와 아이디어 제공을 목적으로 하고 있다. 비록 괜찮은 사례들이 존재하기는 하지만 이것들은 현재 고등교육 영역에는 다소 제한적임을 미리 밝히는 바이며, 연구와 증거의 근거가 시간이 지남에 따라 풍부해지기를 기대한다. 따라서 이 책에서 제공되는 사례들은 대개 고등교육 영역에 근거하며 때때로 초 · 중등교육, 평생교육, 비형식교육, 다른 맥락에서의 훈련과 성인교육으로부터의 사례와 증거에서도 제시될 것이다. 마찬가지로 이 책에서 제공된 기술이나 도구가 관련된 영역의 전문가들에게도 관심의 대상이 되기를 바란다. 내가 경험한 것은 주로 영국의 고등교육이고 이 책에 사용된 예제와 사례연구의 대부분은 이러한 환경에서 나왔다. 그러나 가능한 한 다른 환경의 사례를 포함시키려 노력하였고, 그것들이 어떻게 적용되어 어떠한 영향을 줄지에 대한 차이점을 강조하였다.

　이 책은 단순히 읽고 듣는 것이라기보다는 학생들이 스스로 해 봄으로써 배우고 이해의 정도를 확인하고 정제하는 방법으로 다른 사람을 통해 배운 것을 자신에게 의미 있는 개념으로 구성하는 구성주의 학습관을 철학적 근본으로 하여 쓰였다. 고등교육 혹은 다른 교육 영역에서 교수나 내용의 전달을 위해 성공적으로 사용된 컴퓨터 게임의 사례들이 존재하지만 디지털 게임을 실제 교육 현장에서 사용하고 이해하기 위해서는 그 사례들을 분석하고 적용하고 평가하는 것과 같은 고등 수준의 기능을 가르칠 잠재력이 있는 역동적 학습 환경으로 보는 것이 최선이라 생각한다. 이것이 이 책의 주요한 초점이다.

비록 긍정적인 연구 결과와 경험에 기초하여 이 책을 집필하였지만 모든 학습과 교수 상황에 적용할 수 없다. 그럼에도 독자들이 이 책에 제공된 조언을 한 발 앞서 인정해 주는 것은 의미 있는 일이다. 여기에 기술된 원칙들을 신중하고 창의적으로 적용하는 일, 학생 그룹에 디지털 게임의 활용을 적용하는 일, 교사의 경험과 기술, 주제 영역의 성격 등은 결정적인 것이다. 이 책의 목적은 독자들이 컴퓨터 게임을 배우거나 가르치는 데 적합하도록, 그리고 적절하게 사용하도록 도울 수 있는 교수적 이해와 배경을 제공하는 것이다.

이 책을 유용히 사용하는 데에는 몇 가지 방법이 있다. 그것은 처음부터 끝까지 쭉 읽어서 끝내는 방법으로, 고등교육에서 디지털 게임에 기초한 학습의 활용에 대한 입문적 시각을 제공하는 것 혹은 시작단계로서 각각의 장에서 제공되는 활동을 선택하여 해 보는 것이다. 또한 독자들에게 필요성이 생겼을 때 특정 관심 영역이나 어떤 연구 주제를 탐구할 수 있는 참조 도구나 실제적 매뉴얼로도 사용될 수 있다. 전체적으로 여러 활동이 포함되어 있는데 이는 독자들을 그 자체의 맥락에서 학습을 위한 적절한 게임의 구체화, 디자인, 획득 등의 과정으로 안내하고 기술된 원칙을 적용할 기회를 제공할 것이다.

이 책은 디지털 게임기반학습을 배경으로 모든 기초적 관심을 다루는 것을 목적으로 하였으며, 크게 세 부분으로 나뉘어 있는데 교수법 이론을 먼저 살펴보고, 그다음 실제적 활용 그리고 활용될 만한 기술을 살펴본다. 각 영역에 대한 소개를 할 수도 있고 일부분만을 보여 줄 수도 있다. 이 책이 쉽게 참고할 수 있는 책으로 이용되기를 바라며 각 장의 마지막 부분에 그 장을 아우르는 중요한 요점에 대한 요약을 제공하였다. 또한 이 책의 전후 맥락이 가능한 한 연결될 수 있도록 노력하였으며 사례와 사례연구들을 활용하였다. 좀 더 자세한 사례는 확장된 사례연구의 형태로 이 책에서 참고한 웹사이트에서 찾아볼 수 있다.

나는 고등교육에서 학습자의 디지털 게임 활용을 주로 다루고 있는 이 책이 필요하다고 생각하는데, 왜냐하면 이 분야에 몇몇 훌륭한 다른 책들이 있지만 주로 아이들에게 학습에서 게임의 활용이나 훈련에 초점을 맞춘 경향이 있으며, 역동적이고 맥락적인 학습의 지원이라는 중요한 가능성을 다소 놓치고 있는 듯한 느낌 때문이다. 다음 섹션에서 기존의 책들과는 다르게 좀 더 확대되어 탐구된 영역으로 고등교육 맥락에서 학습을 위한 디지털 게임에 관한 생각의 근거를 이야기해 보려 한다.

고등교육 맥락

최근 컴퓨터 게임기반학습의 가능성을 전망하는 몇몇 훌륭한 책이 출판되었지만 일반적으로 이 책들은 아이들의 학습에 초점을 맞춘 경향이 있고, 성인의 학습이 고려된 부분은 기술에 초점을 맞추거나 훈련에 관계된 내용 또는 단순한 사실의 기억에 초점이 맞추어져 있는 경향을 보인다. 교사로서나 개발자 그리고 학습을 위한 디지털 게임 연구자로서 자신의 경험에 비추어 볼 때 이러한 책들이 이야기하는 게임 활용은 고등교육을 받는 학생들에게 직접적으로 전달되지 못할 것이며 디지털 게임의 진정한 가능성을 탐구할 수 없으리라 생각한다.

성인교육뿐만 아니라 이 책의 많은 부분을 적용할 수 있는 학교교육과 상업 및 훈련 분야를 포함한 다른 교육 영역에서 얻을 수 있는 아이디어가 엄청나게 많을 것이다. 그러나 이와 같은 고등교육의 차이를 이해하는 것은 주어진 상황에서 어떻게 적절하게 게임을 활용할지 판단하기 위해서 중요하다. 내 관점에서는 아이들을 대상으로 하는 연습과 실습 상황에서 게임을 적절히 이용하는 것은 대학에서 더 높은 수준의 학습과 대치되며 방법 면에서 수많은 근본적인 차이가 존재한다고 본다. 그것들은 다음 페이지의 글상자 안에 제시할 것이다.

　앞서 논의하려던 개념은, 컴퓨터 게임기반학습에 대한 내 열정에 대해서 말하려고 했던 것이 아니라, '게임 세대' '디지털 원주민' 혹은 '네트워크 세대'의 개념이다(Oblinger, 2004). 이러한 용어들은 모두 어린아이부터 현대의 기술에 노출된 젊은 사람들(예를 들면, 현재의 학습자 세대)이 기술을 생각하고 접근하는 방법을 바꾸어 버렸다는 것을 표현하는 데 사용되었다. 프렌스키(Prensky, 2001)는 컴퓨터 게임, 텔레비전과 여타의 미디어 그리고 그것들을 본능적으로 배우고 사용하는 디지털 원주민과 의식적인 노력을 통해서 여러 종류의 기술과 상호작용해야 하는 기성세대 학습자 간의 분명한 차이를 기술하였다. 그는 컴퓨터의 세상에서 성장한 세대(즉, 현재 우리 학습자 세대의 대다수)는 이전 세대와 인지적으로 다르며, 이러한 기술에 대한 몰입은 사람들이 정보를 얻고 동화하는 방법을 근본적으로 변화시켰다고 주장한다.

　이러한 생각은 여전히 컴퓨터 게임의 활용에 대한 교육자 사이의 논쟁거리가 되고 있고, 다소 결함이 있는 주장임에도 교육자의 일반적인 생각이 되고 있다. 이러한 방식으로 모든 세대집단에 꼬리표를 붙이는 것, 특히 그 차이를 극복할 수 없으며 공유할 수 있는 것에 초점을 맞추기보다는 단지 차이를 강조하는 의미로 사용되는 것을 의미하는 디지털 단절 혹은 세대 차이와 같은 용어들은 전혀 도움이 되지 않으며 정말로 그 자체의 가능성을 제한하는 일이다. 비록 그 차이가 존재한다는 것을 강조하는 것은 유용할 수 있으나 단순히 두 가지 존재방식(예를 들어, 원주민과 이민자)보다는 훨씬 더 복잡하며 개인들의 기술과 정보에 대한 접근이 반드시 고정된 것만은 아니라는 상황을 깨닫는 것이 중요하다. 베넷과 그의 동료들(Bennett et al., 2008)은 디지털 원주민에 대한 최근 논문 분석을 통해 젊은이와 기술 간의 보다 더 복잡한 관계 그리고 세대에 따라 서로 다른 학습 스타일이 존재한다는 증거는 없다고 주장했다. '널리 확산된 변화에 대한 필요를 말하기에 앞서 그 상황을 정말 이해하고자 하는 젊은이와 그들 교사의 관점을 포함하는 신중하고 실증적인 조사'를 위해 그들은 좀 더 계량화되고 실증적인 연구의 접근을 요구하고 있다(Bennett et al., 2008: 784).

도입 가능성

학습과정에서 알게 되는 놀이와 즐거움의 개념을 이해하는 방식은 고등교육에서는 다르다. 아동의 학습 맥락에서 놀이와 즐거움은 적절한 요소로 보일 수 있는 반면, 고등교육에서 게임은 많은 학습자와 교사들에 의해 하찮게 비춰지고 다분히 오락적인 것으로 이해된다. 게임의 적절성에 대한 인식은 사용자들의 접근성에 영향을 미칠 것이며, 따라서 게임의 목적성과 교수법적 근거에 대한 보다 큰 강조를 할 것이 이러한 맥락에서 요구된다.

실제 세상에의 적용 가능성

고등교육에서 학습자, 그리고 일반적인 성인학습자는 배우는 것과 실제와의 관련성과, 배운 것을 실제 상황으로 전환하는 것을 중요하게 여긴다. 실제 세상에의 적용 가능성은 게임 설계와 외부에서 주어지는 지원 활동에 대한 영향력을 지니고 있다.

평가

학습을 위한 디지털 게임의 평가는 이 책이 설명하려고 하는 주요한 이슈 중의 하나이고, 게임의 평가 여부와 관계없이 그것을 사용하는 역동성과 학습자의 적용성에 영향을 미칠 것이다. 고등교육의 교수자는 학교의 교사보다 교육과정의 평가에 있어서 훨씬 더 많은 부분에서 유연성을 가진다. 그리고 이러한 자유는 기존의 평가 유형이 적절한가에 대한 의문을 제기함과 동시에 효과적인 디지털 게임기반학습의 통합에 훨씬 더 큰 가능성을 만들어 낸다.

학습결과의 인지 수준

대학 수준에서 학습결과의 성격은 특히 대학교 4학년 학생이나 대학원생에게는단순히 암기, 사실의 반복, 주제의 이해 등에 초점을 맞추지 않고, 더 높은 수준의 인지적 산출, 비판적 사고, 평가, 종합, 적용 등과 같은 기술을 찾는 것에 초점을 맞추는 경향이 있다. 그리고 이러한 상황에서 사용되는 적절한 컴퓨터 게임의 종류는 낮은 수준의 기술을 가르치는 데 사용되는 것과는 다르다.

동기

성인이 학습에 참여하는 동기와 게임기반학습에 참여하는 동기는 모두 청소년의 참여동기와는 다르다. 성인은 매우 다양한 이유로 학습에 참여하고 고등교육에 자발적으로 참여할 것을 선택한다. 컴퓨터 게임은 교육에서 '동기부여적 도구'라고 인식되어 왔지만 내 경험으로는 성인(모든 성인이 다 그렇다는 것은 아니지만)의 경우에는 그렇지 않다. 단순히 동기를 부여하는 도구로서 게임을 이용하는 것은 고등교육에서는 적절하지 않으며 학습에서 성인의 참여를 둘러싼 동기를 지나치게 단순화시킨다.

학습 안내

고등교육을 받는 학생들에게는 스스로 학습 과정을 보다 깊이 이해하고, 배움에 대한 자기반성적 태도와 성숙함을 계발시킬 수 있는 큰 책임이 요구된다. 게임에 적용되고 있는 스텔스 학습(학습자들이 무엇을 어떻게 학습하고 있는지 깊이 이해하지도 않으면서 게임을 플레이하며 학습하는 것)과 같은 개념은 이러한 맥락에서는 적절하지 않다.

내 경험에 따르면 기술(매체)에 노출된 수준과 시간 같은 요소들이 교사와 학습자의 게임 사용에 대한 확신에 영향을 미치며, 사람들이 컴퓨터와 상호작용하고 이를 이용하는 방법을 변화시킨다. 몇몇 10대의 아이들보다 나이 많은 사람들이 컴퓨터를 이용하는 데 보다 익숙할 수 있다고 생각하면서도 단지 컴퓨터 사용에 익숙하기 때문에 학습의 방법으로써 그것을 이용하려는 것인지, 혹은 본능적으로 어떻게 그것을 상황 속에서 효과적으로 이용하는지 알 것이라고 추정할 어떤 근거도 없다. 최근 영국에서 행해진 두 개의 연구는 일반적으로 인식하는 것과 달리, 학생들이 학습을 위한 기술과 새로운 작업방식에 그리 편안하게 생각하지 않을 수도 있다는 증거를 제공하고 있다. 학생들의 고등교육에 대한 기대에 관한 연구에서 IPSOS MORI(2007)는 기술에 익숙한 환경에서 성장해 온 학생들은 자신이 기술을 사용하는 것에 가치를 부여하지 않은 반면, 면대면 교수와 전통적 교사-학생 간의 상호작용에 높은 가치를 부여하였음을 밝혔다. 또한 CIBER(2008)의 연구 역시 정보화 시대에 성장한 젊은 사람이 나이 든 사람보다 웹을 더 잘 사용할 것이라는 가정이 틀렸다는 증거를 제시하고 있다. 비록 젊은 사람이 분명히 컴퓨터에 쉽게 접근하더라도 검색엔진에 대한 의존도가 너무 높고 비판적 분석력이 부족하다는 것이다. 사실, 이 연구들은 웹 검색이나 탐색의 지연 현상에 불만을 터뜨리는 것이 젊은 사람들만의 기질적 특성이 아니라, 실제로 모든 연령대의 웹 사용자에게서 나타난다고 밝히고 있다.

고등교육에서의 학습과 관련하여 기술이 점점 만연해짐에 따라 모든 학습자는 컴퓨터와 상호작용하는 방식을 변화시켜야 할 것과 특정 세대나 어떤 학습자 집단에 전면적인 가정을 할 수 없음을 인정하는 것이 중요하다. 대신 모든 수준의 기술적 경쟁과 확신을 제공하고 많은 사람들이 기술적인 것과 연계되지 않는 방식으로 의사소통하며 즐기고 학습하는 것을 받아들여야 한다.

이 책을 통해 새로운 학습자 세대, 혹은 각각의 상황에 있는 모든 학생에게 디지털 게임기반학습을 호소한다고 해서 쉽게 고등교육에서의 교수-학습 혁명을 이루지는 못할 것이다. 디지털 게임들이 강사들과 교사들에게 사용 가능한 다른 도구로 비추어지는 것이 중요하다고 생각되며, 고등교육 시스템의 제약과 적절한 교수법 모형을 종합하여 고려하고 실천하였을 때 학습에 효과적이고 매력적인 방법을 제공하였다고 할 수 있다.

이 책의 구조

이 책은 이론, 실제 그리고 기술 등 총 3부로 구성되어 있으며, 그다음에는 서로 다른 고등교육기관에서 학습을 위한 디지털 게임의 효과적인 활용에 대한 이 분야의 현장 전문가들에 의해 작성된 6개의 상세한 사례연구를 제시하고 있다. 그리고 마지막 장에는 책의 주제, 즉 주요 수업들에 대한 강조와 연구의 미래 영역에 대한 고려 등을 종합하여 결론을 제시한다. 제1부 '이론' 에서는 책의 후반부를 지지하는 고등교육에서 학습을 위한 디지털 게임의 활용에 대한 내용과 배경을 제공한다. 제2부 '실제' 에서는 실제 교수학습 상황에서 디지털 게임의 활용을 살펴보고 여러분의 분야에서 게임의 사용에 관해 생각하는 것을 어떻게 시작할지에 대한 팁과 조언을 제공한다. 제3부 '기술' 에서는 게임, 소프트웨어 개발과 이용 가능한 플랫폼에 초점을 맞추고 요구되는 게임의 개발을 위한 다양한 옵션을 독자들의 기초교육을 위해 제공한다. 이 책의 마지막 장은 결론으로서 책 전반을 통해 무엇이 언급되었는지, 고등교육에서 디지털 게임기반학습에 대한 향후 도전과제들이 무엇인지, 그리고 미래의 연구 영역에 대한 논의를 전체적인 입장에서 조망하였다.

이 책의 각 부는 세 개 장, 즉 모두 아홉 개 장으로 구성되어 있으며, 여러분이 내용을 탐색하고 찾으려는 정보를 쉽게 찾을 수 있도록 도울 수 있는 다양한 요소를 포함하고 있다. 각 장은 개요로 시작하고, 이는 여러분이 해당 장을 읽고 그 안의 활동들을 해 봄으로써 배울 것이라 기대하는 것에 대해 간단히 말하고 있다. 뿐만 아니라 각각의 장에는 상당한 활동을 제시하였다. 이것들은 완전히 여러분의 선택이지만 원한다면 자신의 학습과 교수 활용에 있어서 각 장에서 이야기하는 내용과 관련된 방법을 활용해 볼 수도 있다. 여러 활동을 해 봄으로써 어떤 종류의 게임이 실제적 의도와 제한점을 고려하며 게임을 적용·수정·창조하는 데 적절한 기술인지 확인하는 과정, 즉 여러분의 상황에 가장 적절한지를 확인하는 과정을 경험하게 될 것이다.

참고서적으로 이 책의 활용을 돕기 위해 각각의 장에 주요 용어를 강조하였고 용어들의 정의는 이 책의 마지막 부분에 있는 용어사전에서 찾을 수 있다. 또한 각 장의 말미에는 중심 내용에 대한 간단한 개요를 짤막하게 요약하였다. 덧붙여 이 주제에 특별히 관심이 있는 사람을 위하여 많은 장들이 추가적인 읽을거리를 짤막한 목록으로 포함하고 있다. 다음의 세 하위 섹션은 이 책의 세 주요 부분에서 각 장의 짤막한 개요를 제공하고 있다.

이론

제1부에서는 디지털 게임의 이론과 이와 연관된 교수법 이론에 초점을 맞추고 있다. 제2장 '디지털 게임의 특성 알기'에서는 이 책 전반에 걸쳐 사용된 디지털 게임의 광범위한 정의에 대한 설명과 다양한 분야로부터 디지털 게임의 정의의 범위를 함께 생각해 보고 하나의 정확한 정의를 내리는 것에 대한 어려움을 이야기할 것이다.

제3장 '디지털 게임의 교육적 이해'에서는 디지털 게임의 교수법적 가능성에 대해 이야기하고 고등교육에서 학습과 교수를 개선하기 위해 이를 이용하는 근거를 탐색한다. 먼저 성인학습에서 게임이 학습에 대한 동기를 부여하는데 주는 영향이 아동의 학습과 다르다는 것을 밝힌다. 이 장은 협동학습, 실험학습과 문제기반학습을 포함한 역동적 학습의 구성주의 이론을 제시하여 학생 참여와 고등교육에서 컴퓨터 게임을 위한 교수법적 근거의 중요성에 대해 논의하며 게임 도입의 성격을 조사함으로써 결론을 내린다.

이론 섹션의 마지막 장인 제4장 '학습을 위한 디지털 게임의 유형 확인하기'는 교육자들이 이용 가능한 다양한 디지털 게임의 유형과 여러 종류의 학습을 촉진하는 데 사용될 수 있는 다양한 방법을 조사한다. 게임의 종류에 대한 분류가 제공되고 특별히 고등교육에서의 학습에 초점을 맞춘 학습 유형과 관련된 논의가 이루어진다. 이 장은 학습을 위한 디지털 게임의 새로운 방향을 간단히 이야기하면서 끝을 맺는다.

책의 첫 부분을 읽고 책에 제시된 활동들을 직접 해 본 독자들의 경우 학습을 위한 디지털 게임의 활용 이면에 있는 교수법과 관련된 다양한 이론적 이슈의 상당한 배경지식을 가질 수 있어야 하며, 고등교육이라는 맥락에서 왜 디지털 게임의 활용에 대한 교수법적 근거가 중요한지 이해할 수 있어야 하고, 그들 자신의 학습과 교수활동에 있어서 적절한 게임의 유형을 판단할 수 있어야 한다.

실제

제2부에서는 고등교육에서 디지털 게임을 사용하여 가르치는 실제에 대해 살펴본다. 제5장 '교육과정에 디지털 게임을 통합하기'에서는 디지털 게임이 사용될 수 있는 맥락과 디지털 게임을 고등교육의 교육과정에 통합할 때 필요하다고 여겨지는 실용적인 주제들의 범위를 다룬다. 학생들에게 예상되는 게임 방법 학습과 안전성과 같은 주제들이 강조된다. 이 장에서는 디지털 게임의 적절성을 평가하고 존재하는 제한요인을 찾아내어 가르치는 상황을 분석할 수 있는 기술을 제공한다. 이 장의 뒷부분에서는 면대면 학습과 온라인 학습의 차이점을 고려하면서, 컴퓨터 게임기반학습을 교수−학습에 통합하는 데 있어 여러 가지 다른 선택 사항에 대해 알아본다.

제6장 '학습을 위한 디지털 게임 설계하기'는 학습을 위한 올바른 게임 설계, 그리고 게임과 이에 연계된 활동들이 학습의 과정을 지원하도록 설계하는 방법에 대해 살펴본다. 학습 목표와 게임 활동의 일치, 협력 활동을 지원하는 방법, 연계 활동의 개발 등을 포함하는 여러 가지 교육적 설계상 고려점을 다룬다. 적절한 게임을 찾거나 만들어 내기 위한 서로 다른 선택 사항들에 대해

간단히 다루고, 게임 설계 개념의 개발을 위한 체계를 제시하고 있다.

실제 영역의 마지막 장인 제7장 '학습에서 디지털 게임의 영향 평가'에서는 디지털 게임기반학습의 영향을 평가할 수 있는 서로 다른 두 가지 방법에 대해 살펴볼 것이다. 첫째는 게임을 교육과정에 대한 형식적인 평가로 통합하는 형태다. 둘째는 학습과 확장된 학습자의 경험의 관점에서 게임의 영향에 대한 조사를 실시하는 것이다. 학생들의 경험을 측정하는 방법들을 열거하고, 학생들이 게임기반학습에 참여하는 것을 평가하는 모델을 제시한다.

이 부분을 학습한 후, 독자들은 고등교육과정에 디지털 게임기반학습을 시행할 때 고려할 필요가 있는 실질적인 사안들을 볼 수 있는 안목을 갖게 될 것이다.

기술

제3부에서는 디지털 게임의 기술과 관련된 주제들을 다룬다. 제8장 '학습을 위해 기존 디지털 게임 활용하기'에서는 기존의 상업적 오락물과 교육용 게임을 학습에 적용하는 가능성에 대해 살펴볼 텐데, 이 같은 접근에 있어 우선적으로 장단점을 고려하고, 오락물과 교육용 게임의 차이를 설계하는 것에 대해 논의할 것이다. 또한 이 장에서는 다중사용자 가상 세계의 적용과 학습에 있어 기존 게임 환경의 수정 가능성에 대해 살펴본다. 학습을 위한 게임을 얻을 수 있는 수많은 웹 자원도 함께 제공된다.

제9장 '학습을 위한 새로운 디지털 게임 개발하기'에서는 다시금 접근에 대한 찬반 양론의 논의를 시작으로 새로운 게임 만들기를 지원하는 데 중점을 둔다. 그다음 처음의 원칙들로부터 교육용 게임을 개발하기 위해 요구되는 기술의 범위에 대해 설명하게 된다. 게임 개발을 지원하는 기능적인 사양을 개발하는 과정을 고려한 후에는 게임 개발에 있어 유용한 개발 도구의 범위를 제시한다.

기술 영역의 마지막 장인 제10장 '학습용 디지털 게임 평가'에서는 디지털 게임의 사용성, 접근성, 잠재적인 교육적 가치 등을 평가하는 방법에 대해 살펴본다. 사용자 중심 설계의 기본 원리들을 간략히 정리하고, 프로토타입(개발 대상물 전체 또는 일부분에 대해서 실제와 같이 동작하는 모델을 조기에 구성하는 시스템 개발 방법)과 사용자 평가의 중요성에 대해 논한다. 또한 학습에 효과적이고 접근이 용이하며, 유용하고 배우기 쉽도록 게임을 설계하는 데 도움을 주기 위한 지침이 제공된다.

이 부분을 읽고, 관련된 활동들을 마치고 나면 독자들은 유용하면서도 기술적인 선택사항들에 관한 개념뿐 아니라 교육용 게임의 사용 및 발전과 관련된 기술적인 문제들에 대해 이해하게 될 것이다. 또한 이처럼 게임이 빨리 변화하고, 새로운 것이 등장하는 이유는 게임 프로그래밍 기술의 본질적인 특성이므로 특정 형태의 기술, 응용프로그램, 시스템 구축 환경(platform)의 경우에 대해서는 의도적으로 논하지 않았다. 그러나 관련 웹사이트(companion website)에 있는 자세한 사항과 링크페이지들을 열어 보면 보다 유용할 것이다(다음 섹션에 나와 있음).

사례연구 및 맺는말

세 개의 주요 영역 이외에 이 책에는 또한 디지털 게임학습 분야에 있어 선두적인 역할을 하고 있는 학회와 전문가들이 행한 여섯 가지의 사례연구가 나와 있다. 이것은 컴퓨터 게임이 실제 상황에서 어떻게 사용되는지, 그리고 그동안 책에 나왔던 주제들을 어떻게 끌어낸 것인지 실제 생활에서 관찰한 것을 보여 준다.

책의 마지막 장에서는 그동안 언급되었던 주제와 개념들을 모두 제시하여 앞으로 다가오는 (디지털) 게임기반학습에 대한 전망에 대하여 알아본다. 책을 통해 언급되었던 활동들을 실행해 봄으로써 독자들이 자신들의 교수 상황에 적절한 조건을 갖춘 게임을 얻게 되고 게임을 새롭게 만들어 내기 위한 전략들과 그것들을 교육과정에 적절하게 적용하는 방법을 발전시켜 나가는 것, 그리고 그것의 가치를 평가하기 위한 기술을 확인하도록 하는 것이 최종 목표다.

책과 관련된 웹 리소스

이 책에 참조된 웹사이트(http://digitalgames.playthinklearn.net/)에는 책 속에 있는 내용과 활동을 보완해 주는 일련의 내용들이 포함되어 있다. 빠른 속도로 변화하는 이 분야의 특성 때문에 특정 소프트웨어나 게임에 대한 참고자료는 책으로 출판되기 전에 이미 구식이 되어 버릴 수 있기에 이와 같은 내용들은 최신의 상태를 유지할 수 있도록 책보다는 웹사이트에 게재될 것이다.

웹사이트는 다음과 같은 다섯 개의 부분으로 구성되어 있다.

- 지원자료(Supporting materials): 모든 자원, 즉 읽기 자료와 언급했던 도구, 활동 그리고 각종 스크린샷의 온라인 버전 및 각 장에 나왔던 각종 양식과 체크리스트의 디지털 버전
- 게임(Games): 관련된 또는 흥미로운 다른 게임뿐 아니라 책에서 참고하였거나 언급했던 모든 게임에 대한 링크
- 자원(Resources): 디지털 게임을 이용한 학습 분야에 관련된 추가적인 출판물, 개발 도구, 웹사이트
- 사례연구(Case studies): 책에 포함된 각 사례연구에 대한 설명
- 피드백(Feedback): 이 웹사이트 자체에 대한 독자의 생각이나 이 책에 대해서 어떻게 생각하는지를 저자에게 말할 수 있는 기회를 제공하며, 추가적인 자원, 게임 또는 사례연구를 제공한다. 독자들의 어떠한 코멘트나 의견들이 가치가 있다고 생각한다.

활동: 참조된 웹사이트와 친숙해지기

지금부터 10~15분 동안 컴퓨터에 접속해 동반된 웹사이트가 무엇을 제공하는지 살펴보아라. 홈페이지에서 다섯 개의 주요 부분의 링크를 확인해 볼 수 있으며, 위에서 설명했던 곳을 쉽게 가 볼 수 있다.

책에 사용된 예시

이 책은 독자들이 게임에 대한 이전 경험들과 무관하게 가급적 쉽게 접근할 수 있도록 하고 있다. 따라서 책에서 언급했던 세 가지 예를 제시하는 것은 그럴 만한 가치가 있는 것으로, 여러분이 온라인상에서 게임을 무료로 유용하게 이용할 수 있으며 앞으로 언급할 개념을 파악하는 데 도움이 될 것이다. 이러한 예시들은 초기 활동에서 광범위하게 사용되는데, 만약 여러분이 다른 형태의 게임에 이미 익숙하다면 그것을 마음대로 사용해도 좋다.

제시된 세 가지 게임은 다양한 종류의 게임의 좋은 예를 제공해 줄 뿐 아니라, 이 책을 통해서 제기해 보고자 했던 특정 관점을 제공하기 때문에 선택되었다. 그것들은 온라인상에서 쉽게 접근 가능하고, 다양한 시스템 환경에서 작동 가능하므로 유용하고, 그것들 모두가 재미도 있을 뿐 아니라 학습에 있어서 가능성을 가지고 있다.

이렇게 선택된 예시들은 게임 분야에서 가장 훌륭한 예가 될 필요는 없으며 가장 높은 생산가치를 가져야 한다거나, 잘 설계된 교육용 게임이 가진 모든 장점을 가진 대표적 사례가 될 필요는 없다. 이러한 게임들은 결국, 교육용이 아니라 오락용으로 설계되었다. 그러나 이러한 게임들은 시작하기가 쉽고, 이 책에 언급할 여러 가지 원칙을 구체화하는 좋은 게임 설계의 특성을 보여 준다.

《룬스케이프(RuneScape)》는 온라인 다중사용자 판타지 역할놀이 게임으로,

[그림1-1]
《룬스케이프》

이곳에서 플레이어는 문제를 해결하고 게임을 진행하기 위해 이곳저곳을 돌아다니며 환경, 사물, 다른 플레이어들과 상호작용을 한다. 《룬스케이프》([그림 1-1] 참조)는 비교적 배우기 쉽고 다른 플레이어와 협력을 위한 기회를 만들어 내며 탐험할 만한 광대한 상호작용 세계를 제공해 주는, 복잡한 게임의 좋은 예를 보여 준다.

《낫프론(NotPron)》은 단일 사용자 퍼즐 게임으로 '인터넷에서 유용한 가장 어려운 수수께끼'라고 자신을 설명하며, 난이도가 점점 높아지는 퍼즐 시리즈로 구성되어 있어 플레이어는 게임의 어려운 레벨로 진행해 가기 위해 문제들을 해결해야만 한다([그림 1-2] 참조). 비록 퍼즐이 비교적 빨리 난이도가 높아지고 점점 더 높은 수준의 기술적인 노하우를 요구한다 할지라도 이것은 매력적인 게임을 만들기 위한 간단한 기술을 사용하는 게임의 훌륭한 예가 될 것이다.

《슬루스(Sleuth)》는 온라인 탐정 게임으로 점차적으로 난이도가 증가하는 어떤 사건들을 해결하기 위해 플레이어가 단서들에 대한 위치를 조사해 보고, 증거들을 모으며, 용의자들과 대화를 통해 미스터리를 해결해야만 한다

[그림1-2]
《낫프론》

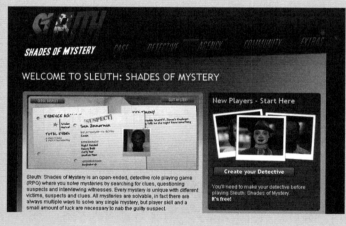

[그림1-3]
《슬루스》

([그림 1-3] 참조). 이 게임은 어떤 사건에 관한 논리적인 추론을 해낼 수 있도록 플레이어가 상호작용할 수 있는 세분화된 환경과 사물을 제공하는 좋은 예가 된다.

  비록 게임을 시작하고 진행해 나가기가 어렵다 할지라도 걱정하지 않아도 된다(특히, 컴퓨터 게임을 하는 것이 처음이라 할지라도). 세 개의 매우 다른

🤖 활동: 게임에 익숙해지기

이러한 세 가지 게임은 책 전체에서 좋은 예로 사용될 것이므로, 이 예시에 익숙해지는 것이 좋을 것이다. 참조된 웹사이트에서 각 게임의 웹사이트를 찾을 수 있고, 아래 웹 주소를 통해 바로 접속할 수 있다. 처음에 각각의 게임마다 15~20분씩만 할애해 보면 인터페이스나 게임 형태 등을 이해하고 플레이어로서 기대되는 것이 무엇인지를 알게 된다.

《룬스케이프》와 《슬루스》는 곧바로 등록을 해야만 플레이를 할 수 있다. 만약 여러분이 처음에 《낫프론》이 어렵더라도 걱정할 필요가 없다. 처음 방법 외에 다른 방법을 생각해야 하며, 제공되는 힌트와 도움말을 항상 사용할 수 있다(각 페이지 아래 링크가 있음).

《룬스케이프》는 http://www.runescape.com에서 접근이 가능한데, 설명서를 전부 끝까지 읽어 보라. 《낫프론》은 http://www.notpron.com에서 찾을 수 있다. 여러분이 진행할 수 있는 레벨이 어느 정도일지 살펴보라(처음 3개의 레벨 정도는 쉽게 할 수 있음). 《슬루스》는 http://www.playsleuth.com에서 이용 가능하며, 첫 번째 케이스를 해결할 수 있는지 살펴보라.

게임들을 선택했기 때문에 그 게임들 전체가 모든 사람들에게 공감을 얻기는 어려울 것이다. 만약 그것에 정말 익숙해진다면 그다음에는 이 책에서 참조하는 웹사이트에서 도움이 될 만한 힌트를 제공받을 수 있을 것이다. 아니면 게임을 하는 것이 아니라 게임이 주는 서로 다른 다양한 느낌을 갖게 하기 위해 지금 웹사이트를 한번 방문해 보라. 평소에 컴퓨터 게임을 즐기는 사람이 아니라면 이러한 게임을 하는 데 시간을 약간 할애하여서 세 가지 장르의 게임 인터페이스를 느껴 보기 바란다. 여러분의 학생이 게임을 처음 시작할 때 느끼게 될 좌절도 함께 말이다. 이는 책의 내용이 진행되면서 제시될 문제들에 대하여 생각해 볼 수 있도록 정황(환경, 전후 관계)을 제공할 것이다.

디지털 게임의 특성 알기
02

 이 장에서는 학습을 위한 디지털 게임에 대한 포괄적인 정의를 내리고 게임과 게임의 원리를 적용하는 다른 활동들에 대해 생각해 보고자 한다.

먼저 학습용 디지털 게임 관련 용어의 개념에 대해 살펴보고자 한다. 연구자들이나 그 분야의 실천가들의 관점을 이용하여 어떻게 이러한 정의가 나오게 되었는지 알아보고, 교육과 관련된 게임류의 활동에 대해 생각해 본다. 마지막 부분에서는 학습에 적용될 수 있는 게임의 특성들에 대해서 알아본다.

학습용 디지털 게임의 정의

이 책을 시작하면서 디지털 게임이 정확하게 무엇을 의미하는지 토론할 필요가 있을 것이라 생각하였다. 비교적 쉬운 디지털 영역에서 시작하여 게임이 무엇인가를 어떻게 정의할 것인가라는 좀 더 복잡한 문제로 옮겨 갈 것이다. 게임의 의미를 명확히 할 수 있는 통용되는 정의가 없다는 사실이 게임을 정의하는 데 혼란을 준다. 정의란 원리와 정의를 만들어 내는 개개인의 배경에 상당히 의존한다. 예를 들어, 축구선수, 수학자, 컴퓨터 프로그래머 그리고 심리학자는 어떻게 게임을 정의할 것이냐에 대한 매우 다른 관점을 가지고 있을지도 모른다. 무엇이 근본적인 관점이냐에 대해 자세히 다루고 싶지 않고, 다른 사람들이 훨씬 더 자세히 제시해 온 근거들을 다시 말하고 싶지도 않다. 그러나 여러분이 이 책에서 다루어지는 그 정도 유형의 활동들을 이해하는 것은 정말 중요하다고 생각한다.

디지털이란 쉽게 말하자면 온라인이든 아니든 어떤 종류의 전자 장치를 사용하는 것을 의미한다. 이것은 데스크톱 컴퓨터, 휴대용 컴퓨터, 게임콘솔, 소형기기, 휴대전화, 디지털 오디오 플레이어, 휴대용 게임콘솔 등을 포함한다. 특히, 나는 근본적으로 게임을 할 수 있는 마이크로칩이 달려 있는 것에 관심이 있다(만약 세탁기가 게임을 할 수 있다면 그것도 여기에 포함시켰을 정도로). 이 책의 맥락에서 디지털 요소는 게임에 통합될 수 있거나 넓게는 게임 시나리오의 부수적인 부분이 될 수 있다(예를 들어, 전략은 온라인 포럼에서 논의되면서 실제로는 오프라인상에서 주로 진행되는 게임).

내 연구에서, 처음에는 여러 가지 유형의 활동을 구분하고, 기존 정의를 기준으로 게임인 활동과 아닌 활동을 구분하기 위해 한동안 게임의 적절한 정의를 찾아내려고 노력했다. 그러나 불행히도 그렇게 명백한 정의를 내리는 것이 불가능하다는 것을 곧 깨달았다. 심지어 어떤 분야 하나에서조차 정의들은 정확하게 일치하지 않는다. 게임을 정의하는 것은 때로는 전문가들도 어려움을 느낀다. 비트겐슈타인(Wittgenstein, 1976)은 게임을 효과적으로 연구하기 위해서는 정확한 분류가 필요 없기에 하나의 정의를 하는 것은 불가능하다고 하였는데, 원칙적으로 나는 이에 동의한다. 그러나 이 책의 목적을 위해서는 책에 포함된 활동들의 유형을 더 자세하게 살펴볼 수 있도록 학습이란 맥락에서 게임의 의미를 정확하게 정의할 수 있는 것이 여전히 필요하다고 생각한다.

다음 섹션에서는 연구자들이나 그 분야의 종사자들이 스스로 게임을 정의해 왔던 여러 방법을 먼저 살펴보고, 내가 게임 정의를 위해 설정한 게임 특징의 프레임을 제시할 것이다. 그다음에는 게임과 관련 있는 활동들을 알아볼 것이다(이러한 활동들을 포함시키는 이유는 다른 사람들의 관점에서 기술적으로는 게임이 아니지만 그러한 활동들이 여전히 교육에 제공할 많은 것을 가지고 있기 때문이다.). 마지막 섹션에서는 어떻게 이러한 게임의 특징들이 더욱 전통적인 학습활동과 연관되고 학습상황에 적용될 수 있는가를 토론한다.

이러한 관점에서 게임이 무엇인가에 대한 여러분의 개념을 생각해 봄으로써 여러분의 정의가 이 장의 후반에 제시된 것과 어떻게 관련되는지 알 수 있을 것이다.

게임을 정의하는 방법

내가 어떤 종류의 활동을 게임으로 간주할 수 있을지에 대해 생각해 보기 시작하면서 게임 연구에서 나타나는 세 가지 특정 영역, 즉 전통적인(예를 들어, 디지털이 아닌) 게임에 바탕을 둔 학습, 오락을 위한 컴퓨터 게임, 그리고 디지털 게임에 바탕을 둔 학습에 대한 정의들을 살펴보았다.

> ### 🤖 활동: 게임의 정의 생각해 보기
>
> 2분 동안 여러분이 게임이라고 생각하는 5개의 활동을 적어 보라.
> 적은 목록을 가지고 또다시 5분 동안 이러한 게임들의 공통점이라 할 수 있는 모든 특징을 적어 보라(예를 들어, 게임으로 하키, 농구 그리고 축구를 적었다면, 그것들은 모두 경기장에서 경기가 이루어지고, 팀과 심판이나 심사원이 있다고 특징을 적을 수 있다.).

이제 여러분이 적은 각각의 특징들을 생각해 보라. 여러분은 그것을 게임의 활동으로 만들 만한 필수적인 요소라고 하겠는가? 여러분이 적은 특징 중 어떤 것을 게임을 정의하기 위해 사용하겠는가?
여러분이 생각하기에 게임을 정의하기 위한 특징에는 무엇이 있는지 적어 보라 (나중에 여러분은 그것을 다시 참고하게 될 것이다.).

　나의 연구의 출발점은 전통적인 게임이 정의되어 온 방법을 살펴보는 것이었다. 학습을 위해 사용되는 게임은 역사가 길다. 엘링턴과 그의 동료들(Ellington, Addinall, & Percival, 1982)은 게임을 단순히 두 개의 특징, 즉 규칙과 경쟁을 가지고 있는 것으로 정의하고 있다(그런데 그것은 게임을 하는 사람들 중 한 사람이거나 게임 시스템 자체에 대항하는 것일 수 있다.). 이것은 분별력 있고 솔직한 정의처럼 보인다. 그러나 너무 기본적이어서 완벽한 정의라고는 할 수 없다. 게임에 대한 주요 교재들 중에서 카유아(Caillois, 2001)는 게임을 네 가지 다른 유형, 즉 경쟁을 포함하는 유형(예를 들면, 스포츠), 기회를 포함하는 유형(예를 들면, 도박), 시뮬레이션을 포함하는 유형(예를 들면, 어린아이 옷 입기 게임), 그리고 그가 버티고(vertigo)라고 부르는 페어그라운드 라이드(fairground ride, 놀이기구 이름)와 같은 유형으로 정의하고 있다. 이 네 가지 유형에서 경쟁이 한 유형에 유일한 요소로 포함되어 있고 규칙이 처음 두 개의 유형에서 비교적 독특한 요소로 여겨지는 것은 주목할 만하다. 그러나 퍼즐 해결에 기반을 둔 게임은 이러한 분류와 잘 맞지 않는다. 클래버(Klabbers, 1999: 18)는 전통적 게임을 연구하는 교육학자 사이에서 전형적인 게임의 정의를 제공한다. 그는 게임은 "고정된 규칙을 따르고 퍼즐을 해결하기 위해 상대방에게 이기려고 노력하는 기술, 지식, 또는 기회를 포함하는 스포츠나 활동이다."라고 말한다.
　상업적인 게임 설계자들의 정의는 다른 관점을 보여 준다. 영향력 있는 게임 설계자 크로포드(Crawford, 1984)는 "게임을 특정 짓는 요소들은 묘사(현실의 격식화되고 환상적인 버전), 상호작용(다른 사람이나 게임 그 자체와의 상호작용), 갈등 또는 도전 그리고 안전한 환경, 즉 현실적으로 효력이 없는 환경이다."라고 주장한다. 다른 설계자들은 그의 정의에 재미, 놀이성과 같은 정의적 영역을 추가하고 있다. 옥스랜드(Oxland, 2004)는 컴퓨터 게임이란 규칙과 경계, 피드백, 게임 세계와의 인터페이스, 맥락 민감성, 목표, 요구와 도전, 게임 환경과 놀이성과 같은 것에 의해 정의된다고 말한다. 반면에 코스터(Koster, 2005)는 훨씬 덜 자세한 정의를 내리고 있다. 그는 단순히 게임이란 해결하기 위한 퍼즐, 두뇌를 위한 활동이라고 말한다. 오락이라는 관점에서 여기서 묘사된 게임 설계자들의 정의가 사용자 경험에 훨씬 초점을 맞추고 있다는 것은 놀라운 것이 아니다.

게임 이론가나 설계자들에 의한 정의뿐만 아니라 디지털 게임기반학습 분야의 연구자들에 의한 정의도 있다. 뎀프시와 그의 동료들(Dempsey, Haynes, Lucassen, & Casey, 2002)은 게임을 하나 또는 그 이상의 플레이어를 포함한 활동으로서 목표와 긴장과 보상과 결과를 포함하는 것으로 정의했다. 그런데 그것은 어떤 면에 있어서 규칙에 의한 것이고 인공적인 것이며 경쟁의 요소를 갖는다. 반면에 프렌스키(Prensky, 2001)는 게임의 여섯 가지 구조적인 요소, 즉 규칙, 목표, 산출, 피드백, 경쟁 또는 도전, 상호작용, 그리고 묘사나 이야기 등을 기술하고 있다. 컴퓨터 기반의 학습 게임을 다음과 같이 정의한 드 프레이타(de Freitas, 2006: 9)는 조금 더 광의의 정의를 내리고 있다.

> 특화된 학습목표, 결과, 그리고 경험 등을 전달하기 위한 몰입적인 학습경험과 참여를 만들어 내는 컴퓨터와 비디오 게임의 특징을 사용하는 도구다.

이러한 특징을 기반으로 하는 정의는 특별히 교육적인 게임과 관련이 있을 뿐만 아니라 개방적이고 포괄적이어서 가장 유용하다고 생각된다. 게임을 정의하려는 논문들의 일부분을 보더라도 게임을 보는 서로 다른 많은 방법이 있다는 것과 또한 공통된 특징이 있다는 것을 알게 되겠지만 정의들이 완전히 일치하지 않는다는 것은 분명하다. 게임과 비게임에 대해 분명한 잣대를 들이대는 하나의 정의보다는 이러한 공통된 특징에 초점을 맞춤으로써, 광범위의 게임류 활동들을 게임과 특징을 공유하는 정의에 포함시키는 것이 바람직하다. 이 책에서는 가급적 포괄적인 정의를 사용하고자 하는데 그 이유는 여러분이 활동을 스포츠, 시뮬레이션, 상호작용하는 이야기, 퍼즐 또는 게임 등으로 묘사하더라도 다양한 학습원칙이 모두 적용되기 때문이다.

게임의 포괄적 정의

여러 연구에서 나타난 폭넓고 다양한 정의를 고려할 때, 무엇이 게임인지 (혹은 아닌지) 확실한 경계를 만드는 것이—불가능하지 않다면—쓸모없고, 인위적인 것 같다. 단 하나의 일반적인 정의는 없으며, 서로 다른 분야의 전문가들은 각기 다른 시각을 갖는다. 다만, 중요한 특징을 기반으로 게임의 개념을 정의하는 접근 방식(그러나 이때 모든 게임이 반드시 모든 특징을 보이지는 않는다는 데 동의한다.)이 더 유용할 것이다. 이러한 접근법은 교육적 가치에 대한 측면에서 흥미 있는 활동을 게임과 유사한 범위에서 고려하고 포함하는 것을 인정하지만, 일부에서는 진정한 게임으로는 간주되지 않을 수도 있다.

게임에 대한 열린 정의를 제공하려는 목적으로, 흔히 논문 내의 정의에서 나타나는 게임의 특징을 사용하였을 때, 활동이 (반드시 전체, 또는 거의 대부분은 아니지만) 몇 가지 특징을 보인다면, 게임과 유사한 또는 게임 기반으로 간주될 수 있다. 어떤 활동이 이러한 특징을 좀 더 많이 가지고 있다면 더 본질적으로 게임과 유사한 것으로 간주될 수 있다. (이러한 생각을 포함하여) 정의에 대한 해석에서, 〈표 2-1〉에 정리된 10가지 게임의 특징과 정의에 동의한다.

〈표 2-1〉 게임의 10가지 특징

특징	정의
경쟁	목표는 다른 사람들보다 높은 성과를 달성하는 것이다.
과제	과제 수행은 노력이 필요하고, 시시하지 않다.
탐험	탐사할 수 있는 배경-감각적인 게임 환경이 있다.
환상	꾸며진 게임 배경, 캐릭터, 이야기가 존재한다.
목표	명확한 목표와 목적이 있다.
상호작용	활동(action)은 오락(play)의 상태를 변경하고, 피드백을 생성한다.
성과	게임 활동(예: 점수)으로부터 적절한 결과가 있다.
사람	다른 사람들이 일부분을 맡는다.
규칙	정해진 제약에 의해 활동이 제한된다.
안전성	활동이 현실에서 위험을 동반한 결과로 나타나지 않는다.

경쟁

활동의 목적으로서 존재하는 경쟁은 하나 또는 그 이상의 상대방(player)보다 더 좋은 결과를 얻어서 이기는 것이다. 또한 개개인이 이전의 경우에 달성한 점수를 능가하는 것처럼 스스로와 겨루어 성취하는 것도 가능하다. 어떤 게임(예를 들면, 다중사용자 카레이싱 게임[multi-player car racing game])은 실시간으로 다른 사람과 게임을 하는 경쟁이 필요하고, 또 다른 게임(예를 들면, 높은 점수를 겨루는 아케이드 게임[arcade game with a high score table])은 서로 다른 시간에 다른 사람과 게임을 하는 경쟁이 허용된다. 게임에 성공하기 위해 어려운 퍼즐을 해결해야 하는 어드벤처 게임과 같은 게임은 확실히 (다음에 볼) 도전을 하고 있더라도, (이 정의에서 사용하는) 경쟁은 전혀 없다. 다른 사람에 대한 자신의 성과를 측정할 수 있는 결과값을 포함함으로써 대부분의 활동들을 경쟁적으로 만드는 것이 가능하다(예를 들면, 달리기는 다른 사람이 성취한 시간과 비교하여 시간을 측정함으로써 경쟁을 만들 수 있다.).

도전

도전은 어려운 몇 개의 단계를 거쳐서 임무를 완수하는 것이 쉽지 않고, 성취하기 위해 노력을 요구하는 개념이다. 많은 게임은 단순한 것에서부터 복잡한 것까지 도전의 단계를 가질 것이고, 도전의 개념은 대단히 개인적일 것이며, 어떤 이에게는 고도의 도전인 것이 어떤 이에게는 단순할 수 있다. 또한, 다중사용자 게임에서 도전의 단계는 상대의 기술에 따라 달라질 수 있다. 도전의 유형은 여러 가지 형태로 나타나는데, 예를 들어 정신적이거나(퍼즐 풀기), 물리적이거나(벽 오르기), 사회적(거래 협상하기)일 수 있다. 역할놀이 게임처럼 복잡한 게임의 경우 플레이어는 가상 세계에서의 캐릭터 역할도 가지고, 다른 레벨과 타입에 대한 도전의 범위를 제공하는 탐구의 일부분도 가지는 반면, 좀 더 단순한 게임이나 퍼즐은 도전의 방법이 적게 제공된다.

탐험

탐험은 가상(실재하거나, 허상 또는 상상일 수 있는) 환경에서 이루어지는 활동의 개념으로 플레이어는 이 활동을 경험할 수 있다. 탐험에는 어떤 요소가 게임 세상에 존재하고, 어떻게 사용되는지에 대해 호기심을 자극하는 상호작용을 경험할 수 있는 장소, 물건, 사람들이 존재한다. 게임 환경은 현실상의 위치에서(가상으로 또는 물리적으로) 구성되거나 인터페이스나 게임 메타 환경에서 구성될 수 있다(예를 들면, 게임에서 제한된 범위 내에서 탐험하고, 무엇을 조정하고 무엇을 해야 하는지 발견하는 것). 예를 들면, 《룬스케이프(RuneScape)》([그림 2-1] 참조)는 플레이어가 길을 찾고 탐험하는 주변의 지역에 수천 개의 거대한 가상 세계를 제공하는 반면, 《슬루스(Sleuth)》([그림 2-2] 참조)는 지역은 제한되지만, 각 장면을 탐험하고 증거를 발견하는 것은 훨씬 더 상세하게 이루어진다.

[그림2-1]
《룬스케이프》의
광활한 가상 세계

[그림2-2]
《슬루스》의 세부 탐험

환상

　환상은 게임 세계에 존재하는 캐릭터와 행동을 한데 모아놓은 이야기와 꾸며낸 게임 환경의 창조물을 포함한 게임의 밑바탕을 가공하는 요소다. 환상이라는 단어는—특히 게임에서—일반적으로 마법사와 도깨비의 이미지를 많이 떠올리지만, 여기서는 더 넓은 의미에서 단순히 어떤 것이 진짜가 아닌 것을 의미한다. 예를 들어, 플레이어의 상상력에 따라 어떤 환상의 요소가 실제 세계가 되거나 플레이어가 신화적 캐릭터의 주인이 될 수 있는 몰입형 가상 세계가 될 수 있다. 이는 게임에서 색깔과 배경을 제공하는 환상 요소(지역, 캐릭터, 이야기와 담화)에 의해 가능하다.

목표

목표의 특징은 명확한 의도와 목적이 주어지는 것을 말한다. 목표는 플레이어에게 게임의 의도가 무엇인지, 왜 게임을 하는지뿐만 아니라 게임에서 이기거나 게임을 완료하기 위해 해야 하는 것이 무엇인지를 알게 한다. 목표는 모든 것을 포함하고 총체적으로 게임 플레이를 통해 성취해야 하는 것일 수도 있고(예를 들면, 미스터리 해결) 또는 게임의 전체적인 목표를 성취하기 위해 지시에 따라 완료해야 하는 좀 더 작은 세부목표(예를 들면, 문 열기)일 수도 있다. 어떤 게임은 목표를 가지지 않기도 하고(예를 들면, 어린이들의 꾸미기 게임) 많은 시뮬레이션 게임들은 열린 결말을 갖고 있다. 그러나 그러한 게임들도 플레이어가 좀 더 융통성 있는 환경에서 게임을 하고 그들 나름의 목표를 정하도록 한다.

상호작용

상호작용은 플레이어가 행동을 함으로써 게임 상태에 영향을 줄 수 있고, 혹은 게임이 플레이어에게 변화를 주거나 다음 행동에서 의사결정을 위한 피드백을 제공하는 개념이다. 상호작용은 주어진 답에 피드백을 제공하는 것처럼 단순할 수도 있고, 플레이어들이 다른 플레이어나 게임 캐릭터, 목표, 환경

그 자체와 상호작용할 수 있는 가상 세계처럼 고도로 복잡할 수도 있다. 십자낱말은 사용자가 게임의 상태를 바꾸는 것(즉, 십자낱말 격자에 단어를 추가하는 것)이 격자 자체의 변화를 추진하도록 이끌지도 않고, 환경으로부터 피드백을 생성하지도 않기 때문에 상호작용은 없지만 게임과 유사한 활동이라고 할 수 있다.

성과

성과는 앞서 말한 목표와 관계는 있지만, 같지는 않다. 성과는 목표를 성취하는 데까지의 단계를 측정하기 위하여 플레이어가 목표까지 얼마나 도달하였는지, 한 플레이어가 다른 이와 비교하여 얼마나 앞서 가고 있는지에 대한 메커니즘을 의미한다. 예를 들면, 점수도 측정 가능한 성과를 나타내는 한 가지 방법이고, 또는 막대가 올라가며 플레이어가 얼만큼 게임을 완료하고 있는지 나타낼 수도 있다. 많은 시뮬레이션 게임은 다양한 방법으로 전체적인 범위를 비교하는 고도로 복잡한 점수 체계를 가지는 반면, 어떤 게임은 측정 가능한 성과는 없지만 마지막 단계에서 단순히 이기거나 지거나 비기게 한다.

사람

사람은 게임의 일부분인 플레이어다. 어떤 게임에서는(온라인 다중사용자 역할 놀이 게임과 같이) 사람들이 동시에 게임을 한다. 또 어떤 게임에서는(예를 들면, 보드 게임) 실시간으로 순서대로 하고, 일부는 자신의 차례를 기다려야 한다(리더보드가 있는 온라인 게임과 같은 경우). 플레이어들은 많은 게임에서 경쟁적으로 서로 대항한다. 하지만 그룹의 목적을 달성하기 위해 서로 협력할 수도 있다. 대규모 다중사용자 온라인 롤플레잉 게임(MMORPGs)은 한 플레이어가 혼자서 해결할 수 없는 미션을 여러 캐릭터와 팀이 되어 협력적으로 해결한다(물론 이러한 수많은 게임은 경쟁적인 부분도 갖는다.). 컴퓨터 게임은 액션 게임에서 순서대로 돌아가며 하거나 어드벤처 게임에서 문제를 해결하기 위해 함께 일하는 것처럼 같은 물리적 공간에서 플레이어들이 함께 게임을 하는 것이 일반적임에도 전통적으로는 단일 사용자가 게임을 주도해 왔다. 그러나 최근에는 컴퓨터 네트워크의 보급이 증가하고, 온라인 다중 플레이어 게임이 크게 성장하여 다른 사람들과 협력하여 게임을 할 수 있는 새로운 장을 열었다.

규칙

규칙은 게임을 어떻게 해야 하는지, 플레이어가 게임을 하는 동안 해야 하는 활동이 무엇인지 가르쳐 준다. 따라서 명시적(게임 박스에 규칙이 있는 것처럼)일 수도 있고, 암시적(게임 속 행동의 코드처럼)일 수도 있다. 대부분의 컴퓨터 게임의 경우, 규칙은 게임 설계서에 쓰여 있지만, 보통은 다양한 방법으로 숨겨 둔다(예를 들면, 연습이나 힌트 포럼을 사용). 종종 특정 장르의 규칙은 암시되는 경우도 있는데, 예를 들어, 어드벤처 게임에서 잠긴 문을 만났다면, 플레이어는 열쇠를 찾아야만 한다는 것을 유추할 수 있다. 그러므로 특정 게임 장르에 대해 미리 알고 있다면 같은 장르의 게임을 할 때 유리하다.

안전성

안전성은 게임 안에서 이루어지는 그 어떤 실험으로부터 영향력이 자유롭고, 게임의 결과로 실제세계에서는 어떤 벌이나 보상도 받지 않는 것이다. 그러나 프로 축구선수처럼 전문적인 수준에서 게임을 하는 사람이나 도박 게임처럼 게임 자체 이외의 다른 결과가 있는 게임의 경우 안전성이 없다. 이것은 교육에서의 게임이 평가 점수, 평판, 또는 관계에 영향을 줄 수 있다는 점에서 비현실적인 특징일지도 모른다.

이러한 게임에 대한 정의에서 한 가지 중요한 사실이 누락되었음을 알아야한다. 재미는 어디에서 오는가? 게임에 대한 정의를 내릴 때 또는 활동이 게임으로 분류될 수 있는지 아닌지를 결정할 때 발생하는 어려움은 그 특징들을 사용하여 게임을 정의한 것이 모두 객관적이지 않다는 것이다. 예컨대, 도전과 감지된 안전성의 정도는 상황과 특정 개개인의 관여도에 의존될 수 있다. 전체적으로, 이 구조는 객관적인 특징을 사용하므로 어떤 주어진 활동이 게임과 같은가에 대한 여부는 일부 특징들이 개인의 판단에 의해 좌우될 수 있지만 활동에 대한 관찰자의 인식이 아닌 활동 그 자체로 판단될 수 있다.

정의에 주관적 요소를 포함하는 것이 실제를 더 정확하게 이해하게 하는한, 활동들을 분류하려고 노력하는 것이 쓸모없다는 것을 느낀다. 이런 이유에서, 재미나 몰입, 흥미와 같은 완전히 주관적인 특징은 게임에 대한 나의 정의에 포함하지 않는다. 예를 들어, 대부분의 사람들은 체스가 게임이라는 것에 동의하지만, 특징으로 재미를 포함시킨다면 체스가 재미없었던(자기 자신을 포함한) 사람들에게 영향을 받은 정의는 어떠한가? 게임이 되는 것을 그만둬야 하는가?

 활동: 게임에 대한 정의 검토하기

5분간 이전 활동에서 게임을 정의하기 위해 만들었던 특징에 대한 목록을 다시 보라.

- 얼마나 많은 특징이 이 책과 일치하는가?
- 이 책의 정의에서 사용하지 않았던 것 중에 어떤 특징을 사용했는가?
- 이 책에서 정의했던 것 중 어떤 특징에 동의하지 않는가? 만약 그렇다면, 웹사이트에 방문하여 여러분이 생각하는 것을 내가 알 수 있게 피드백을 남겨 주길 바란다.

내가 게임의 특징에 따라 정의를 내리고자 하는 이유는 활동을 만드는 어떤 것에 대한 개념이 만들어지면, 가능한 개방적이고 포괄적인 게임 정의로서 게임을 검토하기 위한 구조를 제공하는 데 있다. 이는 이 책에서 학습을 흥미롭게 만드는 게임의 특징에 초점을 유지하는 동안, 많은 게임의 요소를 포함한 흥미로운 학습활동은 그 활동이 게임이 아니라는 것을 근거에서 제외하지 않음을 의미한다. 다음의 소주제에서 게임의 특징을 공유하는 여러 가지 활동은 종종 게임이 되지 않는 것으로 고려하지만, 이 구조에서는 관계있는 것으로 논의한다.

게임과 유사한 활동

이 부분에서는 많은 방법에서 게임과 유사하고, 많은 특징을 공유하지만, 문헌에서는 종종 게임으로 고려되지 않는 5가지 다른 활동을 말할 것이다. 사실 이것은 나의 개인적인 관점에 달려 있다. 앞에서 제시했던 특징의 구조에서 관계있는 이런 활동들을 구체적으로 논의해 본다.

시뮬레이션

게임과 매우 밀접하게 관련되는 부분으로 시뮬레이션의 활용이 있다. 시뮬레이션과 게임 사이에는 많은 유사점이 있고, 시뮬레이션 게임은 종종 시뮬레이션과 게임이라는 두 가지 특징을 모두 가지는 활동을 설명하기 위해 사용된다(마찬가지로 몇몇 시뮬레이션은 게임이기도 하고, 몇몇 게임은 시뮬레이션이기도 하다.).

시뮬레이션은 현실에서 어려운 범위의 환경을 설계할 수 있고, 사실적인 원인과 결과 및 시뮬레이션된 구조에서 요소 사이의 상호작용을 보여 준다. 사용자는 시뮬레이션에서 탐구하고 정보를 얻을 수 있고, 따라서 시뮬레이션은 실험을 위한 환경을 제공할 수 있지만, 시뮬레이션이 명백한 목적을 가지는 것은 필요하지 않다. 시뮬레이션은 비용, 위험성, 도달하기 어렵거나 시간과 같은 실제 구조에서 경험할 수 없는 몇 가지 이유가 있을 때 사용된다(Rieber, 1996). 도만스(Dormans, 2008)는 시뮬레이션의 역할은 현실을 묘사하는 것이라고 주장했지만, 이것은 반드시 활동성 향상을 강화하고 단순화하기 위해 필요한 게임의 기능은 아니다.

가상 세계

최근 몇 년 동안 교육학자 사이에서 세컨드 라이프(second life)와 같은 3차원 몰입형 가상 세계를 배우는 것의 가능성에 관한 관심이 급속히 증가하고 있다. 이 세계에서는 광대한 다중사용자 가상 공간에서 사람들이 자신만의 표현이나 아바타를 창조하여, 어떤 다른 참가자와 상호작용할 수 있고, 주위를 움직이고, 대상이나 위치와 상호작용하고, 다른 사람들과 대화하고, 심지어 자신만의 대상과 환경을 창조할 수 있다. 가상 세계는 게임하는 것과 환경이 매우 비슷해 보이고, 탐험할 수 있는 거대한 세계를 가지고, 종종 놀라운 장소나 비행 능력을 가진 아바타와 같은 판타지 요소를 쓴다는 점에서 게임과 비슷하다. 비록 이런 요소들이 가상 세계 속에서 미니 게임을 만들기 위해 있다 하더라도, 본질적으로는 목표, 성과, 도전 또는 경쟁과 같은 요소를 가지지 않는다.

역할놀이

게임과 관련된 또 다른 유형의 활동은 역할놀이인데, 판타지와 상상의 활용이라는 점에서, 역할놀이를 하는 게임의 영역에는 분명한 공통점이 있다. 역할놀이는 사람들이 각자의 상황에서 캐릭터의 역할을 연기하고, 다른 관점에서 상황에 대한 더 나은 이해를 하기 위해 캐릭터에 감정이입을 함으로써 상 상만 해 오던 신기한 경험을 할 수 있도록 한다. 역할놀이 상황은 종종 규칙이 있고, 다른 사람과 상호작용을 포함하지만 항상 목표가 정해지지는 않는다 (Feinstein et al., 2002). 역할놀이 게임을 하면 그 안에서 경험학습, 감정이입, 그리고 치료 또는 휴식 같은 다양한 역할을 수행해 볼 수 있다.

퍼즐

퍼즐은 게임과 많은 특징을 공유하는 또 다른 유형의 활동이고, 사실 많은 게임들이 퍼즐을 해결하는 요소를 가지고 있다. 크로포드(Crawford, 1984)는 퍼즐은 플레이어의 움직임을 활동적으로 반영하지 않으므로, 퍼즐보다는 오 히려 게임이 활동을 만드는 상호작용이라고 주장한다. 예를 들면, 십자낱말 은 플레이어가 격자에 답을 추가함으로써 그 자체가 변하지는 않기 때문에 게임보다는 퍼즐로 분류할 수 있다. 크로포드는 또한 우리가 게임 속에서 많 은 퍼즐과 경기 도전을 쉽게 접할 수 있고, 그 반대도 같다는 점을 말했다. 예 를 들어, 체스는 마지막 부분에서 퍼즐의 전체 분류에도 속한다(Crawford, 1984, online).

스토리

스토리는 게임에서 판타지적 요소를 가진다. 창조된 상상의 세계는 캐릭터 와 줄거리로(서사구조가 제한된 스토리에서 독자가 캐릭터를 통해 대리 만족함으로 써) 탐험할 수 있다. 게임이 일반적으로 비선형, 쌍방향 서사구조인 반면, 이 야기는 기본적으로 선형, 비쌍방향 서사구조이고, 비록 이러한 정의에는 각각 예외가 있지만, 쌍방향 스토리 장르가 되는 대표적인 사례는 텍스트 기반의 어드벤처 게임이라 할 수 있다. 1980년대에 최초의 쌍방향 스토리 책으로 게임 플레잉과 스토리텔링 사이의 경계를 흐리게 한 『자신의 어드벤처를 선택하라(*Choose Your Own Adventure*)』와 같은 인기 있는 시리즈가 나타났다. 라클러(Rockler, 1989)는 미스터리 스토리, 특히 탐정 스토리에서 사실 그 자체가 어떤 범위에서는 일련의 규칙(예를 들면, 독자는 모든 단서, 용의자에 접근할 수 있어야 하고, 그 속에서 살인자를 알아내야만 한다.)과 결과가 있으므로, 그것이 게임이라는 설득력 있는 주장을 했다. 그러나 이야기와 상호작용하거나 그 결과에 영향을 주는 기회를 독자에게 제공하지는 않는다.

이전의 섹션에서 설명했던 틀을 사용하여, 앞에서 설명한 모든 항목—시뮬레이션, 가상 세계, 역할놀이, 퍼즐, 스토리—은 게임과 몇 가지 특징을 나누어 가지기 때문에 어떤 차원에서는 게임과 유사한 것으로 생각될 수 있다. 비록 약간의 논쟁 여부는 있지만, 디지털 게임기반학습의 포괄적 정의를 채택하는 것은 어느 한 활동이 게임이냐 아니냐를 논의하는 것에서 벗어나 그것이 포함하고 있는 게임 특성이 학습을 향상시키는 잠재력이 있는지 아닌지를 고려해야 한다고 생각한다.

아마 여러분은 이전에 선택한 게임에서 활동을 완료한 후에, 모든 게임은 아니지만 게임들이 앞에서 나열했던 모든 특성을 나타내는 것을 볼 수 있을 것이다(아직도 여전히 많은 사람들에게 게임으로서 인식되는 특성들). 여기서 소개한 여러 구조의 활용이 과학처럼 정확한 것(시도할 때마다 발견할 수 있는 것처럼)은 아니지만, 진정으로 게임에서 어떤 것을 만드는 요소를 더 깊이 생각해 보고, 게임을 하는 활동의 유형에서 차이점을 확인해 보고, 학습경험에 영향을 주는 게임의 특징에 대해 생각해 보는 방법으로서 활용하고자 하였다.

게임의 특징과 학습

교육적인 관점에서, 게임의 특징과 효과적인 학습경험의 특징 사이에는 상당한 공통점이 있다. 나의 견해로는 좋은 교육활동은 본질적으로 흥미를 끄는—그러나 목표를 달성할 만한—그리고 점차적으로 어려운 단계로 강화되는 것을 통해 학습자를 몰입시키는 것이다. 효율적인 목표달성을 위한 준비를 통해 학습결과 또는 각각의 교육과정(그리고 종종 학습의 더 작은 단위)과 관련된 목표들이 이루어진다. 이러한 목표들은 학습자들이 그들에게 기대되는 것이 무엇인지, 공식적으로 그러한 방법이 적절하다고 평가되는지를 확실하게 하기 위해 명확하고 현실적일 필요가 있다. 이 평가는 학생들에게 게임에서의 성과(또는 결과)와 동등하게 학습자들의 발전을 위한 지침을 제공할 수 있다. 구조적인 일치라 불리는 학습목표, 활동과 평가의 삼각망은 고등교육 내의 교육과정 설계에서 일반적인 것이다(Biggs, 2003).

상호작용은 학습자가 오개념을 확인하고 테스트하고 이해력을 높이기 위한 메커니즘을 제공하는 필수적인 구성 요소다. 피드백을 위한 준비는 핵심 개선을 위한 오류와 영역의 확인 없이는 지식을 확대하고 기술을 향상시키거나 다른 관점으로부터의 문제점을 보는 것은 어렵다. 조언과 토론, 그룹 활동을 통한 타인으로부터의 학습은 고등교육에서 학습의 중요한 부분이다. 내가 느끼기에는, 적절한 수준과 깊이를 조건으로, 혼자 힘으로 탐구하고 조사하는 학생들의 잠재 가능성을 지원하기 위해 학습과 호기심을 자극하는 그 자체의 교과와 더욱 깊이 연구하게 만드는 질문 또한 중요하다.

학습 과정에서 교사, 조언자, 촉진자 혹은 다른 학습자들의 존재는 또 다른 핵심 요소다. 다음 장에서 근본적으로 협력적인 학습환경으로서 게임을 보는 것이 학습을 위한 잠재력을 충분히 이용하는 중요한 단계라고 언급할 것이다. 다른 사람은 중요하다고 말하지만 학습을 위한 플레이어의 관계에서는 분명히 덜 그렇다. 경쟁은 많은 학생에게 자극제로서 작용하지만 다른 사람에게는 불필요한 압력을 가할 것이고 자신의 경험으로부터 경쟁할 수 없다고 느끼는 몇 명의 학생에게는 동기를 잃어버리게 하는 요인으로 작용할 것이다(점수나 평점이 상대적이고 공적으로 만들어 주는 평가 시스템에서 수단이 학생들에게 필연적으로 경쟁적인 환경을 만들어 낸다는 것을 인정한다.). 존슨과 존슨(Johnson & Johnson, 1989)은 개인보다는 그룹 간의 학습이나 작업이 경쟁이나 홀로 노력하는 것보다는 더 좋다고 주장한다. 그러나 동시에 학습을 지원하는 경쟁적인 상황도 강조하고 있다. 경쟁은 대부분의 경우 교육적 환경에서 주의를 받는다면 게임 진행의 핵심적인 면이다.

학습을 위해 관심을 기울여야 한다고 생각하는 게임의 두 가지 특성은 규칙과 안전성이다. 규칙은 학습활동을 통해 학습자들을 안내하고 발판을 제공하는 반면에, 학습에서 창의력을 억제할 수 있고, 엄격한 법이기보다 지침으로 보여야 한다. 학습자 스스로 학습에 대한 책임을 갖게 하고 학습자들을 더 잘 통제하게 하기 위해서 규칙을 적절히 지킨다는 것은 있을 수 없다. 안전성은 다른 애매한 영역이다. 학습자를 위해 그들의 가설을 평가해 보고 실수로부터 배울 수 있는 안전한 학습활동 환경을 제공한다는 생각은 좋지만 시험이나 점수 같은 외적 동기 없이 어떤 학생이 현실적으로 배움에 흥미를 가질지에 대해서는 논쟁의 여지가 있다.

마지막 특징, 환상은 아마도 고등교육에서 학습하기 위해 가장 모호한 적용 가능성을 가지고 있는 특징 중 하나다. 상상하고 모의 실험하는 시나리오의 유형은 일반적으로 좀 더 높은 교육, 비즈니스와 의학의 여러 가지 양상에서 사용된다. 문맥상 시나리오의 현실성은 그것에 참여하려는 학생들의 의지와 현실세계에서 학습의 전이 둘 다 영향을 미칠 것이기 때문에 중요하다. 그러나 전체적으로 여기서 언급한 게임의 특징 중 일부는 신중하고 주의해서 적용되어야 하겠지만 넓은 범위에서 본다면 좋은 학습환경의 특징과 관계가 있다.

2장 요약

게임을 정의하기 위해 사용할 수 있는 10가지 특성을 살펴보았다. 모든 게임이 이러한 특징들을 모두 지니는 것은 아니지만, 이 특징들을 더 많이 가진 활동일수록 더욱 게임과 유사하다고 생각할 수 있다. 이러한 열린 정의는 게임과 특징들을 공유하는 게임류 활동들을 포함하기 위함이다.

• 10가지 특성: 경쟁, 도전, 탐험, 환상, 목표, 상호작용, 성과, 사람, 규칙, 안전

일반적으로 게임과 연관된 5가지 학습활동—시뮬레이션, 가상 세계, 역할놀이, 퍼즐, 스토리—은 이런 포괄적인 정의에서 관계가 있는 것으로 논의했다.

마지막으로, 각 특성과 학습 효과 사이의 관계를 논의했다. 내가 보기에 도전, 목표, 성과, 상호작용, 탐험, 사람은 좋은 학습에서 기본이 되는 반면, 규칙, 안전, 경쟁, 판타지는 다양한 방법으로 학습경험에 영향을 줄 수 있다.

읽을거리

K. Salen & E. Zimmerman (2004). *Rules of Play: Game Desing Fundamentals*. Cambridge, MA: MIT Press. 게임 디자인에 관한 종합적인 분석을 한 7장은 게임에 관한 문헌으로부터 다양한 많은 정의를 비교 분석하고 있다.

N. Montfort (2005). *Twisty Little Passages: An Approach to Interactive Fiction*. Cambridge, MA: MIT Press. 이 책은 상호적 픽션의 역사와 디자인에 관한 흥미있는 개관을 하고 있다.

디지털 게임의 교육적 이해

03

 이 장은 컴퓨터 게임의 활용과 관련된 동기, 몰입(engagement) 그리고 학습이론을 검토하면서 고등교육에서 학습을 위한 디지털 게임의 활용에 대한 교수법적인 근거를 제공하고자 한다.

이 장의 목표는 컴퓨터 게임을 현재의 교수이론적 맥락과 연관시켜 고등교육에서 컴퓨터 게임의 사용에 대한 타당한 근거를 제시하는 것이다. 먼저 학생들이 게임을 동기부여적이라고 생각하기 때문에 게임이 학습에 유용하다는 흔한 가정에 주목하면서, 성인과 아이들의 일반적인 학습동기 그리고 특별하게는 게임으로 학습하려는 동기에서의 차이점을 살펴보면서 시작하려고 한다. 특히, 게임과 동기에 관해 이루어지는 흔한 가정과 성인학습자들에게 사용되는 컴퓨터 게임의 도입 가능성에 관하여 논의하고자 한다. 이는 왜 어린이가 게임을 활용하는 것과 어른이 게임을 활용하는 것을 우리가 다르게 생각해야 하는가에 대한 근거를 제시할 것이다. 다음으로 학습을 위해 게임을 사용하는 이점을 이해할 때 중요하다고 생각되는 개념인 몰입을 소개하고, 왜 그것이 학습에 중요한지 그리고 왜 게임이 몰입을 유발하는지 설명할 것이다.

이 장의 후반부에서는 현시대의 학습이론들을 살펴볼 것이며, 게임을 적극적인 학습환경으로서 간주하는 데 있어 진정한 가치가 왜 존재하는가를 나름대로 설명할 것이다. 광범위한 교수-학습이론들에 주목함으로써 고등교육의 성인학습자에게 컴퓨터 게임 (어떤 상황에서 어떤 게임) 활용의 좋은 점에 대한 강력한 논거를 제시할 것이다.

고등교육에서의 학습과 동기

교육에서 활용되는 디지털 게임을 둘러싼 대부분의 이론과 실제는 아이들을 대상으로 개발되고 적용되어 왔으며 아이들에 대해서 이루어진 게임 활용으로부터 만들어진 가정들이 어른에게도 별 의문 없이 적용되었다. 예를 들면, 나는 학회에서 '게임은 동기부여적이다.' 라든가 또는 '모든 아이가 배우면서 즐겁게 게임을 한다.' 라는 말을 수없이 들었다. 고등교육에서의 학습자들이 배우는 것과 동기에 대하여 생각하는 바가 학령기의 학습자들과 어떻게 다른지를 이해하는 것은 이 학습을 위해서 게임을 활용하는 것의 잠재력을 평가하는 데 매우 중요하다.

성인학습이론 또는 성인교육학은 학습에 관련된 성인의 동기가 아이들의 동기와 어떻게 다른지를 파악하는 데 유용한 출발점이 된다. 성인학습이론은 동기와 학습욕구에 관련하여 성인학습자의 특성들이 비록 많은 부분이 어린 학습자들에게도 동일하다고 할지라도, 어린 학습자의 특성과는 다른 점을 확인하고 있다. 성인학습이론의 주요 가정들이 다음에 제시되었다(Knowles, 1998).

• 성인은 무엇을 학습하려고 하는 데 있어서 시간과 에너지를 투자하기 전에 왜 그것을 배우려고 하는지를 알 필요가 있다. 그들은 단지 누가 하라

고 해서 배우려고 동기화되지는 않을 것이며, 따라서 학습활동에 대한 명확한 목표가 필수적이다.

- 성인은 자신의 학습에 대해서 책임질 필요가 있으며, 학습의 과정 자체를 이해할 뿐 아니라 언제 어디서 무엇을 어떻게 학습하는지에 대한 책임을 더 가져야 할 필요가 있다. 학습자들이 더 자율적으로 되어 감에 따라 학습은 점차 학습자 중심으로 될 필요가 있다.
- 성인은 배경이 다양하고 많은 경험을 가지고 있다. 학습활동은 이러한 다양성을 고려하고 활용할 수 있도록 설계될 필요가 있다.
- 성인은 실제 삶의 상황에 효과적으로 대처할 수 있도록 실제생활에 기술이나 지식을 적용할 필요가 있을 때 배울 준비가 된다. 실제 상황에 학습을 적용하는 것은 동기를 위한 최선이 되며 기능과 지식의 유지에 큰 도움이 된다.
- 성인은 과제 지향적이고 그들이 원하는 결과를 얻기 위해서 학습활동을 할 때 제일 잘 배운다.

대부분의 대학교 1학년 학부생들은 고등학교를 마친 후에 곧바로 대학에 들어왔으며, 배우고자 하는 동기에 있어서 나이 어린 학습자들과 많은 점을 공유하고 있을지라도, 대학에서 공부하기를 원했기 때문에 영국에서는 대부분의 경우에 자신들의 경험에 대해서 값을 지불하고 있다. 이것은 그들이 대학 경험에 대해 기대하는 바와 학습에 접근하는 방법을 자연스럽게 변화시킨다. 학생들이 대학생활을 더해 감에 따라 앞에서 설명한 성인학습자의 특징을 점점 더 갖게 된다. 내 견해로는 학생들을 대학의 요구에 맞춰 준비시켜 주지 못하고 있는 평가 위주의 학교 시스템으로 인하여 많은 학생들은 교육기관이나 고용주들이 원하는 만큼 자율적이지 못하며, 일부는 부모가 자녀의 교육에 더 영향력을 행사하고 관여하여 학생들로 하여금 자신에 대한 책임감을 느끼게 하는 필요성을 감소시키는 것과 더불어 일부 대학교에서는 점점 더 학생을 고객으로 보려는 관점 때문에 학습자의 자율성을 개발시키는 것이 교육기관의 주요한 문제가 되고 있다.

최근에 고등교육에서 학생인구의 다양성이 증가하는 추세이며 고등교육에서 성숙한 학습자의 수가 늘고 있는데, 이들은 "학교 및 대학교와 같은 형식적 교육환경으로부터 멀어진 이후에 다시 배움의 장으로 돌아온 사람"(Hodson et al., 2001: 327)이라고 할 수 있다. 이들은 전형적으로 더 많이 일하며, 개인적 책임감을 갖고, 책무성을 느끼며, 더 많은 인생의 경험을 갖고 있으며 더 많은 학습 안내를 필요로 한다. 그러나 삶과 직업의 책무성에 대한 압박감과 학습을 위한 제한된 시간을 가질 수밖에 없는 것은 전통적인 학생들에게 있어서도 마찬가지다.

고등교육에서 학생들을 학습에 접근하게 하는 방법은 어린이들의 접근방법과는 분명히 다르다. 동기와 목적이 무엇보다 중요하다. 이것은 게임이 동기부여적이지 않다고 생각하거나 자신의 여가 시간에 전혀 게임을 하지 않는 성인들에게 학습을 위한 디지털 게임의 도입 가능성에 대한 질문으로 연결된다.

 활동: 자신의 동기에 대한 반성

다음의 질문에 10분 정도를 할애하여 답하라.

만약 당신이 여가시간에 컴퓨터 게임을 한다면, 게임하는 것에 대한 이유를 세 가지 이상 적으라.

만약 당신이 여가시간에 컴퓨터 게임을 하지 않고 다른 활동에 참여한다면 그 활동을 하는 이유를 세 가지 이상 적으라.

개인적으로 게임이 학습을 위한 동기부여인 방법이라고 인정할 수 있는지 생각해 보라. 만약 동의할 수 없다면, 왜 그런가? 어떤 측면 때문에 비동기적이라고 생각하는가?

모든 사람이 컴퓨터 게임을 즐기지 않는다는 사실을 인식하는 것이 중요하다. 그리고 거기에는 학습과 관련지어서가 아닌 단지 게임을 플레이하는 사람들의 서로 다른 다양한 동기가 있을 수 있다. 게임을 활용한 학습에 대한 성인들의 태도를 알아보기 위하여 학습을 위한 게임의 도입 가능성에 관심을 갖고 게임이 동기부여적인지 아닌지를 알아보는 작은 연구를 수행하였다. 다음 섹션에서 이 연구의 결과와 고등교육의 학습자들에게 디지털 게임을 활용하는 데 대한 시사점을 같이 논의하고자 한다.

게임에 대한 성인의 태도 연구

내가 학습을 위한 게임을 연구하기 시작했을 때, 게임을 바라보는 다른 방식이 있는지 몰랐으며, 내가 게임을 너무 좋아했기 때문에 게임이 대부분의 학생들에게 내재적으로 동기부여적일 것이라는 실수를 저질렀다. 이는 문헌에서도 공통적으로 나타나는 가정이었기에 전혀 의문을 가질 생각도 하지 못했다. 그러나 포커스 그룹의 인터뷰를 진행하는 동안 참가자 몇 명은 게임을 전혀 하지 않았음을 발견하고 무척 놀랐다. 그들은 학습에 게임을 사용하는 것에 동기화되어 있지 않았으며 대학에서 게임을 활용하는 것에 대해서 의아해했다. 이는 성인으로부터 게임과 동기에 관한 가정을 조사하려는 내 관심 방향에 변화를 일으켰다.

학생들의 게임에 대한 인식을 조사하기 위하여, 심층면접과 설문지를 사용하는 소규모 혼합연구를 수행했다(Whitton, 2007). 인터뷰(n=12)를 통해서는 게임을 오락으로 여기는 학생들과 그렇지 않은 학생들의 인식의 차이를 알아보려고 하였다. 그리고 게임 및 다른 오락활동을 하려는 동기와 교육에서의 게임기반학습에 대한 그들의 태도를 조사하였다. 인터뷰를 한 후에 설문(n=200)을 덧붙여 게임에 관한 학생들의 동기적 선호에 대한 윤곽을 파악하였다. 이

후의 세 섹션에서 학생들이 여가시간에 게임을 하려는 동기와 관련하여 이 연구의 결과를 논의하고, 학습을 위한 게임 활동의 관계와 고등교육에서의 학습을 위한 게임의 전반적인 도입 가능성에 대하여 논의를 할 것이다.

게임을 하려는 동기

연구의 한 부분으로 진행한 인터뷰에서, 놀라운 사실은 아니었지만 자신을 게임 플레이어라고 생각했던 참여자들은 여가시간에 게임하는 것을 선택하지 않았던 사람들과 비교하여 볼 때 게임하는 것에 대한 동기가 달랐다. 게임하는 사람들에게는 게임을 하는 것에 대한 세 가지 중요한 동기가 있었다.

- 정신적 자극: 대부분 지적 변화를 위하여 플레이하려는 동기다. 플레이어들은 퍼즐, 문제해결 게임, 그리고 지적으로 도전적인 형태의 게임을 선호할 수도 있다.
- 사회적 상호작용: 경쟁, 공동작업 또는 단순한 소셜 게임 공간에서 다른 사람과 즐기고 상호작용하는 동기다. 이러한 동기를 가진 사람은 여러 사람이 함께하는 게임이나 팀 게임을 선호할 수 있다.
- 신체적 도전: 손재주나 손과 눈의 협응능력을 포함하는 컴퓨터 게임뿐 아니라 운동이나 육체적 노력을 포함하는 신체적 목적을 성취하기 위해서 플레이하려는 동기다.

여가시간에 게임하는 것을 선택한 사람들과 비교했을 때, 게임을 하지 않는 사람들은 매우 다른 동기를 가지고 있음을 발견했다. 그들이 스스로 게임 플레이어가 되기를 고려하고 있지는 않았지만, 두 가지 특별한 상황에서는 가끔 게임을 했다. 하나는 짧은 시간 동안 지루함을 줄이기 위함이었고, 다른 하나는 사회적 상황을 촉진시키려는 목적으로 어색한 모임에서 분위기를 부드럽게 하기 위함이었다. 이 두 가지 상황, 즉 시간 보내기 또는 사회적 모임을 쉽게 만들기 위해서 게임은 스스로가 동기부여적이라기보다는 다른 목적을 성취하기 위한 수단으로 여겨진다.

게임을 하는 것에 대해 서로 다른 범위의 동기를 확인했을 뿐 아니라, 이 작은 연구로부터 게임 플레이에 대한 다른 동기가 존재하며, 단지 그것이 게임이라는 이유로 어떤 게임이든지 동기부여적이라고 생각하는 것은 너무 단순화하는 것이라고 느끼게 되었다. 서로 다른 사람들이 서로 다른 형태의 게임으로 인해 동기화되었고, 모든 형태의 게임이 고등교육의 상황에서 반드시 적절한 것은 아니었다. 학습자들이 자기 스스로를 일반적인 게임 플레이어라고 생각할지라도, 특정한 게임의 동기부여적 잠재력은 관련된 개개인 및 사용된 게임의 형태에 따라 달라질 것이다.

게임을 통한 학습동기

여가시간에 왜 사람들이 게임을 하는지 탐색하는 것과 더불어, 그들이 게임을 활용하는 이유가 학습을 위한 동기적인 방법인지에 대해, 그리고 여가활동으로 게임 플레이를 원하는 것과 게임을 통해 학습하기를 원하는 것 사이의 어떤 연결고리가 있는지에 대해 조사하고 싶었다. 그래서 200명의 컴퓨터 전공 학부생과 대학원생을 통해 조사했다. 두 가지 이유로 이 그룹을 선택하였다. 첫 번째는 내가 컴퓨터학부에서 일했기에 쉽게 얻을 수 있는 규모가 큰 학생 집단이라는 실용적인 이유였고, 두 번째는 대부분이 남자였고 25세 이하였으며 컴퓨터 사용이 능한 컴퓨터 전공 학생이 자신들의 여가시간에 게임을 할 것으로 기대된 고등교육의 학생 그룹에 속한다고 가정했기 때문이다. 이 집단으로부터의 결과가 다른 학생집단으로 일반화될 수 없는 반면, 게임에 대한 몰입이 평균보다 더 높을 것으로 기대되는 집단이라는 것을 인정한다. 나는 학습을 위한 게임 활용에 대해 동기화된 것으로 기대되는 집단에서 게임을 활용하려는 학습자 동기의 실제 수준을 알고 싶었다. 이는 우리가 믿는 결과보다 훨씬 낮게 나타났다.

여가소비적으로 게임을 하는 것에 관해서는 표집의 87%가 그들의 여가시간에 컴퓨터 게임을 하였는데 이 집단은 적어도 오락의 목적으로서는 동기를 부여받은 집단이라는 것을 알려 주는 것이었다. 게임으로 학습에 동기부여가 되는 것에 관하여는 약 3분의 2가 조금 못 되는 63%가 게임으로 긍정적 동기부여가 발견된다고 대답했고, 28%는 어떤 방법으로도 동기부여가 되지 않았으며, 9%는 학습에 게임을 사용하는 데 회의적이라고 말하였다. 게임이 많은 학생들에게 동기를 부여한다는 증거를 제공하는 긍정적인 결과를 얻었지만, 내가 더 흥미 있게 본 것은 학습을 하는 데 게임 사용이 긍정적인 동기부여를 하지 못한다고 말한 세 번째 그룹이다. 이에 대한 원인은 여러 가지가 있을 수 있는데, 교육적으로 게임을 활용하는 것에 대한 이해 부족, 이전의 교육용 게임에 대한 경험과 동기 사이에는 아무런 상관관계가 없지만 교육용 게임에 대한 이전의 부정적 경험, 여가와 일을 선을 그어 구분하려는 생각, 또는 게임은 시시한 것이며 교육에 부적절하다는 생각 등이다.

여가시간에 게임을 하도록 동기가 부여된 사람들이 학습을 위해, 또한 게임 활용으로 동기가 부여될 것이라는 가정을 증명하기 위해 오락용으로 게임하는 것에 동기부여가 된 것과 학습으로 게임하는 것에 동기부여가 된 것 사이에 어떤 연결고리가 있는지 알아보기 위하여 통계적 분석을 수행했다. 여가시간에 컴퓨터 게임을 하는 것에 동기부여가 된 학생들이 게임을 통한 학습에서도 동기부여를 받을 것이라는 것을 조사하기 위하여 카이스퀘어 검사(x^2)가 사용되었다. 그 결과 여가를 위해 컴퓨터 게임을 하는 데 동기부여가 된 것과 학습을 위해 게임을 하는 데 동기부여가 된 것 사이에는 어떤 상관관계도 없었다(통계적 분석의 자세한 사항은 Whitton, 2007을 참조할 것).

학습을 위한 게임의 도입 가능성

앞의 두 섹션에서 설명한 조사는 자주 가정되어 온 바와 달리 학습을 위한 컴퓨터 게임의 사용이 학생들에게 동기부여가 되지 않을 수도 있다는 것을 나타낸다. 그러나 나는 게임이 고등교육의 장에서 도입 가능성을 보이는지, 거기에 어떤 증거가 있는지에 관심이 있었다.

심층 면접은 게임기반학습의 도입 가능성에 대한 정당성을 부여하기 위한 목적이었다. 여가시간에 게임을 하지 않는다는 조사 대상의 절반을 생각하면 게임기반학습에 대한 인식은 놀랄 만큼 긍정적이었다. 인터뷰에 응한 사람은 학습을 위한 게임의 아이디어를 고려해 보는 데에 열린 마음이라고 말했다. 그러나 그들이 무엇인가를 학습하기 위한 가장 효과적인 방법이라고 느꼈을 때만, 그리고 단지 동기부여를 위한 방법으로만 사용하지 않을 때만 해당된다고 하였다. 몇 명은 어떤 것을 학습하기 위한 가장 효과적인 방법이라면 교수-학습의 어떤 방법도 고려해야 한다고 말했다.

여기서 내가 중요하다고 느낀 것은 고등교육에서 학생을 위한 교육적인 게임은 교수적 원칙에 근거하여 신중하게 설계되어야 한다는 것과 교육적인 게임에는 상세하고 분명하게 전달되는 교육의 결과가 있어야 한다는 것과 다른 학습방법에 비하여 분명한 이점이 있어야 한다는 것이다. 이 조사로 알 수 있었던 핵심은 교수-학습에서 컴퓨터 게임을 사용하는 주 이유가 단지 그것이 동기부여적이기 때문이라고 단순화할 수만은 없다는 것이다. 동기부여 그 자체가 본질적으로 교육에 있어서 게임을 사용하는 충분한 근거가 되는 것은 아니며 고등교육에 있어서는 더욱 그러하다. 게임을 사용하기 위한 이유는 타당한 교육적 원리들을 담을 수 있고 게임이 사용된 영역에서 학습하기 위해서 효과적인 방법이어야 한다. 어떤 게임의 교육적 이익을 학생들이 알고 있고 그들의 학습 맥락에서 게임이 진정한 목적을 갖고 있다는 것을 느껴야 한다. 만약 게임이 학습을 위한 가치 있는 방법이라고 학생들이 인지한다면 단지 그것이 게임이어서가 아니라 자신들의 학습경험을 증진시키기 위해서 사용하도록 동기를 부여받을 것이다.

　나는 동기부여로 인한 효과가 아닌 타당한 교육적 원리로 학생을 사로잡을 수 있는 게임의 진정한 가치에 대해 주장할 것이다. 왜냐하면 게임은 좋은 학습경험이 되기 때문이다. 다음 섹션에서 학습을 위한 몰입의 중요성, 게임이 몰입을 불러일으키는 데 사용되고 효과적으로 학습경험을 창조할 수 있는 방법에 대해 논의할 것이다.

디지털 게임과 몰입

　나는 학습 맥락에서 디지털 게임의 중요한 특징 중 하나가 사용자를 위한 몰입을 제공하는 능력이라고 생각한다. '몰입(flow)'은 게임 산업에서 공통적으로 사용되는 '재미'와 '엔터테인먼트'에 초점이 맞춰지는 용어가 아니라, 교육적 게임을 고려할 때 특별한 관련성이 있는 것이라 생각한다. 몰입의 의미가 무엇인지에 대해 매우 다른 정의들이 있지만, 나는 그중 베넌과 그의 동료들(Benyon et al., 2005: 61)이 내린 정의를 좋아한다.

　　몰입은 실제 사람들을 끌어들이는 경험의 질과 관계가 있다. 이는 좋은 책을 읽을 때의 빠져듦, 좋은 게임을 할 때 느끼는 도전감, 라디오 드라마가 펼쳐질 때의 매력감 같은 느낌이다.

　베넌과 동료들은 실제감, 환경과의 동일시, 사용자의 요구에 적응하는 환경의 능력, 매력적인 서사, 빠져듦과 몰입 등 가상환경에서 몰입을 구성하는 핵심 요소를 확인하였다(Shedroff, 2001에 근거한 Benyon et al., 2005). 나는 몰입의 개념을 이해하고 정의하기에 유용한 칙센트미하이(Csikszentmihalyi, 2002)의 몰입이론을 찾아냈다. 몰입의 상태가 된다는 것은 최적화된 경험의 상태가 된다는 것인데 칙첸트미하이는 다음과 같이 묘사gk

고 있다. "사람들은 다른 어느 것도 문제가 될 것 같지 않는 하나의 활동에 고무되어 있는 상태, 경험 자체로 충분히 즐겁기에 그것을 행할 목적으로 대가를 지불하고도 사람들은 그것을 하려고 한다."(Csikszentmihalyi, 2002: 4) 내 견해로 몰입 상태가 되는 것은 완전히 몰입되는 것과 비슷한 것 같다.

몰입이론은 다음의 요소들이 즐거움을 더할 것이라고 주장한다. 어떤 요소는 활동 자체에 내재적인 것이며 어떤 요소는 참여자의 마음에 관련된 것이다.

- 이룰 수 있는 목표와 알려진 규칙과 함께 기술을 필요로 하는 도전
- 행위와 인식의 통합
- 명확한 목표
- 즉각적인 피드백
- 과제에 대한 집중
- 실패에 대한 두려움으로부터 극복
- 자의식의 상실
- 시간개념의 왜곡

그러나 몰입이론을 비판하는 사람들이 없지 않다. 드래퍼(Draper, 1999)는 더 나아가 몰입이 단순한 개념이 아니라 '유(u)−플로'와 '씨(c)−플로'(유−플로는 단순하지만 자동차를 운전할 때 발생하는 것 같은 그런 무의식적으로 관리되는 행위를 말하고, 씨−플로는 전체적으로 의식적인 주의집중을 요구하는 것)로 나뉜다는 이론으로 확장시키고 있다. 그는 또한 몰입은 활동과 참여자의 핵심 가치 및 열망 사이에 깊은 연결고리가 있을 때 발생한다는 것을 강조한다. 살렌과 짐머맨(Salen & Zimmerman, 2004)은 몰입은 게임에 내재된 것이 아니라, 게임과의 상호작용과 플레이어의 마음 상태에 의존한다고 주장한다.

몰입을 이해하려고 할 때 유용하다고 생각하는 두 번째 이론은 말론(Malone, 1980)의 연구로부터 파생된 것인데, 그는 게임과 몰입에 관한 파생적 연구를 하였다. 그는 디지털 게임을 몰입적으로 만드는 특성을 연구하였으며, 게임을 매력적으로 만드는 이러한 특성들이 게임기반학습을 흥미롭고 즐거운 것으로 만드는 데 어떻게 활용될 수 있을지를 고민하였다. 말론은 원래 몰입을 증가시키는 게임의 세 가지 측면을 제시하였는데, 이는 도전, 환상, 그리고 호기심이다.

적절한 도전감은 플레이어가 목표를 달성할 수 있을지에 대한 불확실성과 함께 명백하고, 강제적이고 유동적인 목적을 사용함으로써 생기게 된다. 단기적 목적은 장기적인 것보다 더욱 동기부여적이며, 게임을 이기는 것과 같은 고정된 목적은 그림을 그리는 것과 같은 발생적 목적보다 더 동기부여적이다. 개인에게 적절한 도전 수준을 만들어 내는 것은 목적이 성취될 수 있으나 노력을 요구하는 곳에서는 필수적인 것으로 보인다.

환상은 게임 안에 있는 줄거리나 상상적인 시나리오의 개념이다. 그리고 기술이나 지식이 환상에 밀접하게 관련되어 있는, 예를 들면 플레이어가 범죄와 관련된 증거를 처리하기 위해서 화학적 분석을 수행해야 하는 탐정 게임처럼 학습에 내재적일 수도 있고, 문제의 정답을 맞히는 기술이 게임 플레이의 일부에 의해 보상되는 환상에 의존하지 않는 퀴즈 게임처럼 학습에 외재적일 수도 있다. 말론은 교육 상황에서 내재적 환상이 일반적으로 흥미로우며 목적적이라고 주장한다.

말론에 따르면 호기심은 두 가지 형태를 갖는다. 이는 감각적인 것과 인지적인 것이다. 감각적인 호기심은 빛, 소리, 또는 감각적 자극을 포함하며, 인지적 호기심은 개인이 세상에 대한 정신적 맵을 완성하는 것과 지속적이고 종합적인 이해를 확실히 하는 것을 포함한다. 호기심은 게임에서 취해진 행위가 놀라우면서도 건설적인 피드백으로 연결되는 곳에서 자극된다.

말론과 레퍼(Malone & Lepper, 1987)는 말론의 초기 이론에 변인을 하나 더 추가하였다. 이는 학습환경에 대한 통제다. 통제는 세 개의 분리된 영역으로 생각된다. 즉, 게임 내에서의 상호작용과 인터페이스가 논리적인 상황적합성(contingency), 많은 수의 선택권이 가능한 선택, 그리고 하나의 결정이 영향력이 있는 것으로 간주되는 힘이다.

앞에서 말론의 연구를 파생적이라고 하였는데, 오늘날 고등교육에서의 학습과 관련지어서 이 연구의 가치를 언급하는 것이 좋을 것 같다. 첫째, 이 연구는 아이들을 대상으로 하고 있으며 말론의 연구결과가 성인을 대상으로 해도 복제 가능한 것이지만 이에 대한 증거는 제한적이다. 그리고 도전과 같은 요인은 성인의 몰입에 적용될 때 직관적으로 의미가 있는 반면에, 환상과 같은 요인은 상상과 거리가 있는 다른 요인들에는 부족하다. 둘째, 말론의 연구는 1980년대 초반에 이뤄졌다. 이 기간은 컴퓨터 게임이 대부분의 어린이들에게는 새롭게 느껴졌고, 당시에 컴퓨터 게임은 어느 정도는 신기함의 효과로 인해 몰입적이었을 수도 있다.

오늘날 컴퓨터 게임은 매우 보편적으로 보급되어 있으며 사람들은 그들의 기대치에 있어서도 과거보다는 훨씬 더 앞서 있다. 그렇지만 말론의 연구는 게임 디자인에 대한 연구의 기초로 활용되고 있으며 몰입은 초기부터 여러 연구자에 의하여 지지되어 왔고 응용되어 왔다. 대체로 많은 부분들이 아직도 의미가 있으며 고등교육의 학생들에게 조심스럽게 적용될 수 있다는 것이 내 견해다.

🤖 활동: 무엇이 자기를 몰입하게 만드는지 이해하기

과거에 시간이 순식간에 지나갔다고 생각할 만큼 몰입했던 활동에 대해 생각해 볼 수 있는가? 시간이 영원히 지속되는 것처럼 느꼈던 최근의 다른 활동을 생각할 수 있는가?

몰입한, 또는 몰입하지 못한 두 경험 사이의 차이점을 5분 동안 써 보라.

대부분의 사람들은 시간, 정도에 따라 몰입하는 활동이 달라진다는 것을 알게 될 것이다. 어떤 요인이 더 높은 몰입에 기여하는가를 스스로 인식할 수 있으면 다른 사람을 위해 몰입 학습경험을 설계하는 데 도움이 될 것이다.

앞 장에서 게임을 정의하기 위한 잠재적인 특징으로서 재미에 관해 이야기를 했다. 여기에서 몰입과 관련지어 재미를 간단하게 논하는 것이 가치 있을 것이라 생각한다. 게임의 맥락 속에서, 재미는 몰입 경험의 한 구성요소가 될 수는 있지만 필수적인 것은 아니라고 생각한다. 예를 들어, 내가 몇 년 전에 〈쉰들러 리스트(Schindler's List)〉라는 영화를 처음 봤을 때 매우 몰입했던 것으로 기억하지만, 이것은 재미라고 기술할 만큼의 경험은 아니었다. 학습을 위한 게임과 관련해서, 재미는 훌륭한 부산물이 되는 반면에, 효과적인 학습경험을 만들기 위해서는 학습자 몰입의 개발이 중요하다는 생각이 든다.

다음 섹션에서, 고등교육에서 컴퓨터 게임의 사용을 위한 강력한 이론적 근거를 제공해 줄 수 있다고 믿는 교수−학습이론을 몇 가지 살펴보려고 한다.

고등교육에서 디지털 게임을 위한 이론적 근거

이번 섹션에서는, 학습에서 컴퓨터 게임의 사용과 관련된다고 생각하는 몇몇 교수이론을 설명하고, 그것들의 사용을 지지하기 위한 근거를 제시한다.

내가 여기서 컴퓨터 게임을 논의할 때, 고등교육에서 사용하기에 가장 적합한 것이라고 생각하는 종류의 게임에 대해서만 이야기한다는 것을 미리 말한다―이것은 다음 장에서 보다 구체적으로 다루게 된다. 이 섹션은 네 가지 교육이론을 살펴보고 그것들이 고등교육에서 게임기반학습의 아이디어와 얼마나 어울리는지 생각해 볼 것이다.

나는 게임이 사실과 지식을 가르치는 데 의미 있는 역할을 할 수 있으며, 특히 언어학습과 같이 외우는 활동이 중요한 영역에서 반복 및 회상을 위한 맥락을 제공하는 데 유용하며, 훈련 및 기술개발을 위해 효과적으로 사용될 수 있음을 인정한다. 그러나 고등교육에서 가장 큰 잠재력을 가진 영역은 바로 분석, 비판적 평가, 자율성, 그리고 팀 작업과 같이 특정 영역에 자리 잡은 고등 수준의 전이 가능성 있는 기술을 적용하고 개발하는 것이다. 이런 맥락에서 나는 학습이론의 네 가지 영역, 즉 적극적 학습과 구성주의, 경험학습, 협동학습, 그리고 문제기반학습을 논의할 것이며, 이러한 이론적인 구성들을 학습에 있어서 컴퓨터 게임을 사용하기 위한 교수적 근거를 제공하는 것과 관련지어 조명할 것이다.

지난 세기에 걸쳐 교수−학습을 인지하는 방식은 크게 바뀌어 왔다. 행동주의가 사고의 주 흐름이었으나 1950년대 후반에 인지주의가 유행하였으며 이후에 학습을 개념화하는 주된 방식이었다. 최근에는 구성주의 패러다임이 학습이론을 기술하는 주된 방식이 되었다(Cooper, 1993). 행동주의자들은 마음이란 행동을 관찰함으로써 연구될 수 있는 블랙박스(black box)로 보았으며, 지식은 한 전문가에게 강의를 들어서 직접적으로 전달될 수 있는 것으로 보았고, 학습은 훈련되고 강화될 수 있는 것으로 생각했다. 본질적으로 정신은 지식으로 채워질 수 있는 그릇으로 본다. 인지주의자들은 행동 뒤의 사고과정에 초점을 두고 있으며, 특별하게 인지, 감각 시스템, 뇌의 작용, 그리고 기억을 살핌으로써 정신이 작용하는 방식을 이해하려고 한다. 구성주의적 관점은 인지주의를 통하여 발전된 정신의 작용을 이해하는 데 어느 정도 바탕을 둔다. 그러나 단 하나의 진실이 세상에 존재한다고 보기보다는 현상에 대한 개인적인 이해는 경험, 토론 그리고 응용을 통하여 개인에 의하여 구성된다는 견해를 견지한다. 이 장의 후반부에 논의되는 이론들은 구성주의적 관점을 따르고 있다. 학습을 개념화하는 이 방식은 컴퓨터 게임 및 학습에 대한 잠재력에 관한 내 생각에 큰 영향을 미쳤다.

구성주의와 적극적 학습

구성주의는 하나의 이론이라기보다는 적극적 학습이란 개념과 관련된 여러 이론 및 관점이다. 브루너(Bruner, 1966)는 학습은 행동주의자들이 주장하는 지식의 수동적 전달이라기보다는 적극적인 과정이라는 아이디어를 처음으로 제기하였으며, 학습자들이 활동에 참여하고 과거의 지식과 경험 위에 새로운 지식과 경험을 세움으로써 한 주제에 대한 이해를 구성한다고 하였다. 이러한 것은 바람직한 활동이고 학습자들은 활동에 몰입해 이해를 하며, 기존 지식과 경험에 기초하여 건설한다는 것을 처음으로 주장했다. 나는 사베리와 더피(Savery & Duffy, 1995)에 의해 마련된 구성주의의 원리가 아주 복잡하게 얽힌 이론적 구성을 요약하는 한 방법으로 유용하다고 생각한다. 그들은 세 가지의 수칙이 있다고 말한다.

- 상황 인지: 개인의 이해는 환경과의 상호작용을 통하여 발전된다. 이해는 내용, 맥락, 활동 그리고 목적에 의해 형성되며, 개별적으로 구성된다. 이해는 공유될 수는 없지만 이해의 호환은 다른 사람과의 논의를 통하여 검증될 수 있다.
- 인지적 불균형: 인지적 갈등—또는 불균형—은 학습을 위한 자극이며 학습되는 것의 조직과 특성을 결정한다. 무엇을 배우기 위한 목적은 항상 존재하며 이 목적은 학습자가 무엇에 관심을 두어야 하며 무엇이 구성되

어야 하는가를 결정하는 데 있어서 주된 요인이 된다.

- 사회적 협력: 지식은 사회적 협상을 통해서, 그리고 다른 사람에 대한 개인적인 이해의 생존 가능성을 평가함으로써 진화해 나간다. 사회적 환경은 이해의 발전에 중요하고, 다른 사람들은 사고에 도전하는 대안적 견해의 원천을 제공하는 주요한 메커니즘이다.

구성주의적 관점의 핵심은 사람들이 문제해결과 발견에 의하여 자기 자신의 신념을 구성함으로써 학습한다는 것이다. 학습자 중심의 온라인 학습환경의 설계는 구성주의적 관점에 많은 영향을 받았다(Grabinger et al., 1997; Land & Hannafin, 2000). 나는 어떤 형태의 컴퓨터 게임은 구성주의적 학습환경으로 간주될 수 있다고 생각하는데, 다음과 같이 정의될 수 있다(Wilson, 1996: 5).

학습자들이 공동작업을 하도록 서로를 지원하는 학습환경이며 학습목적 및 문제해결 활동을 안내받으며 이를 해결하는 과정에서 다양한 도구와 정보자원을 활용할 수 있는 환경

이 정의는 많은 종류의 협력적인 컴퓨터 게임을 분명히 포함한다. 혼베인 (Honebein, 1996)은 구성주의적 학습환경 설계의 7가지 교수 목적을 제시했다. 학습환경은 무엇을 어떻게 배워야 하는지에 대한 책임을 학생들이 가지도록 그들을 지원하며, 학습자들에게 다양한 견해를 던져 주며, 학습과정에 대한 주인의식을 학습자들이 갖도록 격려하며, 학습을 실제적이고 적절하게 하며, 실제 생활의 활동에 근거를 두는 것은 물론, 사회적 학습을 지원하며, 다양한 형태의 표현과 풍부한 미디어를 사용한다.

이러한 구성주의 학습환경의 목적들은 고등교육에서 디지털 게임을 통한 학습에 특히 적절하다. 그들의 원리는 특별한 형태의 컴퓨터 게임에서 구체화하고 있기 때문에 나는 특별한 형태의 컴퓨터 게임(다음 장에서 구체적으로 언

급하겠지만)은 사실상 구성주의적 환경이라고 주장한다. 예를 들어, 역할놀이 게임은 학습자들이 풍부한 미디어를 사용하여 가상 세계를 탐험하고 항해할 수 있는 기회를 제공할 수 있으며, 시뮬레이션은 실세계에 전이될 수 있는 기술을 연습하는 실제적 맥락을 만들어 낼 수 있고, 어드벤처 게임은 문제해결을 위한 맥락과 포럼을 제시할 수 있다. 다른 사람과 같이 학습하고 다양한 관점을 탐색할 수 있는 협동은 구성주의 관점에서 필수적이며, 동일한 물리적 공간에서의 다중사용자 게임이나 협력적 게임 플레이는 게임이 사회적 상호작용 및 협력을 북돋워 주기 위해 사용할 수 있다.

그러나 자신의 학습을 구조화하고 계획하는 데 책임을 지는 학습자들을 지원하는 것과 학습과정에 대해 이해하는 것, 그리고 학습과정 속에 몰입하는 것은 컴퓨터 게임에서 고려되거나 겉으로 설계되는 목적은 아니다. 따라서 학습을 위한 게임이 사용되는 맥락, 교육과정 속에서 그들의 역할, 그리고 학습을 위한 어떤 게임의 전후 활동을 고려하는 것은 아주 중요하다. 프렌스키(Prensky, 2001: 24)는 만약 게임이 학습을 위해 사용된다면 "학습은 학습자가 게임을 이기려고 하는 과정 속에서 맥락을 깨닫는 일 없이 학습이 일어날 것"이라고 주장한다. 학습자가 과정, 맥락, 그리고 학습의 전이성을 이해하도록 돕기 위해서 학습과정이나 구조화된 반성적 사고를 이해하지 않고도, 특히 고등교육의 맥락에서 이런 방식으로 발생한 학습의 가치는 의심의 여지가 없다고 주장할 수 있다.

상황인지 및 학습을 위한 맥락 제공의 개념은 컴퓨터 게임이 특별하게 지원하는 것이다. 예를 들어, 《셜록 홈스와 은귀고리의 상자(Sherlock Holmes and the Case of the Silver Earring)》([그림 3-1] 참조)에서 플레이어들은 범죄를 수사하는 동안 발견된 증거를 분석하는 다양한 실험을 수행해야만 한다.

게임의 넓은 맥락 밖에서 이러한 실험과 화학적인 분석은 무의미하고 평범한 것으로 보이지만, 게임은 활동을 위한 맥락과 목적을 제공하는 데 도움을 준다.

03 디지털 게임의 교육적 이해

[그림 3-1]
《설록 홈스와 은귀고리의
상자》에서의 조사 장면

경험학습

구성주의 관점은 또한 학생들이 학습과정 안에서 적극적인 역할을 수행함
으로써 자신들을 위한 실제적 맥락을 경험하고 탐구하고, 그리고 경험으로부
터 의미를 발견함으로써 더 잘 학습한다는 개념을 견지한다. 경험학습 사이클
(Kolb, 1984)은 계획, 반성, 그리고 이론적 근거를 획득하는 것을 포함하여, 적
극적 학습의 중요성을 강조하는 모델을 제시한다. 이 사이클에 따르면, 구체
적인 경험을 제공하는 학습활동에 능동적으로 참여함으로써 학습자가 시작
하는 곳에서 학습은 일련의 단계 중 하나로 일어난다. 이후 개인적인 경험에
대한 반성이 뒤따르며, 반성적 사고 이후에는 경험 또는 경험으로부터 파생된
규칙에 알려진 이론을 적용하며, 최후에는 다음의 학습활동을 알려 주고 수정
하며 계획한다.

디지털 게임이 지닌 이점 중 하나, 특히 공학으로 인해 향상된 여러 형태의 학습이 지니는 이점 중의 하나는 경험학습 사이클과 전체 학습과정에 아주 중요한 상호작용과 피드백을 제공해 주는 컴퓨터의 능력이다. 컴퓨터 게임은 간단히 클릭하여 직선적인 계열상의 이동을 하는 단순한 아이템에서부터 아주 복잡한 상호작용적인 가상 세계에 이르기까지 넓은 영역의 상호작용을 촉진하는 능력을 지니고 있다. 살렌과 짐머맨(Salen & Zimmerman, 2004)은 몰입의 수준이라고도 부른 게임에서 발생하는 상호작용의 네 가지 형태에 대한 예를 제시하고 있다. 이것들은 우선적으로 게임에 있어서 인지적 상호작용, 즉 심리적, 정서적 그리고 지적인 참여를 하는 것이며, 다음으로는 기능적 상호작용으로 플레이어가 게임과 상호작용할 때 사용하는 실제로 행하는 통제를 말한다. 명시적 상호작용은 플레이어가 게임에 있어서 선택을 하고 사건에 응답하는 것을 말하며, 마지막으로 객체 이상의 상호작용(beyond-the-object inter-activity)은 상호작용을 게임의 단일 경험 밖으로 연결하는 것이다. 이 피드백 사이클은 학습의 과정에 필수적이다. 하나의 게임이 피드백을 게임 내에 매끄럽게 자리 잡게 하면서 가상의 게임 환경 내에서 피드백 사이클을 내포할 수 있다는 사실은 게임을 믿을 수 없을 만큼 강력한 학습의 도구로 만든다. 피드백은 상호작용의 필수적인 일부이며 옥스랜드(Oxland, 2003)는 컴퓨터 게임이 촉진시킬 수 있는 여러 유형의 피드백을 제시하였는데, 시각적, 청각적, 행위적(플레이어의 행위가 발생한 후에 명시적 피드백이 드러나는), NPC(Non-Player 캐릭터), 축적적(게임 내내 피드백이 상대적 진전도를 나타내 주는), 정서적, 성취적(퍼즐을 해결하여 얻는), 그리고 정보제공적 등이다.

지(Gee, 2003)는 학생들이 게임의 가상 환경을 살펴야 하고, 상황을 검토하여 발생하고 있는 것에 대한 가설을 만들고 행위를 취하며, 그 행위가 어떤 결과를 낳는지를 알아보기 위하여 가상 세계를 탐구하기 때문에 컴퓨터 게임은 경험학습 사이클을 반영한다고 주장한다. 나는 이 사이클이 게임 세계 안에서의 학습에 그대로 옮겨질 수 있지만 그것이 학생들이 게임 맥락의 밖에서 일

03 디지털 게임의 교육적 이해

어나는 학습을 실세계에 전이시키기 위해 자신들에게 요구되는 메타 인지적 과정들을 위한 범위를 반드시 제공하지는 않는다는 견해를 가지고 있다. 나는 고등교육에서 높은 수준의 기능 맥락 안에서 게임기반학습이 더 큰 학습과정의 일부일 필요가 있으며, 전체로서의 경험학습 사이클로 그리고 반성적 사고를 기르고 지원하기 위한 활동들로 둘러싸일 필요가 있다는 점을 인식하는 것이 중요하다고 느낀다. 학습을 위한 컴퓨터 게임은 다른 활동 및 그들을 둘러싸고 있는 반성적 사고와 관련지어서 고려되어야 하며 단지 독립된 활동으로서 고려되어서는 안 된다.

컴퓨터 게임은 경험을 의미 있는 맥락 안으로 자리 잡게 하는 이점을 지닌다. 예를 들어, 범죄현장조사(Crime Scene Investigation) 시리즈 게임은 학습을 지원하는 잠재력이 있는 탐정 게임의 좋은 예다. 플레이어는 범죄를 해결하기 위해서 증거와 진술을 수집하고 분석해야 한다. 게임을 끝내기 위해서 플레이어는 관찰력을 사용해야 하고, 법의학적 테크닉을 적용해야 하며, 제시된 증거에 대해서 비판적으로 사고해야 한다. 게임의 놀이성을 증가시키기 위해서 실세계의 절차들이 생략되거나 변형된 오락을 목적으로 설계된 게임의 경우에 있어서도 게임의 세상이 실제와 얼마나 다른지를 논의하는 포인트로서 게임을 사용할 잠재력은 여전히 존재하는 것이다.

협력학습

공동작업을 하고, 개념 및 견해를 공유하고 명료화하며, 의사소통 기술을 개발하고 서로에게 배우는 것을 강조하는 사회적 구성주의 및 협력학습에 대한 개념은 학습에 대한 구성주의적 개념과 관련 있다. 협동적으로 작업하는 것은 학생들로 하여금 장점을 살리고 비판적 사고 기술과 창의성을 계발시키며, 아이디어를 타당화시키며, 광범위한 개인적인 학습양식과 선호도 그리고 관점을 평가할 수 있도록 해 준다(McConnell, 2000; Palloff & Paratt, 2003).

사회적 구성주의를 전파한 학자 중의 한 사람인 비고츠키(Vygotsky, 1978)는 학습의 협동적 측면에 특히 관심이 있었다. 그는 학습은 사회적 수준에서 우선 발생하며 그 후에 개인적 수준에서 발생한다고 주장하였다. 그의 근접발달 이론은 그 영역이 혼자서 작업하여 배울 수 있는 것과 교사나 다른 전문가에 의하여 안내받고 지원받아서 성취할 수 있는 것과의 차이라고 주장한다. 연습의 공동체에 참여함으로써 집단 규범, 과정 그리고 정체성의 맥락에서 교육 및 도제방식을 통하여 집단의 일부로서 합법적이고 지속적인 학습방식을 제공받을 수 있다(Lave & Wenger, 1991).

네트워크 컴퓨팅이 성장하고 보편화된 것의 주요 장점 중 하나는 학습자의 가상 공동체와 게이머 가상 공동체의 발전 잠재력에 있다. 협력적인 온라인 학습은 전 세계의 학습자들이 가상 공간에 동기적, 비동기적으로 모이도록 허락해 준다. 그리고 과업을 공동으로 작업하도록 하며 문제를 토론하고 의견을 공유하며, '상호 협력학습을 통하여 자원, 지식, 경험, 그리고 책임을 공유' 하도록 한다(McConnell, 2006: 11). 다중사용자 게임 공동체는 다른 사람과 학습하는 능력과 협력을 위한 유사한 플랫폼을 제공한다. 다중사용자 온라인 역할놀이 게임(MMORPGs)을 오락적으로 즐기는 사용자들에 대한 연구는 협력학습, 실천 공동체의 발전(Steinkuehler, 2004), 사람들을 만나는 예절과 집단 관리와 협동 그리고 사회적 상호작용(Ducheneaut & Moore, 2005)을 포함한 집단기술을 학습하는 잠재력 등의 증거를 발견하였다. 그러나 협력을 위한 잠재력을 갖는 다중사용자가 사용할 수 있도록 설계된 것은 단지 컴퓨터 게임만이 아니다. 예를 들면, 브리핑과 반성적 활동을 갖도록 게임기반 활동을 구조화함으로써 학습과정 전 단계에 걸쳐 협력활동을 만들기 위한 기회를 갖게 된다.

문제기반학습

교수-학습에 대한 문제기반학습의 접근과 아주 밀접하게 관련된 발문기반

학습의 접근은 퍼즐이나 어드벤처 게임과 같은 어떤 형태의 컴퓨터 게임에서 발생하는 활동과 유사한 점을 가지고 있다. 문제기반학습은 실제의 생활과 간 학문적 문제를 해결하기 위해 함께 작업하는 소집단 학생들을 포함하는 방법론이다. 교사는 교과전문가가 아닌 촉진자의 역할을 맡는다. 학생들에게 유용한 자원이 제공되지만, 문제 자체를 해결하는 방법에 대한 정보는 주어지지 않으며 한 번에 하나의 문제에 대해서만 작업이 광범위하게 이루어진다. 이것은 활동기반학습을 제공하는데, 학생들은 자신의 학습 및 실세계 맥락 안에서의 학습에 대해서 더 많은 책임을 갖는다(Boud & Feletti, 1991). 발문기반학습은 학습이 시나리오를 중심으로 이루어지며 학생들이 자신의 질문과 이슈를 형성하는 문제기반학습과 유사하다. 한편, 인터넷은 학생들로 하여금 자신에게 적절한 수준과 깊이로 주제를 연구할 수 있도록 해 주기 때문에 문제 또는 발문중심학습의 촉진에 중심 역할을 한다.

연구자들은 컴퓨터 게임이 실생활의 문제해결 경험을 만들어 내는 장치를 갖고 있음을 조명해 왔다. 킬리(Killi, 2005: 17)는 "게임은 학생들에게 문제를 제공하기 위한 의미 있는 틀을 제공한다. 사실상, 게임 그 자체가 우연히 여러 가지의 작은 문제로 구성된 하나의 큰 문제"라고 주장한다. 게임기반학습을 적용하는 25명의 교육 전문가를 대상으로 한 조사에서, 드 프레이타(de Freitas, 2006)는 인터뷰한 대상자들이 일반적으로 문제기반학습을 위해 시뮬레이션과 게임을 사용하는 경향이 있다는 것을 알아냈다. 해결되어야 할 문제를 제시하는 것은 여러 종류의 컴퓨터 게임에 있어서 필수적이다. 나는 다른 맥락에 적용될 수 있는 의미 있는 학습을 만들어 내는 데 필수적이라고 주장한다.

많은 유형의 게임, 특히 어드벤처 게임은 플레이어들이 게임을 완성하기 위하여 제시되는 스토리, 캐릭터, 그리고 문제들을 다루어야 하는 문제해결 환경을 제공한다. 예를 들면, 아가사 크리스티(Agatha Christie)의 소설에 기반을 둔 어드벤처 게임인《그리고 나서 아무도 없었다(And Then There Were None)》

([그림 3-2] 참조)에서 플레이어들은 섬을 탐험해야 하고, 캐릭터들에게 이야기를 걸어야 하며, 게임에 기반을 둔 주변의 문제들을 해결하기 위해 일련의 퍼즐을 해결해야 한다.

[그림 3-2]
《그러고 나서 아무도 없었다》

심지어 게임의 맥락이 교과영역에 직접적으로 적절하지 않을 때조차도, 수평적 사고(lateral thinking), 정보수집 및 분석, 그리고 해결책의 개발 및 평가 등과 같은 문제해결에 관련이 있는 전이 가능한 기술들이 아직도 여전히 가치가 있다.

한 예로 내가 제시한 세 가지 게임은 학습을 위해서라기보다 주로 오락을 위해서 설계된 게임이다. 그래서 독자들은 그들로부터 어떤 교육적 가치를 발견하기가 어려울 수도 있다. 사실 이 게임들이 학습을 위한 훌륭한 예라고 생각하지는 않는다. 그러나 나는 이러한 유형의 게임들이 여전히 어떤 형태의 학습을 지지한다고 믿는다. 예를 들어, 《룬스케이프(RuneScape)》는 탐색문제(quests)를 전략적으로 협력할 수 있도록 플레이어들을 지원하며, 《낫프론

활동: 게임에서의 교수적 접근을 고려하기

이 활동을 위해 나는 이 책의 서문에서 제시하였던 세 가지 게임을 언급할 것이다(만약 아직 그 게임들을 해 보지 않았다면, 지금이 좋은 기회다.).

각각의 세 게임을 위하여 고려해 볼 것은 다음과 같다.

- 그 게임을 해 봄으로써 무엇을 학습할 수 있겠는가?
- 그 게임은 말함에 의한 학습을 지원하는 게임인가, 아니면 행함에 의한 학습을 지원하는 게임인가?
- 플레이어들이 목표를 성취하기 위해 다른 사람들과 함께 작업을 해야 하는가?
- 플레이어들이 해결해야 하는 문제가 제시되었는가?

(NotPron)》은 플레이어들이 수평적으로 사고하고 기술적인 퍼즐들을 해결하도록 요구한다. 그리고 《슬루스(Sleuth)》는 제시된 '범죄'를 해결하기 위하여 논리적 추론을 필요로 한다.

나는 또 다른 학습 패러다임이 존재하며, 고등교육 및 성인교육에서 게임기반학습은 교수적 훈련 및 연습의 기술 위주의 방식으로 성공적으로 사용되어 왔음을 인정하는 반면, 이 책은 컴퓨터 게임을 적극적인 학습환경으로 개념화하는 데 초점을 맞추었는데, 그 환경 속에서 학생들은 행함으로써 그리고 의미 있고 목적적인 과업을 수행함으로써 배울 수 있으며, 자신들의 경험에 대해 반성적으로 사고하며, 또 자신들의 학습목적을 성취하기 위해 다른 사람들과 함께 작업할 수 있다.

나는 많은 디지털 게임에 포함된 건전한 교수적 원리를 이해하는 것이 어떻게 하여 학습을 위한 게임이 설계되고 실행될 수 있는가를 이해하도록 도와줄 뿐 아니라 우리의 고등교육 내에서 모든 교수-학습이 발생하는 방식을 향상시킬 수 있다고 믿는다. 다음 장에서 교육자들에게 유용한 여러 범주의 게임 유형을 논의하고 이러한 게임 내에서 발생할 수 있는 여러 형태의 학습을 점검하고자 한다.

3장 요약

　이 장은 아이들의 학습과 성인의 학습에 있어서의 다음 차이점에 대해 논의했으며, 성인에게서 다음 사항을 조명하였다. (a) 학습을 위한 명확한 동기가 필요하다. (b) 자기주도적이고 자기반성적이어야 한다. (c) 다양한 사전 경험을 가지고 있다. (d) 그들이 적용할 필요가 있을 때 무언가를 배울 준비가 된다. (e) 자신들의 학습에서 과업 지향적이다.

　성인의 게임 플레이에 대한 동기와 몰입에 관한 두 번째 섹션에서는, 성인들이 정신적 시뮬레이션, 사회적 상호작용, 신체적 도전, 시간 보내기 그리고 집단과정 촉진 등을 위하여 게임을 하고 있다는 증거를 제시하였다. 따라서 동기부여가 고려되는 것이 중요하며 여가 소비적으로 게임을 하려는 욕구가 반드시 학습을 하기 위해 게임을 사용하려는 욕구와 관계가 있지 않다는 점을 조명하였다. 컴퓨터 게임이 어떤 이에게는 동기부여적일 수 있는 반면, 게임이 건전한 교수적 원칙을 가지고 설계되고 학습을 위한 효과적인 방법이라고 학생들이 인식해야만 모든 이에게 받아들여질 수 있다. 나는 또한 몰입의 개념은 디지털 게임으로부터 학습을 고려할 때 중요한 요인임을 조명하였다.

　특히, 컴퓨터 게임에 관련된 교수-학습이론의 네 가지를 논의하였다. 적극적 학습과 구성주의, 경험학습, 협력학습, 그리고 문제기반학습의 개념 모두 고등교육에서 컴퓨터 게임을 사용하는 데 대한 이론적이고 교수적인 근거를 제공한다.

읽을거리

S. M. Alessi & S. R. Trollip(2001). *Multimedia for Learning*. Boston, MA: Allyn & Bacon. 비록 게임에 명백하게 관련된 것은 아니지만, 2장은 여기서 언급된 여러 이론을 매우 훌륭하게 비판적으로 개관을 하고 있다.

K. Oxland(2004). *Gameplay and Design*. Harlow: Addison−Wesley. 6장 피드백과 달성에서 게임에서의 상호작용의 설계와 피드백에 관한 내용을 살펴볼 수 있다.

학습을 위한 디지털 게임의 유형 확인하기
04

 이 장에서는 유용한 디지털 게임의 종류를 알아보고, 고등교육에서 다양한 학습을 위한 가장 적절한 유형이 무엇인지 논의해 보고, 교육용 게임 분야에서 최근 떠오르는 두 영역을 소개한다.

먼저, 다양한 장르의 컴퓨터 게임을 소개하고 각각이 고등교육에서 학습에 어떻게 적절하게 적용되는지 생각해 볼 것이다. 다음으로 다른 각도에서 학습을 위한 게임 유형의 이슈에 대해 접근하며, 각광받는 다양한 학습의 종류와 그런 맥락에서 잠재적인 게임 활용에 대해서 생각해 볼 것이다. 세 번째 부분에서는 학습을 위한 디지털 게임 활용의 잠재력을 가지고 있는 두 영역, 즉 증강현실 게임과 모바일 게임에 대해 살펴볼 것이다.

교육자에게 유용한 디지털 게임의 유형

학습용 디지털 게임이라는 용어에 대해 생각했을 때, 독자는 아마도 학습뿐만 아니라 오락으로 게임을 하였던 경험을 바탕으로 어떤 특정한 종류의 게임을 떠올릴 것이다. 이 장에서는 완벽한 분류를 하려는 것이 아니라 디지털 게임의 주요 유형의 개요를 제공하는 것이 목적이지만, 고등교육에서 학습을 위한 서로 다른 유형의 가능성을 고려하기 위해 현존하는 게임의 종류 역시 살펴보고자 한다.

나는 게임 전용 기계에서 실행 가능한 게임이나 콘솔용 게임보다는 랩톱이나 데스크톱과 같은 다목적 컴퓨터에서 실행하는 게임의 활용에 주로 기초한다. 나는 고등교육에서 게임 플랫폼으로 일반 목적의 기계를 선호한다. 많은 학생들은 게임 전용 기계보다는 개인 소유의 컴퓨터나 교내의 컴퓨터에 쉽게 접근할 수 있다. 게다가 학습을 하는 데 유용한 게임은 학습을 위해 더 적절하다고 느끼고 있으며, 여러 기계에서 사용 가능한 게임을 개발하는 것은 학계에서 일하고 있는 대다수의 사람들을 위해서 더욱 활용 가능성이 높다고 생각한다.

많은 연구자들은 컴퓨터 게임의 유형과 분류를 범주화하려고 시도했고, 그들 사이에 큰 차이점도 있지만 일반적인 분류에 관하여는 많은 유사점이 있다. 어떤 장르의 컴퓨터 게임이 존재하는가에 대한 확고한 의견의 일치는 없는데, 옥스랜드(Oxland, 2004: 24)는 이렇게 주장했다.

> 그동안 무엇이 장르를 구성하고 있는가에 대한 견해는 모호했는데 이는 주로 산업에 의한 창조적인 변화의 흐름, 장르의 중복성 그리고 기술(technology) 및 아이디어의 지속적인 혼란에 기인한다.

이 장에서는 존재하는 모든 게임 장르를 분류하려고 하지는 않는다. 하지만 많은 유형의 게임이 존재한다는 것과 각각은 고등교육에서 학습 적용 가능성에 견주어 장점과 단점이 있다는 아이디어를 발전시키기 위하여 7개의 분명한 장르를 선택하였다. 나는 이 7개의 구분이 유용한 게임의 유형들에 대한 아이디어를 제공하기에 충분하다고 믿는다. 이전에 언급하였듯이, 게임 장르에는 중복되는 점이 있으며 한 개의 게임이 여러 개의 범주에 속할 수도 있다. 그리고 여기에 제시된 장르를 설명하는 내용에 적합하지 않는 게임이 있을 수도 있다. 그러나 다음에 제시된 목록으로 내가 의도하려는 바는 유용한 게임의 유형에 대한 느낌을 제공하는 것이며, 그것들이 어떻게 분류될 수 있는지 그리고 학습 맥락에서 그것들이 어떤 유용성이 있는지를 생각해 보려고 하는 것이다.

어드벤처

어드벤처 게임은 컴퓨터 게임의 가장 오래된 형태 중에 하나이고, 그 기원은 초기 텍스트 모험과 1970년대와 1980년대의 대화형 픽션으로 돌아간다. 어드벤처에서 플레이어는 가상 세계와 상호작용해야 하는 일련의 과업이나 퍼즐을 수행하며, 행위를 취하고, 캐릭터와 대화하며, 게임의 목표를 성취하기 위해서 객체를 조작하고 신비스런 문제를 풀거나 퀘스트를 완성한다. 구성(plot)을 함께 묶는 강력한 서사구조가 있는데, 예를 들면, 《긴 여행(The Longest Journey)》([그림 4-1] 참조)에서는 해결해야 할 스토리와 퍼즐에 몰입적인 배경을 설정하기 위해 미래 지향적이고 환상적인 장소와 풍부한 그래픽을

[그림 4-1]
《긴 여행》은 풍부한 상호적 서사구조를 제공한다.

사용하고 있다.

원래 어드벤처 게임은 텍스트 기반이지만 현재 상업적인 어드벤처 게임은 그래픽을 사용하여 플레이어가 항해할 수 있는 3차원 세계를 제공하는 경향이 있다. 또한 플레이어가 방을 통해서 항해를 하고 주어진 퍼즐을 풀기 위해 객체들을 상호작용하게 하며 주로 2차원 환경을 제공하는 포인트 앤 클릭(point-and-click)으로 알려진 간단한 웹 기반 게임의 인기가 증가하고 있다([그림 4-2] 참고).

[그림 4-2]
유명한 포인트 앤 클릭 게임인
《본타 방(The Bonte Room)》

어드벤처 게임은 일반적으로 신체적인 기민함보다 정신적인 민첩함에 의존하고 시간제한이 없는 경향이 있다. 어떤 어드벤처는 두 요소를 결합하기도 하고, 다른 장르 안에 미니 게임을 끼워 넣는 어드벤처 게임을 흔히 볼 수 있다. 예를 들어, [그림 4-3]에 제시된 《낸시 드루와 크리스털 해골(Nancy Drew and the Crystal Skull)》 어드벤처 게임을 참고하면 된다. 교육적 관점에서, 어드벤처 게임은 문제해결과 수평적 사고를 위한 맥락을 제공하며, 플레이어는 목

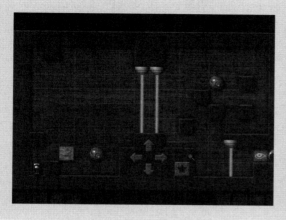

[그림 4-3]
《낸시 드루와 크리스털 해골》에 있는
미니 게임

적을 달성하기 위해서 적절한 행위를 수행해야 한다.

플랫폼

플랫폼 게임은 캐릭터가 대개 2차원 배경인 경관을 돌아다니며, 일반적인 목적을 달성하기 위하여 또는 서사구조의 맥락 속에서 플랫폼 사이를 오르고 내리며, 장애물과 적을 피하고, 보물을 획득한다. 플랫폼 게임은 대체로 신체적 기민함을 요구하며, 때로는 점수를 얻고 레벨을 완성해야 한다. 학습자들이 발전시킬 수 있는 기술은 손과 눈의 협응력, 계획 세우기와 전략 세우기, 문제해결력(예를 들어, 특정 장애물을 피하기 위해 요구되는 계열적인 스텝) 그리고 빠르게 사고하는 능력이다.

퍼즐

퍼즐 게임은 주로 문제해결을 포함하고 있으며, 단어, 논리, 수학 등 많은 형태를 띠는데, 예를 들어 온라인 십자낱말풀이, 틀린그림찾기 등과 같이 전통적인 퍼즐에 기반을 둔다. 간단한 퍼즐은 독립적인 게임이지만 종종 더 큰 서사 구조 안에 자리를 잡고 있어 퍼즐을 해결하는 것이 더 큰 퀘스트나 스토리를 완성하는 경우도 있다. 흔히 퍼즐이 미니 게임으로 어드벤처와 같은 다른 장르 안에 포함되어 있기도 하다. 논리, 공간지각, 언어기술, 수리기술, 그리고 철자법과 같이 형태에 따라서 다양한 학습의 유형을 지원하도록 퍼즐이 사용될 수 있는데, [그림 4-4]의 《책벌레(Bookworm)》 게임이 대표적인 예다. 저자는 이 게임을 퀴즈 또는 퍼즐 범주에 넣고 싶으며, 그것은 사실상 교육과정 대부분의 영역에서 활용할 수 있지만 주로 사실의 회상을 하는 게임 활동의 예다.

[그림 4-4]
단어와 철자 실력을 발달시키는 《책벌레》 게임

롤플레이

롤플레이 게임은 면대면 역할놀이 게임으로부터 생겨났고, 플레이어는 주로 공상에 기반을 둔 다른 세계에서 캐릭터 역할을 해 볼 수 있다. 예를 들면, [그림 4-5]의 《길드 워(Guild Wars)》다. 플레이어는 퀘스트 해결, 전투, 보물 사냥, 게임 세계 내의 다른 캐릭터 또는 플레이어가 아닌 캐릭터와 상호작용

04 학습을 위한 디지털 게임의 유형 확인하기

을 포함하는 활동 범위를 다룰 수 있다. 대개 문제해결 기술, 전략 그리고 신체적 기민함 등이 필요하며, 단일 사용자 게임도 존재하지만 대부분은 다중 사용자 게임이다. 롤플레이 게임은 주로 캐릭터의 능력과 약점을 결정하는 광범위한 특징들에 대하여 점수를 제공하는 복잡한 수학적 모델에 기반을 둔다. 학습이라는 맥락에서 롤플레이 게임은 협력적인 기술, 사회적 상호작용, 협상, 캐릭터의 통계와 같은 복잡한 시스템의 관리, 전략 그리고 시나리오를 통해 작업하는 것을 위한 맥락을 제공하는 데 유용하다.

[그림 4-5]
유명한 멀티플레이어 롤플레잉
게임인 《길드 워》

슈팅

슈팅 게임은 주로 상대를 패배시키게 하는 무기, 가끔은 철자 말하기 그리고 다른 특별한 능력을 사용하는 목적을 가지고 있지만 이 행위는 더 넓은 행위의 맥락에 내재되어 있다. 슈팅 게임은 일반적으로 1인칭 시점에서 실시간으로 플레이된다. 이것은 일반적으로 멀티플레이어 게임의 또 다른 장르다.

슈팅 게임은 전략과 민첩함을 결합하여 가상 세계를 탐험하고 적과 목표물을 공격해야 한다. 이것은 고등교육에서 학습에 적용성이 적을 것이라는 주장이 있는 장르이지만, 전방위 계획 세우기, 전략 세우기, 팀 작업을 포함하는 등 이러한 게임으로 얻을 수 있는 기능은 여전히 많다.

스포츠

스포츠 게임에서 플레이어는 가상으로 스포츠 이벤트나 또는 토너먼트 참여를 할 수 있다. 스포츠 게임은 일반적으로 신체적 기민성 및 게임 인터페이스와의 상호작용에 기반을 두지만, 최근 동작에 예민하게 반응하는 닌텐도 위(wii)의 댄스매트 및 콘솔 같은 혁신적 기기는 플레이어로 하여금 플레이를 하면서 신체적 활동을 수행하도록 한다. 스포츠 게임은 대부분의 경우에 무엇이든 사용 가능한 상호작용 기기를 통하여 스포츠 기술이 표현되지만 실제 스포츠 기술, 전략, 규칙 그리고 사고능력 및 빠른 의사결정력을 익히는 데 사용될 수 있다.

전략

전략 게임에서는 플레이어가 주로 레벨을 달성하거나 특정한 문제를 해결함으로써 목표달성을 위해 시나리오 안에서 전략적 결정을 한다. 전략 게임은 적의 움직임, 전개 단계로의 진전, 어떤 목적을 위한 자원관리 또는 환경의 창조를 포함한다. 예를 들어, 전략 게임인 《제국의 시대(Age of Empires)》에서는 문명화의 단계를 통해 자신의 제국을 부흥시킨다. 많은 전략 게임은 가상 환경의 복잡한 기본 모델이라는 점에 비추어 시뮬레이션 요소 또한 갖고 있으나 명확한 목표를 갖고 있는 경향이 있다. 전략 게임은 계획 세우기, 의사결정, 가설 검증, 전략적 사고, 관리 기술 그리고 취한 행위의 결과를 관찰하기 등을 익히는 데 사용될 수 있다.

그 자체로 너무 많은 유형이 있기 때문에 실제로 장르라고 하기는 어렵지만, 인기를 더해 가고 있는 또 다른 유형의 게임은 캐주얼(casual) 게임이다. 캐주얼 게임은 스토어에서 구매하는 것이라기보다는 게임 사이트에서 주로 다운받는 것이며, 온라인에서 무료로 구하거나 기존의 전통적인 오락 게임보다 값이 저렴하다. 캐주얼 게임은 플레이어가 긴 세션으로 플레이를 하는 것이 아니라 짧게 플레이를 하도록 설계되었으며, 같은 패턴으로 연결된 많은 작은 레벨을 갖고 있어서 쉽게 멈추고 다시 시작할 수 있다. 이 게임은 짧은 시간 동안 게임하는 것을 원하기에, 게임을 배우는 데 시간 할애를 원하지 않는 플레이어에게 적절하다. 캐주얼 게임은 플레이가 단순하고 비교적 낮은 생산 가치를 갖는다. 캐주얼 게임의 사용 증가는 전형적인 '하드코어' 게이머에서 벗어나, 특히 여성과 높은 연령층으로 사용자가 이동한 것을 보여 준다. 이것은 전체 대학생 집단에서 더욱 일반적으로 나타났고, 캐주얼 게임이 교수활동의 특정 시간에 적합하게 사용될 수 있음을 보여 준다.

활동: 기존의 게임 장르 범위 보기

현존하는 가장 큰 두 개의 게임 사이트는 다음과 같다.

- www.shockwave.com
- www.bigfishgames.com

이 두 사이트는 서로 다른 장르의 수백 가지 게임을 보유하고 있다. 이 중의 한 사이트를 30분 동안 둘러보고, 유용한 게임의 범위를 살펴보라.
이전에 설명된 각 장르의 예를 찾을 수 있는가?

이 사이트를 둘러보면 게임은 많은 장르로 다양하게 분류되고 있으며, 많은 게임이 하나 이상의 장르로 분류됨을 발견할 수 있을 것이다. 과도하게 분류하는 것은 수렁에 빠지는 것처럼 가치가 없지만, 존재하는 다른 장르를 이해하는 것은 지니고 있는 게임을 구체화하거나 개념화할 때 유용하다.

플레이어가 오락을 목적으로 좋아하는 게임의 유형과 학습을 위한 게임의 유형은 항상 일치하는 것은 아니라는 점을 주목할 가치가 있다. 컴퓨터 전공 학생 200명에 대한 설문조사에서 가장 인기 있는 게임 장르는 단연 슈팅 게임이었고 다음으로 어드벤처, 전략 그리고 롤플레이 게임이었다.

학습을 위한 컴퓨터 게임의 잠재력에 대한 개관을 하기 위해서 서로 다른 장르를 확인하는 것에 더하여, 학습을 위한 구체적인 게임의 가치를 분석할 때 다른 형태의 게임에 존재하거나 어느 장르에서도 존재할 수 있는 서로 다른 특징을 고려하는 것은 도움이 된다고 생각한다. 이러한 특징들은 플레이어의 수, 게임이 실행되는 플랫폼, 그리고 게임 환경의 충실도를 포함한다.

게임에 설계된 플레이어의 인원 수는 중요한 측면으로 협력적 지식의 구성 및 다른 사람에 대한 아이디어를 평가하는 것과 연관되어 있다(3장 참조). 게임은 한 명의 플레이어(예를 들어, 어드벤처 게임 또는 퍼즐), 여러 명의 플레이어(예를 들어, 온라인 카드 게임) 또는 대규모 다중 플레이어(일반적으로 롤플레이 게임 및 수많은 동시 사용자를 위해 설계된 슈팅 게임)를 위해 설계될 수 있다. 또한 온라인 상호작용이 아닌 같은 물리적인 공간을 차례로 사용하면서 플레이한다는 점에서 다중사용자를 위해 설계된 게임이 있다. 통상적으로 한 라운드에 4명의 플레이어를 지원하도록 제한되어 있으며 소셜 게임을 염두에 두고 설계된 콘솔 게임에서 흔히 볼 수 있다.

게임이 실행되는 물리적인 플랫폼은 게임을 구별하는 특징 중의 하나다. 데스크톱 또는 랩톱 컴퓨터 게임은 게임 콘솔, 모바일 콘솔 또는 모바일 폰과 같은 다양한 다른 장치로 실행될 수 있다. 다른 플랫폼들을 몇 개 언급하면 마이크로폰, 댄스매트 그리고 동작감지기 등의 상호작용 기기를 제공한다. 사용되는 상호작용 기기의 특성, 게임이 플레이되는 공간 그리고 컴퓨터 게임 매체가 정적인지 동적인지의 여부가 학습을 위한 플레이의 잠재력에 영향을 미친다.

게임의 그래픽 충실도와 생산 가치는 또 다른 주요 특징인데 오락을 위한 게임은 아주 높은 생산 가치를 지니며 수백만 달러의 예산이 필요하다. 반면 교육을 위한 게임은 보다 적은 예산으로 설계가 가능하며, 결과적으로 낮은 생산 가치를 갖는 경향이 있다. 교육용 게임이 높은 수준의 충실도를 요구하는가에 대한 문제는 교육 게임 공동체에서 논의해야 할 문제다. 학생들은 이미 상업용 게임을 경험하여 높은 기대치를 가지고 있으며, 이에 비하여 교육용 게임은 다소 완성도가 낮거나 또는 몰입하게 만들지 못한다고 주장될 수 있다. 그러나 게임을 몰입적이게 만드는 것은 게임 설계와 플레이 가능성이지 몰입에 기여를 하더라도 높은 수준의 그래픽이 전부가 아니다(그래픽이 그렇게 낮은 질이 아니기 때문에 실제로 게임 자체로부터 이탈된다는 주장에 근거를 둔다.). 이전에 언급하였듯이 그래픽 수준이 낮은 캐주얼 게임이 점차 인기를 얻고 있으며, 인기 있는 여러 온라인 게임은 판매 전략으로서 유머러스하고 기발한 값이 싼 그래픽을 사용한다. 예를 들면, [그림 4-6]의 《로팅의 왕국(Kingdom of Loathing)》이다. 그러나 내가 중요하게 생각하는 것은 교육용 게임이 상호작용을 위한 배려

[그림 4-6]
《로팅의 왕국》

가 충분해 학생들이 사용할 수 있으며 인터페이스 그 자체가 플레이하는 데 방해가 되지는 않는다는 점이다.

현존하는 게임 장르의 분석에 기반을 두어, 어떤 특정 장르의 게임이 고등교육에 있어서 학습에 더 적합하며 아동의 학습이나 기술 훈련과 같은 다른 영역에서 유용할지라도 또 다른 영역에서는 가치가 낮다고 주장한다. 고등교육에서 사용되는 학습유형을 위한 잠재력은 문제해결을 기르는 어드벤처 게임, 협력 및 사회적 상호작용을 기르는 롤플레이 게임, 계획력·실험력·창의적이고 전략적인 사고력을 기르는 전략 게임에서 찾아볼 수 있다. 몰입적인 방식으로 퍼즐 게임 또한 여러 기술을 가르치는 데 큰 잠재력을 갖고 있다고 생각한다. 가르치기 위해서 어떤 게임이 사용될 수 있는지에 더하여, 또 다른 접근은 어떤 유형의 학습이 발생하는지와 그들이 게임을 통해 어떻게 촉진될 수 있는지다. 이 논제들은 다음 섹션에서 논의된다.

게임을 통해 촉진될 수 있는 학습유형

이전 섹션에서는 기존 게임의 다양한 장르와 고등교육에서의 교수와 학습을 위한 활용성을 논의했다. 이 섹션에서는 다른 각도에서 이 논점을 조망하며 학습의 유형이 범주화되는 서로 다른 방식을 점검하며, 이러한 유형을 촉진시키는 데 사용될 수 있는 서로 다른 게임의 유형을 점검한다.

놀이는 학습에 강력한 영향력을 지니고 있으며 게임의 전체적 목적은 학습을 위한 것이고, 놀이가 인간이 성인으로 성숙해 감에 따라 과업의 완수와 몰입을 증진시킨다는 점에서(Colarusso, 1993) 인간의 발달에 근본적(Rieber, 1996)이라고 주장되어 왔다. 코스터(Koster, 2005)는 게임이 인간 학습 경험의 필수적인 부분이고, 조준, 순간포착, 사냥, 전략 및 힘의 조절과 같은 기술을 안전하게 연습하는 기회를 제공한다고 주장하였다.

프렌스키(Prensky, 2006)는 비디오 게임을 통한 학습의 다섯 가지 수준을 이야기한다. 비록 그가 아동교육의 맥락에서 말했지만, 나는 고등교육을 위해서도 배울 점이 있다고 느낀다. 첫 번째 수준은 무엇을 하는 방법이며 두 번째 수준은 플레이어는 무엇을 해야 할지를 배우는 것인데 이를테면, 게임의 실제 규칙을 이해하는 것이다. 세 번째 수준은 플레이어가 목표를 성취하기 위해 전략을 개발하고 게임의 이유를 이해하기 시작하는 시기다. 예를 들면, 단기의 획득과 복잡한 시스템 행동에 반하여 원인과 결과 그리고 장기의 승리를 포함한다. 네 번째 수준은 게임 내에 고유한 가치 시스템 및 맥락을 이해하는 것이고, 다섯 번째 수준은 게임에 의해서 부과된 가치 시스템에 기초하여 의사결정 능력을 갖게 되는 것이다. 게임을 통해 무엇이 학습될 수 있는가에 대한 더 종합적인 분석은 지(Gee, 2003)에 의해 제공되었다. 그는 비디오 게임이 정체성, 맥락, 경험, 문화 및 사회적 관계를 개발하는 새로운 형태의 문해를 가르친다고 주장하며 컴퓨터 게임이 학습을 지원할 수 있는 36가지 방법을 확인하였다.

가네와 그의 동료들(Gagné et al., 1992)은 〈표 4-1〉의 예에서 제시된 학습의 다섯 가지 주된 범주를 확인하였다. 이 학습의 범주는 디지털 게임의 사용을 통해 잠재적으로 개발될 수 있는 요소들을 보여 준다.

〈표 4-1〉 **학습의 범주**

범주	설명
지적 기능	개념, 규칙과 관계, 그리고 분류하기(예를 들어, 수학적 퍼즐을 해결하기 위해 대수학 이용하기)
인지 전략	사고 및 행위를 위한 개인적 테크닉(예를 들어, 문제에 대한 정신적 모델 개발하기)
언어 정보	사실과 관련짓기(예를 들어, 손뼈의 이름을 회상하기)
운동 기능	근육을 사용하는 움직임(예를 들어, 춤추기)
태도	신념과 감정(예를 들어, 탐정소설 읽기를 택하기)

나는 고등교육에서 구성주의적인 관점에 관련하여 지적 기능, 인지 전략 그리고 태도는 대학에서 가르치는 높은 수준의 인지기술과 밀접하게 관련되어 있다고 주장하지만, 게임기반학습이 이 모든 다섯 가지 능력의 개발을 지원하기 위해 사용될 수 있다고 믿는다. 블룸(Bloom, 1956)은 학습을 세 가지 단계, 즉 인지적 영역, 정의적 영역, 심리운동적 영역으로 나누었다. 인지적 영역에서는 여섯 가지 수준으로 구성된 교육목표 분류, 즉 지식, 이해, 적용, 분석, 종합, 평가를 제시했다.

지식은 사실과 정보의 기억이고, 이해는 자신의 말로 그것을 재진술할 수 있을 정도로 정보에 대한 깊은 이해를 의미하며, 적용은 새로운 상황에서 정보 및 기술을 사용하는 것을 의미한다. 분석은 요소와 관계를 결정하기 위해 정보를 분해하는 것을 포함하며, 종합은 다른 개념과 관련하여 그리고 다른 방식으로 정보를 재구성하는 것이며, 평가는 정보에 대한 판단을 내리는 것을 의미한다. 특히, 영국의 고등교육에서 블룸의 분류법은 일반적으로 그들이 적합한 수준에 있다는 것을 확인하기 위해 학습목표를 결정하기 위한 수단으로 사용되었고, 최근 연구에서 그들의 분류법은 더 높은 수준의 성취에 더욱 초점이 맞추어져 있다. 블룸의 분류법을 수정한 앤더슨과 크라드올(Anderson & Krathwohl, 2001)은 인지적 영역에서의 여섯 가지 유형의 학습, 즉 기억, 이해, 적용, 평가 그리고 창조를 확인하였는데, 각각 더 높은 수준으로 점진적으로 다가간다. 창조라는 아이디어는 새로운 지식의 생산에 관계된 것이며 내가 느끼기에 구성주의적 학습의 아이디어와 일맥상통한다.

컴퓨터 게임은 고등교육의 학습에서 암기와 이해를 지원하는 데 사용할 수 있으며, 아이들의 학습에서는 이런 유형의 학습을 지원하는 반복연습 게임이 흔하지만 교수적인 관점에서 보아 게임이 가장 큰 잠재력을 구현시킬 수 있는 곳은 고차적인 영역이다. 기억 및 기술의 연습에 초점을 맞춘 게임은 고등교육 내의 다양한 부분에서 성공적으로 사용되어 왔다. 예를 들면, 의학과 수술의 영역이다. 하지만 학생들로 하여금 맥락 속에서 배우고, 지식을 적용하며,

04 학습을 위한 디지털 게임의 유형 확인하기

가설을 검증할 수 있게 해 주는 예에 초점을 맞춤으로써 학습을 위한 게임의 특성을 개척하는 데 가장 높은 잠재력이 있다.

게임이 매우 강력한 학습도구가 될 수 있는 또 다른 영역은 정의적 또는 정서적 영역이다(Bloom, 1956). 게임이 플레이어로 하여금 가상 세계와 대안적인 현실에 몰두할 수 있게 하고, 또한 극히 높은 수준의 몰입으로 인도한다는 사실은 게임이 플레이어의 정서를 인도할 힘을 가지고 있어서 학습에서 강력한 요인이 된다는 것을 의미한다. 특히, 롤플레이 게임이 하나의 예가 되지만 한 플레이어가 다른 플레이어나 캐릭터에게 감정을 이입할 수 있도록 해 주는 게임은 이러한 잠재력을 확실하게 하는 힘을 가지고 있다.

〈표 4-2〉는 이러한 이론들을 정리하고 있는데, 게임이 학습에 가장 큰 잠재적인 영향을 주는 고등교육에서의 주요 학습 영역을 보여 주고 있고, 디지털 게임을 사용하여 성취될 수 있는 예도 보여 주고 있다.

〈표 4-2〉 **디지털 게임을 통한 학습유형의 예**

학습유형	예
기술 적용	가상의 화학 실험하기
전략 개발	적 집단을 물리치기 위한 최고의 방법 구안하기
정보 분석	잠긴 방을 탈출하기 위한 방법 알아내기
상황 평가	범인을 찾기 위해 증거 판단하기
태도 변화	강을 오염시킨 결과 보기
지식 창조	새로운 게임, 수정 또는 수준 발전시키기

비록 여기에서는 높은 수준의 기술 개발에 초점을 맞추었지만, 기억 및 운동기능을 개발하는 기술을 위해 게임을 사용하는 좋은 예가 있음을 인정한다. 이것의 좋은 예는 터치 타이핑을 숙달하는 데 필요한 연습을 몰입적으로 지원하는 《타이퍼 샤크(Typer Shark)》(그림 4-7 참조)라는 게임이다.

이 게임은 학습자들이 게임을 통해 배우는 기술인 타이핑이 게임 활동과정

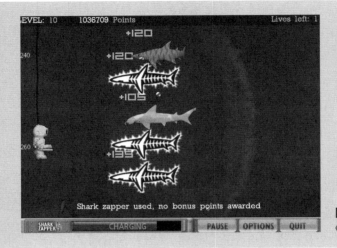

Shark zapper used, no bonus points awarded

[그림 4-7]
《타이퍼 샤크》

 활동: 게임에서 일어나는 학습유형 분석

맨 앞 장의 서론에서 기술된 세 개의 게임 중 하나를 선택하라(또는 원한다면 독자가 친숙한 다른 컴퓨터 게임을 선택하라.).

게임을 하는 동안 학습되는 것을 생각하면서 20~30분 동안 게임을 하라.

앞의 〈표 4-2〉에서 묘사된 학습유형의 예를 적어 두라.

에서 연습하는 기술과 직접적으로 동일하기 때문에 특히 좋은 예라고 생각한다. 이 유형의 예들은 유용한 상호작용 기기의 제한된 특성 때문에 제한되어 있다.

독자가 선택한 게임에 따라 이런 종류의 학습이 거의 일어나지 않음을 발견할 수도 있다. 대부분의 게임은 오락을 목적으로 설계되었으며 재미있는 게임을 만드는 것은 반드시 높은 수준의 학습을 위한 좋은 게임을 만들지는 않는다. 어떤 유형의 학습이 어떤 게임에서 촉진될 수 있는지를 이해하는 것은, 그리고 게임이 담을 수도 있는 학습유형을 위한 게임을 분석하는 능력은 본질적으로 게임을 통한 학습의 잠재력을 이해하기 위해 유용한 활동이다.

학습을 위한 디지털 게임의 새로운 방향

학습을 위한 디지털 게임의 다른 유형들에 대해 논의하면서, 나는 향후 몇 년 동안 이 분야에서 영향력 있고 성장할 것으로 기대되는 디지털 게임기반학습의 새로운 두 영역을 살펴보는 기회를 갖고 싶다. 고등교육에서 그리고 일반적으로 학습 영역에서 특별한 관심을 갖는 것은 증강현실 게임과 모바일 게임의 잠재력이다.

증강현실 게임

증강현실 게임은 비교적 최근의 게임으로, 플레이어는 시간이 지나면서 진행되는 서사 속에서 온·오프라인에서 협력적 도전을 완수하여야 한다. 첫 번째로 완벽하게 만들어진 증강현실 게임은 스티븐 스필버그(Steven Spielberg) 감독의 영화 〈AI〉의 홍보 수단으로 2001년에 만들어진 《더 비스트(The Beast)》라고 불리는 게임이다(Hon, 2005). 스튜어트(Stewart, 2006)는 《더 비스트》의 메인 작가인데 증강현실 게임의 네 가지 특성을 다음과 같이 제안한다.

- 게임이 진행됨에 따라, 이어지는 스토리 라인이 분할되어서 플레이어가 다시 조립하고 여러 자원으로부터 서사를 재구성한다.
- 유인물, 전화, 이메일, 웹 페이지, 텔레비전, 광고와 같은 여러 미디어 형태를 게임을 위한 전달 기제로서 사용한다.
- 플레이어가 퍼즐을 풀기 위해 협력이 요구되는 협동적인 환경이다.

• 관객이 게임 세계와 상호작용하고 만들어 가는 책임이 있는 환경이다.

중강현실 게임은 온라인과 현실세계 모두에서 실제적 맥락과 활동의 목적을 제공한다. 본질적으로 그것은 협력적이며, 일련의 도전과 펼쳐지는 서사를 제시함으로써 어리둥절함과 미스터리를 만든다. 또한 중강현실 게임은 일반적으로 몇 주 또는 심지어 몇 달에 걸쳐 전개되며 반성을 위한 공간을 제공한다.

중강현실 게임은 플레이어와 게임 설계자 사이의 경계를 모호하게 한다. 왜냐하면 참가자들이 계속하여 스토리를 만드는 데 관여하고 단순히 게임을 플레이하는 차원을 넘어서서 서사에 기여를 하기 때문이다. 중강현실 게임은 공통적으로 새로운 플레이어를 멘토링하고 지원하는 기존 플레이어의 자생적인 공동체를 만들어 유지하고 있다. 이러한 특징은 고등교육 동료 멘토링을 위한 틀을 고등교육 내에서 제공하는 잠재력이 있다. 다른 게임에 비하여 중강현실 게임의 추가적인 장점은 그것을 제작하기 위하여 같은 수준의 생산 가치, 기술 능력, 시간과 경비 등을 필요로 하지 않는다는 것인데, 이것은 그것이 주로 웹 기술에 의존하기 때문이다. 이러한 점으로 인해 중강현실 게임은 교육을 위해 더욱 실용적이며 실현 가능한 게임 기반의 옵션이 된다. 또한 플레이어는 미디어의 다양한 유형을 경험하기 때문에 그들이 광범위한 인터넷 기술에 친숙해지게 하는 추가 이점이 있다. 모슬리(Moseley, 2008)는 중강현실 게임의 일곱 가지 교수적 이점을 제시한다.

• 레벨화된 도전의 형태로 모든 수준에서 문제해결을 촉진하고 자신의 능력에 따라 게임을 시작하는 레벨이 달라질 수 있다.
• 꾸준하고 지속적인 진전과 확실한 보상(보통 리더 보드, 배지 또는 대상과 같은 상 가공품에 관해서)이 있다. 이러한 보상을 평가와 관련지을 가능성도 있다.

- 호기심 및 몰입을 자극하기 위하여 허구적이거나 환상적일 필요는 없으나 역사나 뉴스와 같은 실세계의 주제에 잘 어울리는 캐릭터, 서사와 이야기 같은 서술적 장치를 사용한다.
- 플레이어는 구성의 방향, 스토리 라인, 게임 실행의 관점에서 게임의 결과에 영향을 줄 수 있는 힘을 가진다. 이것은 몰입, 게임에 대한 소유의식과 이해관계를 증가시킨다.
- 몰입을 유지하는 주된 방법인 문제와 사건을 정기적으로 전달하는 것은 게임이 진행됨에 따라 수정이 가능하며 학생들이 반성적 사고를 해야 하는 사건들 사이의 공간을 제공해 준다.
- 거대하고 활동적인 커뮤니티가 게임을 둘러싸고 플레이어를 적극적으로 참여시킬 잠재성을 가지고 있다. 그 커뮤니티는 자립적이고 새로운 플레이어에게 발판과 충고를 제공해 준다.
- 증강현실 게임은 단순한 현존의 기술에 근거하고 있으며, 특히 현재의 웹 기술에 의존하고 있기 때문에 고급 생산 가치를 필요로 하지 않는다. 그래서 상업용 게임만큼 전문적 기술과 생산 비용이 필요하지 않는다. 이러한 점으로 인해 증강현실 게임은 교육에 훨씬 더 실용적이며 실현 가능하게 해 주는 게임 기반의 옵션이 된다.

일부 상업용 게임은, 또한 게임 세계와 현실세계를 조합하여 게임의 일부로 활용함으로써 더 넓은 온라인 환경을 유용하게 사용한다. 《인 메모리엄(in Memoriam)》은 이러한 게임의 한 예로, 플레이어는 온라인에서 문제해결을 위해 조사하고, 캐릭터에게 이메일을 보내고, 풍부한 미디어를 분석함으로써 연속 살인범을 잡는 수수께끼를 풀어야 한다.

고등교육에서 증강현실 게임을 사용하는 예는 '오리엔테이션, 사회화 그리고 지도를 위한 증강현실 게임(Alternate Reality Games for Orientation, Socialization and Induction: ARGOSI)' 프로젝트다. 이 프로젝트는 맨체스터 메트로 폴리탄 대학교와 볼튼 대학교의 연합 프로젝트로 학습목표를 게임의 도전과제에 결합하기 위한 증강현실 게임의 틀을 개발함으로써 전통적인 학생 지도에 대한 대안을 제공하기 위한 것이다(Whitton et al., 2008). 《비올라퀘스트(ViolaQuest)》라고 불리는 게임은 '숨겨진 기계'에 단서를 제공하는 지도조각을 찾아내는 다양한 도전과제를 해결해야 한다. 이 같은 과제를 해결하는 과정에서 플레이어는 맨체스터 주변의 길을 익히고 다른 사람을 만나며 자신의 정보 문해 기술을 개발시킨다.

교육에서 증강현실 게임을 사용한다는 개념에는 명백한 이점이 있지만, 또한 잠재적인 결점도 있다. 게임 환경을 만들어 내기 위하여 그러하였듯이 블로그, 소셜 네트워킹 사이트, 이메일 그리고 '실세계'와 같이 현존하는 낮은 기술 도구에 의존하여 증강현실 게임을 개발하는 것은 전통적인 컴퓨터 게임 개발 사이클에 비하여 상대적으로 수월할 수 있다. 그러나 증강현실 게임은 명확한 일련의 도전과제들에 관련된 몰입적 서사에 의존하기 때문에, 여전히 웹 개발, 게임 설계, 그래픽 디자인, 스토리텔링 등에 걸친 창조적 기술을 필요로 할 뿐 아니라 도전과제들이 학습의 결과와 적절하게 연관되어 있음을 보장하기 위해서 필요한 내용 전문지식을 필요로 하는 중요한 작업이다. 그래서 학생들은 게임 성취뿐 아니라 게임을 플레이함으로써 학습성취를 하는 것이다.

논리적인 관점에서, 너무 적거나 너무 많은 참가자를 가지고 증강현실 게임을 운영하는 것은 어렵다. 협력적인 게임 플레이가 가능하기 위해서, 그리고 자연스럽게 플레이어들이 자립할 수 있게 되는 궁극적인 목표를 가지고 있는 소셜 네트워크가 발전되기 위해서 적절한 수의 플레이어를 필요로 한다. 증강현실 게임이 실행되고 있는 동안 게임의 상호작용을 점검하고 스토리의 단서 및 조각을 밝히며, 블로그 포스팅을 만들고 여러 방식으로 플레이어들과 상호작용하는 등의 일을 하는 주력 팀이 필요하다. 참가자들이 너무 많다면 적절한 수준의 관리가 필요할 것이다.

다른 고려사항은 교육적 맥락에서 증강현실 게임의 사용은 항상 틈새를 차지할 수 있다는 것이다. 학생지도를 지원하기 위해 증강현실 게임을 사용했던 브라이튼 대학교의 초기 소규모 실험 계획은 그 게임이 "학생들에게 어떤 유형의 정보 또는 서비스를 제공하기 위한 기존의 기제에 흥미로운 대안을 제공하였다. 이 계획은 모든 학생에게 매력적이지는 않았지만 그것을 좋아하는 학생들에게는 아주 효과적이었다."(Piatt, 2007: 2) 증강현실 게임이 비용-효율이 높은 도구가 되기 전에 어느 정도 플레이어가 요구되는지 고려하는 것이 중요하다. 이 게임은 사례연구 1에서 더 자세히 설명된다.

마지막 관점은 연구 분야에서 장르가 상대적으로 새롭다는 것과 그 영역에서 발표된 학문적인 논문이 부족하다는 것이다. 증강현실 게임은 상대적으로 최근 경향이고 상업용 게임에서 기인하고 보통 사람들의 게임 공동체에서 비롯되기 때문에 이 장르 내에서 거의 학문적인 분석이 이루어지지 않았다. 만약 고등교육의 장에서 효과적인 교수 도구로 받아들여지고 주류로 용인된다면 학습과 학생의 몰입 측면에서 게임을 활용한 학습의 효과성에 대해서 학문 공동체가 철저하게 연구하는 것이 중요하다.

모바일 게임

내가 생각하기에 두 번째 영역은 다가올 미래 교육을 이롭게 할 큰 잠재력을 가지고 있는 모바일 폰과 같은 이동 가능하고 손으로 들고 다닐 수 있는 기술의 사용이다. 현재 증가하는 정보처리 능력과 함께 감소하고 있는 기술의 비용은 휴대기기가 점차로 늘고 있는 것과 함께 학습을 위해서 모바일 기기를 사용할 가능성을 상당히 높여 주고 있다.

증강현실 게임과 같이 모바일 게임은 실제와 온라인 세계를 통합하는 이점을 가지고 있으며, 개인의 위치가 실시간으로 추적될 수 있으며, 움직이면서 소통할 수 있다. 콜로와 바우(Kolo & Baur, 2008: 29)는 모바일 폰 게임이 사용자의 인터페이스, 그래픽, 처리능력 또는 메모리의 관점에서 경쟁력이 없지만 대신에 그들이 최선으로 할 수 있는 것—이동성, 시간, 위치추적 및 즉시적 연결과 같은 독특한 속성을 활용하는 새로운 아이디어와 함께 개인에게 밀접하게 연결된 장치의 요구에 의해서 콘텐츠를 전달하는 능력 및 어느 때나 휴대할 수 있다는 점을 활용하는 새로운 아이디어—에 초점을 맞출 필요가 있다고 주장한다.

다음에 제시하는 모바일 게임의 두 가지 사용 예는 아동의 학습에서 나왔지만 고등교육의 학습에도 동등하게 적용될 수 있는 원리의 예라고 생각한다. 《사바나 프로젝트(Savannah Project)》는 아동의 동물행동에 대한 이해를 도울 수 있도록 개발되었고, 《프리퀀시 1550(Frequency 1550)》이라 불리는 모바일 게임은 중세 암스테르담의 역사에 관한 학습을 도울 수 있도록 개발되었다.

《사바나 프로젝트》에서 아동의 활동은 위치추적장치가 장착되어 있는 개인 디지털 기기를 통하여 가상의 사바나와 상호작용하면서 사자의 무리 속에 끼어 들판에서 이루어진다. 이 같은 위치추적은 플레이어로 하여금 사바나에서 활동할 때, 실제 사자들이 경험할 수 있는 위협과 기회를 소리와 문자, 그래픽 피드백을 통하여 경험할 수 있게 한다. 실제세계의 활동에 플레이어가 자신의 행위와 게임 활동을 반성적으로 논의할 수 있는 시간이 관련지어 제시된다. 《프리퀀시 1550》 게임은 플레이어가 암스테르담을 걸으면서 그들이 지나가는 장소 및 중세의 건물에 대한 질문에 답을 하면서 중세 역사를 학습한다. 협력적 과제를 완성하기 위해서 정보를 소통하고 공유하기 위해 랩톱을 지닌 중앙 기지의 다른 플레이어들이 실제세계의 플레이어를 지원한다.

이러한 두 가지 예는 학습에 사용된 모바일 게임의 주요한 두 가지 특징, 즉 위치파악 기술의 사용과 협력을 위한 잠재력을 보여 준다. 아직까지 학습과 관련하여 많이 밝혀지지는 않았지만 이것이 내가 믿는 미래의 실세계 학습을 지원하는, 앞으로 성장하게 될 모바일 게임의 두 가지 측면이다. 그러나 모바일 게임은 학생이 소유한 장치를 사용하므로 접근의 불평등 문제와 개인의 입장에서 이런 방법으로 개인의 장치를 사용하지 않으려는 잠재적인 문제를 가지고 있다.

이론을 다루는 마지막인 이 장에서는 학습을 위한 최선의 게임 유형은 무엇이며, 고등교육에서 게임의 사용에 가장 적합한 학습유형은 무엇인지를 생각해 보았다. 다음 장에서 우리는 고등교육에서 컴퓨터 게임을 사용하는 데 따르는 실제적인 실행의 문제를 살펴볼 것이다.

4장 요약

이 장에서 첫 번째 게임의 장르—어드벤처, 플랫폼, 퍼즐, 롤플레이, 슈팅, 스포츠와 전략—를 개관하였고, 고등교육에서 학습을 위한 가장 적절한 게임으로 어드벤처 게임, 롤플레잉 게임, 전략 게임을 조명하였다.

두 번째 섹션에서는 고등교육의 맥락에서 게임을 통해 가르치기 위해 가장 적절한 것이 무엇인지에 비추어서 학습 이론을 살펴보았고, 이러한 맥락에서 컴퓨터 게임으로 가르치기에 가장 적절하다고 생각되는 여섯 영역을 제시하였다. 이 영역은 기술 적용, 전략 개발, 정보 분석, 상황 평가, 태도 변화, 지식 창조 다.

마지막 부분에서는 학습을 위한 게임의 영역에서 새롭게 떠오르는 2개의 영역을 소개하고 설명하였다. 이는 증강현실 게임과 모바일 게임으로 이 영역에서 아직도 건드리지 않은 잠재력이 있다고 생각한다.

읽을거리

J. P. Gee (2003). *What Video Games have to Teach us about Learning and Literacy.*

New York: Palgrave Macmillan. 학습을 위한 컴퓨터 게임의 잠재력에 대한 심층적인 분석을 한다.

K. Oxland (2004). *Gameplay and Design*. Harlow:Addison—Wesley. 이 책 17장은 컴퓨터 게임의 미래에 대한 짧은 개관을 한다.

M. J. P. Wolf (2001). Genre and the video game. In M. J. P. Wolf (Ed.), *The Medium of the Video Game* (pp.113—134). Austin, TX: University of Texas Press. 여기서 40여 종의 게임 장르에 대한 포괄적 논의를 하고 있다.

PART **2** 실 제

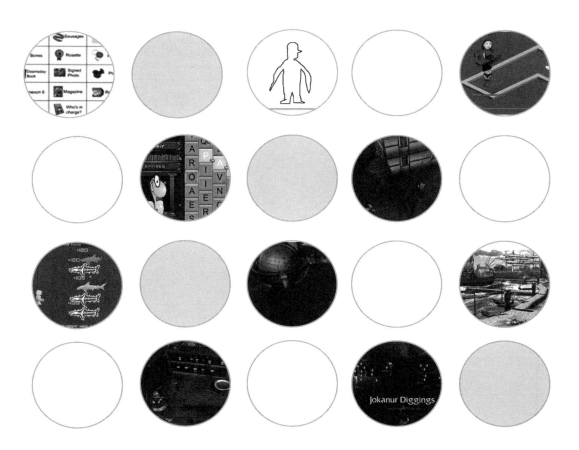

교육과정에 디지털 게임을 통합하기
05

 이 장에서는 학습 맥락을 분석할 때 생각해야 할 현실적인 문제를 검토하고, 실제 교수–학습 상황에서 디지털 게임을 통합하기 위한 다양한 방법을 토론해 본다.

이 책의 앞부분에서 디지털 게임을 통한 학습의 교육적 이점을 확인하였다. 컴퓨터 게임이 고등교육에서 교수활동을 위해 타당한 방법임을 여러분이 확신하길 바란다. 이 장에서는 자신의 학습 맥락에서 게임을 설계하기 전에 고려해야 할 실제적인 문제와 제약사항을 살펴보고자 한다. 지금 단계에서는 일반적인 고등교육 기관에서 교수활동을 위해 디지털 게임을 사용할 때 발생하는 현실적인 문제를 조사한다. 그다음 이 장에서는 가장 적절하고 의미 있는 게임 유형이 무엇인지 깊이 생각함으로써 자신이 처한 상황의 맥락적 분석을 위한 구조(framework)를 제공한다. 마지막으로, 이 장에서는 각각의 장단점에 대한 논의와 함께 디지털 게임이 고등교육 과정에서 통합될 수 있는 여섯 가지 다른 방법을 제시한다.

학습 맥락 분석

여기서는 실제 교수–학습 상황에서 컴퓨터 게임 사용의 몇 가지 타당성을 찾아보고, 자신의 교수 상황에서 언제 학습용 게임이 통합되어야 하는지, 맨 먼저 생각할 필요가 있는 것들에 대해 설명하고자 한다. 여러분이 실천 속에서 게임기반학습을 소개하고자 하는 마음이 있다면, 그 마음과 함께 활동을 전개해 나갈 수 있는 자신감이 생길 것이다. 이 장의 말미에서는 다루고자 하던 문제상황에 대한 정형화된 아이디어와 거기에 존재하는 제약사항에 대해 알 수 있을 것이다. 다음 장에서는 게임 설명서의 개발에 대해 다룰 것이다.

실제 게임의 유형을 명시하기 전에 고려하면 유용한 네 영역—사람의 포함 여부, 조직의 문제, 기술의 본질, 환경—이 있다. 이 영역들은 주어진 환경에서 무엇이 실현 가능하고 실천적인 것인지 평가의 관점에서 매우 중요하다. 1년 이상의 교육과정에서 최고급 맞춤형 게임이 적절히 적용되길 원하는데 만일 시간표에 제약이 있다면, 기술적인 측면과 이용 가능한 교수 공간이 일치하지 않는다면, 교육과정에 게임을 통합시키는 것은 쉽지 않을 것이다.

사람

첫 번째 고려할 측면은 설계, 운영, 플레잉, 게임을 지원하는 상황에 포함시킬 사람이다. 그들의 컴퓨터 수준이 어느 정도인가? 그들의 교육적·문화적 배경은 무엇인가? 참여자의 기술과 게임에 대한 태도는 어떠한가? 이런 요소들은 사용하고자 하는 게임에 어떠한 영향을 주는가? 사람은 게임 개발에 관련된 기술과 교육 담당 직원, 게임 수행과 관련된 기술과 관리를 담당하는 직원 등이 포함된다. 초기에 영향을 받을 사람이 누군지 생각하는 것과, 적당한 전문 지식과 의지가 있는 사람인지 생각하는 것이 중요하다.

학생들은 게임을 사용하는 데 가장 큰 영향을 받으며, 학생 집단의 특성과 게임 사용에 대한 수용적인 자세가 본질적으로 고려되어야 한다. 특히, 시간적 압박을 가지고 있을지도 모르는 성숙한 성인학습자들의 맥락에서는 이러한 사항이 더욱 분명하며, 이들은 자신의 목적을 위해서 게임을 하는 데 동기화되어 있거나 별로 흥미를 가지지 못하는 경향이 있으며, 시간을 어리석게 낭비하는 것으로 간주하기도 한다.

학생들이 학습을 위해 디지털 게임을 활용할 수 있는 접근성 문제의 범위를 생각하는 것은 매우 중요하다. 장비의 부재 때문이거나 특별한 장르의 게임을 경험하지 못한 이유 때문에 한계에 도달할지 모른다. 시각장애인(예를 들면, 모두 그림에 의존하는가?), 청각장애인(소리를 표현하는 다른 대안이 있는가?) 동작이 어려운 장애인(예를 들면, 특정 키스트로크[keystroke]의 조합이 필요한가?), 학습장애인(예를 들면, 화면상에 읽어야 할 글의 양이 많은가?)이 어떻게 게임을 사용할 수 있는지가 핵심이다.

조직

두 번째 측면에서 생각해야 할 것은 교육과정이 현재 어떻게 조직되어 있고, 어떻게 시간이 계획되어 있으며, 수업이 언제 진행되느냐다. 예를 들면, 시간표는 고쳤는가, 그리고 게임 활동이 제한될지 모르는 교실에서 수업이 이루어지는가, 에 관한 문제다. 전체적인 시간에서 교육과정 운영 시간이 어느 정도인지, 수업활동과 관련해서 게임을 사용할 수 있는 시간이 얼마나 많은지, 전체의 수업 일정에서 얼마나 적절하게 어울리는지 고려해야 한다.

환경

환경이란 학습이 일어나는 곳, 수업이 일어나는 곳, 사용 가능한 교실과 장비의 유형같이 게임기반학습의 사용과 직접적으로 관련된 환경적인 제약을 의미한다. 특히, 많은 학생을 공동으로 가르칠 경우, 잠재적인 소음과 다른 학습자가 받는 영향을 생각해야 한다. 물론 이것은 협력적인 활동에서 나오는 상황이지만 개방형 교실(open-plan)일 수도 있고, 항상 세미나 형태의 교실에서 학습이 계획되지 않을 수도 있으며, 게임기반학습은 주로 컴퓨터실에서 일어나기 때문에 문제가 될 수도 있다.

기술

또한 교사와 학생 모두를 위한 기술과 참여자가 사용하기 원하는 하드웨어와 소프트웨어의 유형을 고려하는 것이 중요하다. 무엇보다 모든 학생에게 동등하게 접근할 수 있도록 하는 것이 중요하다. 예를 들면, 만일 학생이 자신의 집에서 학습하고자 한다면 해당 학생에게 알맞는 하드웨어와 네트워크를 제공할 수 있는 자신이 있는가에 대한 물음을 통해 모든 장비와 사용할 네트워크가 잘 운영되는지 고려할 필요가 있다. 또한 모든 사용자가 윈도 최신 버전을 사용하지 않을 수 있다. 학생들은 구 버전 혹은 다른 운영체제이거나 다른 인터넷 브라우징 소프트웨어를 사용하는 컴퓨터를 사용할 수도 있다. 이를 해결하기 위해 지역 기술자나 IT 전문 인력에게 빠른 시간 안에 도움을 요청하는 것이 좋다.

방화벽이나 제한된 네트워크 운영과 같은 기술적 제약이 있을지 모른다는 생각과 원하는 소프트웨어 타입의 운영 가능성, 사용하고자 하는 기술이 원하는 소프트웨어 유형의 효과적인 사용을 지원하는지, 어떤 주변 장치를 이용할 것인지(예를 들면, 웹캠, 마이크로폰, 스피커)에 대해 생각해야 한다. 이 물음에 대한 해답은 개인별 기관과 게임 사용 상황에 의존할 것이다.

이번 장과 다음 장을 통해서 컴퓨터를 사용하는 학생들을 위한 기본적인 협력 기술을 가르치기 위해 저자가 개발한 게임을 예로 들 것이다. 《타임캡슐(Time Capsule)》이라고 부르는 게임은 학생들이 네 개의 캐릭터 중에서 한 개의 역할을 수행하도록 선택하며, 협상 활동에서 타임캡슐 내에 포함되는 6개의 아이템을 획득하기 위해 부분적인 연습 활동을 수행한다. 이 게임의 최종적인 디자인은 [그림 5-1]과 같다.

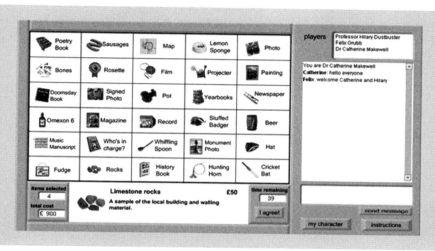

[그림 5-1]
《타임캡슐》

《타임캡슐》게임은 대학에서 학생들에게 유용하게 사용될 기술의 범위를 소개시켜 주는 연간 교육과정의 일부로 컴퓨터실에서 한 학기 동안 일주일에 한 시간씩 1학년 전산수업 학생들에게 사용되었다. 〈표 5-1〉은 게임 개발에 앞서 생각해야 하는 맥락적 분석을 보여 준다.

이 분석과정에서 몇 가지의 제약사항은 제한된 수업 시간을 이용하는 것이 가장 중요하다고 강조하였다. 수업 시간을 최대 한 시간(학생들이 이동하는 시간을 제외하고)으로 볼 때 40분 이상 걸렸던 게임은 적당하지 않을 것이라 생각했다. 각 학급에 대한 학생 수와 학생들의 이름을 가지고 있지 않았기 때문에 게임을 진행하기 위한 구성원의 수를 설정하는 요구를 바탕으로 게임 설계를 할 수 없었다. 컴퓨터실 소음의 물리적 환경 역시 면대면 그룹의 학습과 제한된 토론의 잠재성 때문에 제약사항으로 영향을 미치게 된다. 긍정적인 측면

〈표 5-1〉《타임캡슐》에 대한 맥락 분석

사람	조직
• 학생은 학점과 연관된 전산과목을 수강하는 대학 1학년 학생이다. 게임이 도입될 가능성이 있으며 기술과 게임에 대한 경험이 생길 것이다. • 나는 프로그래밍 전문가와 그룹 기술수업에 대한 경험이 있다. • 나는 학생들이 게임을 사용하는 데 만족할 수 있도록 수업에 다른 교사들을 포함시킬 것이다.	• 사용 가능한 수업 시간은 1시간이다. • 약 25명의 학생들이 일주일 동안 1시간씩 6개의 과정에 임한다. • 어떠한 유연성도 없다. • 전체적으로 학급에 150명의 학생이 모여 있다.
환경	기술
• 모든 수업은 컴퓨터실에서 행해진다. • 데이터 투사기(빔 프로젝터)는 각 방에서 사용할 수 있다. • 컴퓨터실은 개방형 교실이며 일반적으로 시끄럽다. 수업은 컴퓨터실 양편에서 이뤄질 것이다.	• 각 학생은 윈도우 XP와 인터넷 익스플로러가 설치된 PC에 운영 접근 권한이 있다. • 네트워크가 빠르고 어떤 대역폭의 장애도 없어야 한다. • 모든 학생은 시스템에 접근하기 위해 ID가 필요하다.

은 학생 집단이 어떤 게임이 수용할 만한 게임인가를 알고 그 게임을 이용하면서 경험을 쌓고, 이용 가능한 컴퓨터 시설이 일관성 있었으며 고품질이었다는 것이다. 게다가 저자는 게임을 개발할 전문적인 지식을 가졌으며, 게임 디자인에 관계된 보다 다양한 옵션을 이용 가능하게 하였다.

물론, 이것은 어떻게 학습 맥락의 분석이 수행되는지 단서를 제공하는 매우 단순한 예다. 현 상황에서 할 수 있을 만큼 많은 세부 사항을 생각하는 것은 나중에 요구하는 게임의 유형을 고민할 때 자신의 생각에 진정으로 도움을 줄 것이다.

바라건대, 스스로 맥락 분석을 시작할 수 있는 방법을 알게 된다면 현재 처한 상황에서 제약사항과 주어진 기회를 확인하는 데 도움을 줄 것이다. 짧은 기간에(고정된 시간표) 제한사항일지 모르나 중간 혹은 장시간에 극복될 수 있다는 점은 생각할 가치가 있다. 다음 섹션에서는 교육과정과 게임을 통합할 수 있는 다른 방법들을 찾아보고, 이 분석이 여러분에게 어떻게 성취될 수 있는지에 관한 몇 가지 아이디어를 제공할 수도 있다. 지속적으로 이 옵션에 대해 말하기 전에 여러분이 고려할 필요가 있다고 생각하는 사항이 있는 것처럼, 가치 있다고 생각하는 실제적인 고려사항이 몇 가지 있다.

기대 설정

게임의 가치와 학습에 있어 효과적인 도구가 될 수 있다는 관점에서 학생 기대 설정은, 특히 컴퓨터 게임을 통한 학습의 이점을 더욱더 확신시킬 필요가 있고 시간적 압박을 지닌 성숙한 성인학습자와 함께 수업을 진행하고자 할 때, 게임의 도입 가능성과 성공에 있어 핵심 요소다. 게임이 왜 사용되어야 하는가에 대한 합리적 근거를 제공하는 것, 그리고 왜 이러한 맥락에서 학습을 위한 최선의 선택인지 정당성을 제공하는 것은 중요하다. 의사소통과 협력을 위해 기본 원칙을 정하는 것 또한 중요하다(예를 들면, 무엇이 적절한 예인지, 무엇이 협력이고 무엇이 부정행위인지 등). 게임이 초기에 어떻게 평가될 것인지 분명히 하는 것 또한 중요하다(평가는 7장에서 자세히 다룰 것이다.).

🎬 활동: 맥락 분석 착수

다음은 자신의 교수-학습 맥락의 제약사항을 분석할 때 고려할 필요가 있는 몇 가지 질문을 보여 주고 있다.

사람
- 게임기반학습을 학생들이 수용할 수 있는가?
- 기술과 게임에 대한 학생들의 이전 경험은 무엇인가?
- 독자는 이용 가능한 전문적인 지식을 가지고 있는가?

• 게임을 개발하고 운영하는 데 참여할 필요가 있는 사람은 누구인가?

조직
• 얼마나 많은 시간이 이용 가능한가?
• 고정 시간표가 있는가?
• 어떤 유연성이 있는가?
• 얼마나 많은 학생이 참여하는가?

환경
• 어디에서 수업이 일어나는가?
• 활용 가능한 장비는 무엇인가?
• 사용 장소는 소음으로 인한 제약이 있는가?

기술
• 어떤 하드웨어가 이용될 수 있는가?
• 네트워크 사용에 제한이 있는가?
• 어떤 소프트웨어(예: 운영체제, 인터넷 브라우저)를 이용할 수 있는가?

자신의 상황에서, 20분 동안 이 질문들에 대한 답을 할 수 있는 한 많이 해 보라. 사용할 계획이 있었던 게임의 유형에 대한 지원이나 제약사항이 얼마나 있는가?

게임을 통한 학습

얼마나 오랫동안 학생들이 컴퓨터 게임을 하는 방법을 배워야 하는지뿐만 아니라, 실제 게임을 통해 학습을 진행하느냐를 고려하는 것 또한 중요하다. 이는 게임 인터페이스에 익숙해지는 것, 게임 환경 둘레를 탐색하기, 발생할 일과 해야 할 일이 무엇인지 이해해야 하는 사항을 포함한다. 얼마나 오랫동안 새로운 환경에 순응하는 과정을 경험해야 하고 학생들이 게임을 편안히 할 수 있는 권한을 얻는 것이 중요한지를 과소평가하지 말라. 얼마나 많은 시간 동안 학생들이 게임을 통해 배울 수 있도록 시간을 제공하는지, 그리고 스스로 인터페이스에 익숙해질 수 있는지는 당연히 게임 이용이 가능한 전체 시간에 달려 있다.

안전

만일 학습자들이 특히 이름도 모르는 학생들을 만나고 주어진 일을 활동해 보도록 요구받고, 온라인 게임의 교육과정에서 다른 학습자를 만나거나 그러한 만남에서 일반적인 수업 환경을 벗어나 공동작업을 하라고 요구받았다면 개인의 안전에 대한 문제가 발생할지도 모른다. 이런 상황에서 개인적으로 안전한 온라인 정보를 제공하는 것은 좋은 실례다.

다음 섹션에서는 디지털 게임이 고등교육에서 학습과 교수를 전제로 통합될 수 있는 다른 방법을 설명한다. 첫째, 도입 가능성을 고려하기 위한 통합의 여섯 가지 모델을 설명하기 전에 면대면과 온라인 원격교육 맥락에서 이용되는 게임 사이의 차이점을 간단히 탐색한다. 이번 섹션은 컴퓨터 게임이 고등교육과정의 일부로서 잠재적으로 사용 가능한 다양하고 폭넓은 방법에 대한 아이디어를 생성하는 데 도움을 주어야 한다.

온라인 게임과 면대면

컴퓨터 게임이 사용될 수 있는 물리적인 맥락은 서로 다르다. 예를 들면, 퀴즈 같은 상호작용 게임은 상호작용 투표 시스템이나 모바일 폰을 사용하는 대규모 강연장에서 용이하게 사용될 수 있다. 디지털 게임은 각 컴퓨터상에서 개인 또는 소규모 그룹 형태로 이용될 수 있다. 즉, 모바일 폰, 온라인으로 의사결정 입력 기회가 주어지는 면대면 워크숍, 튜토리얼에서 개인화된 포켓용 콘솔 장치 사용, 혹은 온라인 교육과정의 또 다른 일부로 원격교육에서 협력 활동과 게임 플레이를 수행하는 학생들에 의해 현실세계에서도 사용될 수 있다. 고등교육에서 게임을 사용하는 다양한 방법 속에는 창의적인 기회가 많다. 그러나 중요한 차이는 온라인상에서 충분히 상호작용하고 있는 학생과 면대면 커뮤니티를 하고 있는 학생의 상호작용의 본질이다. 다음 섹션에서는 이런 차이와 이러한 것들의 관련성을 살펴볼 것이다.

면대면 수업 환경에서 게임을 사용하는 것과 완전한 온라인 맥락의 원격에서 게임을 사용하는 관점 사이에는 충분히 강조할 만한 가치가 있는 차이가 많다. 이것은 게임에 접속하거나 게임을 설치하고, 사용자의 요구 지원, 의사소통, 동시적 또는 비동시적 플레이 사이의 차이, 익명성과 정체성, 부정행위, 학습자 자주성, 시간과 위치의 문제를 포함한다.

교사와 면대면 수업을 할 때보다 온라인 수업을 시작할 때 더 많은 어려움이 있다. 만약 학습자가 게임상에서 마주치는 객체들이 의미하는 것이 무엇인지, 학습내용과 객체들이 어떻게 인터페이스와 통합되고 있는지 충분히 이해하고, 그러한 게임 상황의 가정에 대해 어려움을 느낀다면 나중에 선생님이나 다른 학생들에게 도움을 요청할 수 있을 것이다. 이러한 것은 온라인 원격학습 맥락에서 초기에 겪는 어려움으로 인해 흥미를 잃거나 의욕이 사라진 학생들이 게임을 통한 교육목표를 성취하기 쉽지 않을 것이다. 그러므로 게임기반 학습의 시작을 위한 초기 지원이 탄탄해야 하고, 문제를 지닌 사용자가 유사시 대비할 수 있는 백업 시스템(예를 들면, 전화 지원)을 보장하는 것이 중요하다. 계속적이고 편리한 기술지원이 온라인 학생들에게는 필수적이다. 같은 사항들이 게임 활동 전반에 걸쳐 지속적으로 지원되어야 한다는 것이 중요하다. 다시 말해, 온라인 상황에서 적절한 기술 지원이 언제라도 가능해야 한다는 것이다. 이것은 세심한 상황 지원, 힌트, 지원 그룹과 전화 지원을 포함한다. 교사에 대한 접근과 게임 사용 전반에 걸친 지원—온라인 수업의 어떠한 형태에서라도—은 핵심이다.

면대면 수업에서는 특별한 의사소통 도구를 제공받는다 할지라도 교사가 완전한 온라인 상황을 제외하고 일어나는 (구두나 온라인) 의사소통의 여러 유형을 충분히 제어할 수 있다. 모든 학생이 규정된 도구를 사용하고 있거나 교사가 기대하는 방법을 사용하고 있다고 결코 확신할 수 없다. 학생들에게 상호작용을 위한 도구를 제공하고(예를 들면, 채팅룸, 인스턴트 메시징, 소셜 네트워킹 사이트, 게임 커뮤니티 포럼, 전화), 그들이 상호작용하는 방법에 관해 참견하지 않는 것이 도움이 된다. 원격학습에서 커뮤니티를 조직하고 각각 서로 동시적으로 게임을 플레이한다는 것은 어려울 수도 있다. 그래서 즉시 게임을 이용할 수 없는 학생이 다른 학습과정에 참여하는 기회를 제한받지 않도록 유연성을 지닌 비동시적인 방법의 사용을 고려해 볼 가치가 있다.

온라인상에서 학생들에게 요구되는 자주성의 수준은 면대면으로 공부하고 있는(이것은 단지 게임만이 아닌 모든 온라인 학습에 들어맞는다.) 학생들보다 높다. 따라서 기대 설정, 시간 관리와 학습계획을 수립하는 것은 게임 사용에서 중요하다. 학생들은 자신의 학습 패턴과 적시의 학습시간, 적절한 위치와 장소에서 보다 융통성을 가질 것이다. 면대면 상황에서 언제 어디서든 학생들이 게임과 상호작용하는 것을 더 쉽게 통제할 수 있는 가능성이 있다. 원격학습에서 학생들이 하루에 얼마나 많은 시간을 게임에 할애하는지 가정할 수 없다(학생들은 아마 같은 시간대에 있지 않을 것이다.). 그래서 특별한 시간(실제 24시간과 연계된 게임 속에서 '날')과 장소(학생들이 물리적인 환경에서 인공물을 사용할 예정이 되어 있는 곳)에서 요구되는 활동을 구상할 때 이를 염두에 두어야 한다.

온라인 게임에서는 학생들이 익명으로 활동하고, 많은 역할과 온라인의 정체성을 만들기 위한 선택사항이 있다. 이러한 선택사항은 사용자들이 제약을 느끼지 않고 더욱 개방적인 자유로움을 느낄 수 있는 이점을 가지는 반면, 발견되지 않는 거친 언행과 비건설적인 플레이어로서 모습이 보일 수 있는 단점도 있다. 익명성과 행동에 있어 공동체 기본 원칙을 정하는 것은 온라인상에서 필수적인 요소다. 원격학습 상황에서 부정행위를 인지하고 다루는 것 또한 너무 어려우며, 학습자들이 진실하게 자신이라고 우기거나, 학습자들이 얼마나 많은 정보를 입력하고 참여를 했는지 신뢰하며 측정하는 것은 더욱 어렵다. 효율적으로 설계된 교육용 게임은 이기는 데 초점이 맞춰져 설계되어서는 안 되며, 플레이어의 부정행위는 실제 자신과 집단의 성취가 아님을 알 수 있도록 더욱 협력적이며 집단의 목표와 목적을 달성할 수 있도록 설계되어야 한다고 이야기했었다. 평가가 설계되는 방법은 여기서 매우 중요한 요인이다(이것은 제7장에서 더 자세히 다루어진다.).

통합 모델

컴퓨터 게임을 교육과정에 통합할 수 있는 다양한 방법이 있으며, 이 섹션에서는 여섯 가지 통합 모델에 대해 설명할 것이다. 물론 여섯 가지 통합 모델은 많은 유사점이 있지만, 이 모델들이 교육과정 통합에 대한 현명한 선택을 위한 개요를 제공해 줄 것이다. 어떤 사람은 이 장의 첫 번째 섹션에서 설명한 많은 요인들에 의존하는 교수-학습 상황뿐만 아니라 개인별 기관의 규정 및 품질 보증 프로세스에 대한 설명에 의존하여 게임을 사용할 것이다. 시간표 변경의 범위, 수업 모드, 위치 및 평가 요소가 각각의 모델들이 교육과정과의 통합을 위해 구현될 수 있는 수준에 영향을 줄 것이다.

단일 세션 게임

대개 컴퓨터 게임기반학습 도입 방법, 가장 간단하고 적은 간섭, 이러한 것들은 수업 시간의 특정 학습결과를 만들어 내기 위해 단일 수업 세션에서 게임을 사용하는 것과 관련이 있다. 이러한 접근 방법의 이점은 큰 위험을 감수하지 않고 게임기반학습이 교사와 학생 모두에게 게임을 사용하는 데 있어 신뢰를 만들어 준다는 데 있다. 이것은 학급을 재충전하고 학습 스타일의 유형을 제공하는 접근 방식이 될 수 있다. 단점은 일회성으로 그칠 수 있다는 것이다. 단일 세션에서 게임을 사용할 경우 최대한으로 활용하기가 어려울 수 있으며, 간접적인 경험을 통한 발견, 적합한 게임 개발, 기대치 설정, 수업을 듣는 학생들의 게임 사용 방법과 게임을 가끔 사용했을 경우 상대적으로 높은 수준의 브리핑을 하기에는 어려움에 봉착할 수 있다는 것이다.

이러한 접근의 예는 앞부분에 소개했던 《타임캡슐》게임을 들 수 있다. 이 게임은 컴퓨터실에서 한 시간 동안 수업 시간에 맞게 설계되었으며, 약 40분 동안 지속되고 학생들이 토론하고 게임을 하는 과정에서 그룹별 활동 시 있었던 일을 회고하고 이를 후속활동(이것 역시 한 시간 슬롯에 포함)에 반영한다.

다중 세션 게임

다중 세션 게임은 게임이 두 개 이상의 수업 세션을 위한 직접적인 대체 자료로 사용되는 단일 세션 게임에서 본질적으로 한 단계 발전한 게임이다. 다중 세션 게임은 효율적으로 게임을 배우는 동안 시간을 효율적으로 쓸 수 있다는 점이 비교적 낮은 위험성을 지닌 것으로 볼 수 있다. 다중 세션 게임은 세션 간의 반성활동과 다른 활동의 통합을 가능하게 한다. 그러나 단점은 동일한 플레이어들이 그룹 간 상호작용을 위해서 각 세션에서 공동으로 이용할 수 없다는 것이다. 게임이 여러 세션에 사용되는 경우라면 그룹 간 상호작용이 주의 깊게 설계되어야 한다. 특히, 그것이 평가와 관련되어 명료한 기준이 제시되지 않을 경우 일부 학생들은 게임이 전체 교육과정에서 너무 큰 비율을 차지하고 있다고 느낄 수 있다. 또, 학생들의 기대를 설정하고 명확하게 그 상황에서 가르칠 수 있는 효과적인 방법으로서 게임의 장점을 제시해 줄 필요가 있다. 실제 다중 세션 게임의 예는 사례연구 3과 4에서 제공하고 있다.

선택적 게임 활동

세 번째 모델은 컴퓨터 게임을 교육활동에 선택적인 부가 활동으로 사용하는 것이다. 이 대안은 모든 수업 세션을 대신하지 않으므로 위험이 적은 전략이며, 아마 다른 학습활동에서 참여하지 않은 학생을 참여시킬 수도 있다(비록 이미 더 많은 학습활동에 참여할 가능성이 있거나 이미 참여한 학생일 수 있다는 논쟁을 불러일으킬 수 있지만). 이 대안은 학기 중 게임을 개발하고 시행하는 것과 접속시간에 따른 시간표를 작성하는 데 있어 교사에게 부담을 증진시킬 수 있을 뿐만 아니라 일부 학생은 가정형편이나 소외감, 선택적 활동으로 인해 참석하지 못할 수 있다는 단점이 있다.

교육과정의 일부로 끼워져 사용되는 게임

네 번째 모델은 학습, 교육과정에서 수행되는 수업과 평가, 교육과정을 완전하게 재구조화할 수 있는 가능성을 재평가할 수 있는 기회를 제공하는 의미에서 디지털 게임을 사용하는 것이다. 이것은 교육과정 내에 완전히 게임을 포함시킨다는 점과 수업에 초점을 맞춘다는 점에서 문제기반학습과 유사하다. 이 방법의 장점은 게임이 전체 교육과정에 초점을 둔 방식으로 관련 활동 및 평가의 사용에 의도적으로 일치시킬 수 있다는 것이다. 반면, 단점은 전체 교육과정에서 게임의 사용에 의존한다는 점과 대학의 규정과 품질 기준에 접근하도록 교육과정에 기인한 게임을 개발하는 것이 어렵다는 점 때문에 더 위험부담이 클 수 있고, 게임 기반의 접근 방식을 선호하지 않는 학생의 경우 소외될 수 있다. 또한 게임을 기반으로 처음부터 교육과정을 개발하는 것보다 기존의 교육과정에서 게임의 결과를 학습에 일치하도록 하는 것은 더욱 어려운 문제일 수 있다.

교육과정의 일부로 게임을 끼워 넣어 사용하는 방법의 예는 마케팅 이론의 응용 과정을 개발하는 데 상업용 교육 게임인 《마켓플레이스(Marketplace)》를 사용했던 네이퍼어 대학교에서 확인할 수 있다. 《마켓플레이스》는 학생들이 각 컴퓨터 회사에 대한 제품의 가격 결정, 광고 및 수량 확보 등 마케팅 전략을 결정하고 개발하는 과정을 공부하기 위해 운영된 팀 기반의 게임이다. 각 튜토리얼 세션에서 학습자들이 처한 현재 입장을 분석하고 향후 기간에 대한 결정을 내릴 수도 있으며 각 튜토리얼에 참석했던 강사의 지원으로 그룹에 사용되는 전체 교육과정을 게임기반으로 학습할 수 있다. 초기 형성평가는 '이 사회의' 발표 형태로 진행되었고, 최종 평가는 의사결정이 이루어진 그룹 분석으로 구성되었고, 진행전략에 대한 개별적인 명료화와 팀 활동 과정에 대한 개별 반성활동이 이루어졌다. 교육과정에 끼워져 사용되는 게임의 사용 예는 사례 2와 5에서 제공되었다.

온라인 게임

다섯 번째 모델은 블렌디드(혼합) 또는 완전한 온라인 교육과정의 일부로 온라인 게임을 사용하는 것이다. 이 경우에는 학생들이 전혀 면대면으로 만날 필요가 없으며, 동시적으로 또는 완전히 독립적으로 오로지 온라인에서 학습을 수행한다. 이러한 게임 유형은 완전히 온라인 가상 세계의 사용을 의미하거나 플레이어들의 독립적인 학습활동과 공유 리소스와 힌트를 다른 사람에게 지원하는 양상을 포함한다. 이 경우에는, 물리적으로 표현된 생명력 있는 교수자가 없기 때문에 의사소통과 백업 방식을 구성할 필요가 있다.

혼합 현실 게임

혼합 현실 게임은 종종 휴대전화 또는 기타 휴대용 기기와 같은 모바일 기술을 통합하는 온라인 환경의 요소뿐만 아니라 면대면 방법을 사용한다. 대체

현실 게임(ARGs)이 게임 유형의 좋은 예가 되고 플레이어를 위한(제4장에서 제공하는 대체 현실 게임에 대한 자세한 정보) 재미있는 경험과 상호작용, 참여를 지원하기 위해 실제세계와 온라인을 결합한 형태다. 대체 현실 게임 사용의 근본 원리는 문제기반, 체험 및 협력학습 활동 등이며, 이러한 요소들은 이상적인 고등교육 수업에 적합하다는 것이다. 특히, 플레이어 모두가 게임에 열중하고 서사구조를 만들어 낼 때 더욱 그렇다. 게임의 참여는 또한 사회적 상호작용 및 협력활동을 위한 유용한 구실을 제공한다. 고급 3D 그래픽 또는 가상 환경을 사용하는 높은 충실도의 디지털 게임(high-fidelity digital game)과 달리, 대체 현실 게임은 일반적으로 블로그 소셜 네트워킹 사이트와 경제적·기술적으로 교육에 이러한 혼합 현실게임의 잠재력을 불러일으키는 다른 웹 기반 도구 같은 저렴한 기술을 사용하여 구현된다. 소개를 위한 대체 현실 게임의 예는 사례 연구 1에서 제공된다.

🤖 활동: 적절한 통합 전략을 선택

자신의 상황을 성찰하기 위해 10분 정도 시간을 가진 후 여러분이 사용할 것 같은 게임 유형을 선택하라.

수업을 하는 데 게임을 사용할 수 있는 부분은 무엇인가(고민하는 학습목표는 무엇인가)?

자신이 생각하기에 첫 번째 사례에 적절하다고 생각하는 구현 전략은 무엇인가?

어떤 특정한 문제 또는 고민해야 할 제약사항이 있는가?

그러한 문제를 고민하는 데 있어 소속기관에서 조언이나 지원을 줄 수 있는 사람이 있는지 개인적으로 확인할 수 있는가?

상황에 적합한 통합전략 분석에서, 문제나 확인된 제약사항이 이 단계에서 극복할 수 없는 것처럼 느낄 수도 있다. 새로운 학습용 디지털 게임의 경우, 그 첫 번째 사례에서 낮은 위험성을 지닌 전략 중 하나를 선택하길 권한다. 경험을 통해서 게임의 가치는 뚜렷해지고(또는 반대로 이것이 적절한 전략이 아니라는 것이 분명해진다.), 수업을 진행하는 방법에 대한 결정을 쉽게 내릴 수 있게 될 것이다.

이 장에서는 고등교육 기관에서 학습과 수업에서 디지털 게임을 사용할 때 고려해야 하는 실질적인 문제의 범위를 생각해 보고, 어떻게 게임이 사용되어야 하는가에 영향을 주는 맥락적 요인을 분석하기 위한 방법에 대해 소개하고 있다. 다음 장에서는 게임 명세서를 디자인하는 방법, 게임 설계와 좋은 실습의 밑그림에 대해 교육적인 측면에서 고려해야 할 사항을 살펴볼 것이다.

5장 요약

이 장에서는 게임이 수업과 학습상황에 통합될 수 있는 방법을 결정하는 네 가지 영역—사람, 조직, 환경, 기술—에 대해 살펴보았고, 맥락 분석을 위한 프레임 워크를 제공했다.

이 장의 두 번째 부분에서는 게임기반학습이 온라인과 면대면 상황에서 구현될 수 있는 방법의 차이를 고려해 보았으며, 특히 출발점 설정, 요구 지원, 의사소통, 자주성과 정체성 같은 측면에서 살펴보았다.

마지막으로, 통합을 위한 여섯 가지 모델—단일 세션 게임, 다중 세션 게임, 선택적 게임, 교육과정에 포함된 게임, 완전한 온라인 게임 사용, 혼합 현실 게임 구현—을 제시하고 토론하였다.

학습을 위한 디지털 게임 설계하기

06

 이 장은 게임을 설계하기 위하여 교육적으로 고려해야 할 몇 가지 사항을 소개하고, 고등교육을 위한 학습용 게임 개발 가이드라인을 제시하고, 게임 콘셉트 명세서를 작성하는 방법을 제시하고 있다.

먼저, 세 가지, 즉 구체적인 학습목표를 달성하기 위해 게임이 어떻게 설계되어야 하는지, 게임이 협력적이기 위해 어떻게 설계되어야 하는지 그리고 게임을 지원하기 위한 활동들이 어떻게 설계될 수 있는지를 살펴보고자 한다. 고등교육에서 게임을 사용하는 데 있어서 고려해야 할 한 가지는 게임을 개발하거나 또는 수정하는 면에서, 그리고 게임에 필요한 전문기술의 측면에서 오버헤드(overheads)[1]가 있다는 것이다. 이러한 오버헤드를 줄이기 위해서 게임을 구하거나 만들 때 활용 가능한 옵션들을 간략하게 살펴보고자 한다. 또한 구성주의 학습에 효과적인 디지털 게임을 만드는 요인에 대하여 연구하였는데, 여기서 도출된 여섯 가지 지침에 대해 계속 논의하고자 한다. 그리고 교수

---

1) 역주: 오버헤드란 특정한 기능을 수행하기 위해 추가적으로 사용되는 컴퓨터 자원.

상황에서 사용할 게임을 명세화하기 위한 구조(framework)를 제시하는 것으로 결론을 맺고자 한다.

교수 설계를 위한 고려사항

게임이 학습목표에 근거하여 설계되었다는 것을 확인하는 것은 설계에서 매우 중요한 요소이며, 이 요소는 이 섹션의 첫 부분에서 언급되고 있다. 사회적 구성주의 관점에서 보면 협력이라는 요소가 게임 설계에서 중요하기 때문에, 어떠한 협력적 요소들이 게임 설계에 반영될 수 있는지에 대한 다양한 방법을 살펴볼 것이다. 마지막으로 브리핑, 디브리핑, 반성적 성찰을 위한 폭넓은 활동의 필요성을 논의하고, 실제로 적용해 볼 수 있는 다양한 활동을 제시할 것이다.

게임 플레이와 학습목표 일치시키기

교육용 게임은 일반적으로 몇 가지 유형의 학습목표—학생들이 게임을 하면서 배울 수 있도록 의도된 것—달성을 촉진하기 위해 설계된다. 순수하게 오락을 위해 설계된 게임은 게임의 핵심 목표로 오락성과 재미에 초점을 둔다 (비록 오락용 게임에서도 학습이 일어날 수는 있지만, 이러한 학습은 게임을 하는 도중 우연히 발생한다.). 게임 플레이어는 게임을 진행하면서 게임에 내재된 다양한 목적을 성취한다. 예를 들어, 레벨 올리기, 포인트 획득하기, 숨겨진 영역 밝혀내기 등이 있다. 학습을 위한 게임을 설계할 때 가장 어려운 문제는 그 게임 내에 존재하는 목적이 학습목표 달성을 지원하고 있다는 점과 학습목표 달성을 방해하지 않는다는 것을 확인하는 것이다. 예를 들어, 아무거나 마구 클릭하여 게임을 진행시키는 것이 게임에 정말 몰입하여 게임을 플레이하는 것보다 빠르다면 게임 자체의 목표는 쉽게 달성될 수 있으나 학습은 거의 일어나기 어렵다. 반면에, 게임이 의도한 학습목표에 참여해야만 진행되는 방식으로 설계되었다면 이 게임은 성공적인 학습의 도구가 될 가능성이 높다. 하나의 컴퓨터 게임이 학생들에게 완전한 동기를 부여하고 몰입하게 할 수는 있지만, 만일 강의에서 의도한 내용을 가르치지 않는다면 그 게임은 교육적인 효과가 있을 수 없다(게임이 여전히 가치 있는 기술을 가르친다 하더라도).

나의 견해로는, 학습과 게임 결과를 결합(mapping)시키는 일은 게임이 효과적인 학습의 도구인지 아닌지를 결정짓는다고 생각한다. 학습을 위해 게임을 사용하려고 할 때는, 교육과정의 일정 기간 동안 학생들이 성취하기를 원하는 학습목표를 가지고 시작하라. 이것으로 학습에 사용하기를 원하는 게임의 설계명세서(design specification)의 일부를 작성할 수 있다. 비록 학습결과가 직접적으로 표현되지 않더라도 당신이 좋다고 생각하는 게임을 찾아내고, 왜 그 게임이 사용되어야 하는지 합리화하는 것은 쉽다. 여러분이 학습결과에 대해 명확하게 인식하고 있다면, 그다음으로는 그러한 학습결과를 도출하기 위하여 학생들에게 어떠한 유형의 활동을 하게 할 것인지를 생각해 보아라. 이러한 유형의 활동을 게임 속에 어떻게 담아낼 수 있을까? 이 부분은 학습활동이 게임 안에서 어떻게 변형되어 포함될 수 있는지에 대해 창의적이고 다양한 방법을 브레인스토밍해야 하는 지점이다. 〈표 6-1〉에 《타임캡슐(Time Capsule)》의 학습목표와 게임 활동을 결합하여 제시하였다.

이런 유의 결합 작업은 교수 상황에 적절한 게임 활동과 상호작용 유형에 맞는 게임을 찾거나 개발하려고 하기 전에 좋은 아이디어를 제공한다. 학습목표를 달성하기에 적절한 게임 활동의 유형에 대한 몇 가지 아이디어를 얻었다면, 게임에 대한 처음의 요구조건을 다시 검토하고 게임의 적절성을 평가하기 위한 근거를 마련하게 된다.

처음에 말했듯이, 가장 언급하기 어려운 실제적인 문제는 게임 활동 학습의 결과가 일치하는가에 대한 것이다. 그러나 만일 게임 그 자체가 기대한 학습결과에 도달하지 못하거나, 기대한 학습결과 전부를 다 완벽하게 충족시킨다

〈표 6-1〉《타임캡슐》에서 학습목표를 게임 활동에 결합시키기

학습목표	학습활동	게임 활동
• 다른 사람과 성공적으로 의사소통을 할 수 있다.	• 다른 사람과 정보 공유하기 • 다른 사람이 말해야 하는 것을 듣기	• 플레이어는 의사소통을 해야 하는 다른 이유와 요구를 가지고 있다. • 플레이어는 다른 플레이어의 요구를 이해해야 한다.
• 성공적으로 함께 작업을 해서 효과적인 결정을 내릴 수 있다.	• 구성원들의 의견이 일치될 수 있도록 그룹의 의사결정하기 • 구성원들은 목적과 흥미에 대한 불일치를 조정할 필요가 있다.	• 플레이어는 그룹의 구성원 모두가 동의하는 의사결정을 해야 한다. • 게임에는 제한사항들이 있는데, 그 제한 사항들은 사소한 것이 아니다. • 플레이어는 게임을 완수하기 위해 어떤 문제점들에 대해 타협할 준비가 되어 있어야 한다.
• 효과적인 그룹으로 만드는 요소들이 무엇인지 알 수 있다.	• 그룹의 의사소통과 의사결정 과정을 반성적으로 성찰하기	• 그룹의 의사소통과 의사결정 과정을 반성적으로 성찰하기

고 하더라고 이것이 끝이 아니다. 학습의 일부로서 게임을 사용할 것을 검토해 보아야 한다. 그리고 학습목표가 게임을 가지고 하는 추가 활동 영역을 통해서 논의될 수 있다는 것을 기억해야 한다. 《타임캡슐》의 경우 세 번째 학습목표는 사실상 게임에 설계된 것은 아니지만, 게임이 끝난 후 반성적 성찰 활동을 추가하여 이를 통해서 성취된 것이다.

모든 학습목표가 디지털 게임으로 가르치는 것이 꼭 적당하지 않다는 점을 아는 것 또한 중요하다. 그리고 적당한 게임 활동을 고안해 내기 위해 힘들게 고군분투하고 있다면, 그런 상황에서는 게임이 적절하지 않을 수도 있다는 점을 알아야 한다.

아마도 이러한 작업을 통해서 게임 활동을 학습목표와 결합하는 것에 대한 중요성과 어려움을 깨닫게 될 것이다. 나는 이렇게 일치시킨 것에 대해서 기록하고 생각해 볼 시간을 가지는 것이, 학생들이 배우기 원하는 대상을 학습하기 위해 당신이 선택한 게임이 적절하다는 것을 확신할 수 있는 가장 중요

활동: 학습목표 결합시키기

세 개에서 다섯 개 사이의 학습목표가 있는 친숙한 단원을 한 개 선정한다. 각 학습목표를 달성하기 위해 학생들이 수행해야 할 활동들을 기록하라.

이제, 게임 속에서 각 학습목표에 대응하여 일어날 상호작용의 유형을 생각해 보라. 그리고 이에 대한 생각을 기록하라(만일 이 단계에서 생각이 잘 나지 않더라도 걱정하지 말라. 이러한 결합 작업을 이 장에서 게임 명세서를 작성할 때 다시 할 것이기 때문이다.).

이 단계에서 당신이 제안하고 싶은 특별한 게임 장르가 있는가?

한 활동이라고 생각한다. 당신의 교수 상황에 적당한 게임 활동을 생각해 내지 못할 수도 있다. 그러나 이것은 게임에 적절하지 않아 문제가 되는 학습목표나 게임 외부에서 수행될 필요가 있는 학습목표를 확인하는 좋은 방법이다. 게임이 모든 것을 가르치는 데 적절한 방법이 아닐 수도 있다는 것을 또한 명심하라. 게임이 그 학습 사례에서는 적절하지 않을 수도 있다.

협력 지원하기

나는 가장 효과적인 교육용 게임은 타인과의 협력활동을 포함해야 하고, 학생들이 서로 같이 학습하며, 타인으로부터 배우고, 타인으로부터 자신이 이해한 것을 평가해 볼 수 있게 해야 한다고 강력하게 주장한다(이러한 생각은 3장에서 논의한 사회적 구성주의 패러다임과 많이 일치한다.). 그러나 이러한 협력은 게임이 실제로 진행되는 시간 동안 일어나야만 하는 것은 아니고, 온라인상에서 일어나야만 하는 것도 아니다. 글상자에 나타난 것처럼 디지털 게임으로 협력을 지원하기 위해 가능한 방법들이 있다.

동시적인 다중사용자 온라인 게임(Synchronous multi-player online games)은 게임의 진행과정으로서 실시간으로 협력이 일어나도록 허용한다. 이것은 게임 내에서 채팅이나 음성으로 의사소통을 하거나 또는 다중 그룹으로 하는 오디오나 비디오 화상회의와 같은 부가적인 소프트웨어를 사용함으로써 가능해질 수 있다.

비동시적인 다중사용자 온라인 게임(Asynchronous multi-player online games)에서는 턴테이킹 방식, 즉 한 사람이 움직이면서 다음 사람(또는 다음 그룹)이 움직일 때까지 기다린다. 이러한 유형의 게임은 느릴 수는 있지만, 다음 사람이 움직일 때까지 기다리게 할 수 있고, 플레이어 간에 시간에 대한 상호 의존성을 높인다.

다중사용자 게임(Multi-user games)은 동일한 물리적인 공간에서는 턴테이킹 방식을 취한다. 예를 들어, 각 플레이어는 게임을 하고 나서 다른 플레이어가 게임하는 것을 관찰한다.

동시적 온라인 의사소통이 가능한 싱글 사용자 게임(Single player games with synchronous online communication)은 플레이어들이 게임의 진행과정으로서 토의를 할 수 있다. 예를 들어, 온라인 어드벤처 게임의 플레이어들은 서로 말을 할 수 있고 서로에게 게임에 대한 힌트도 줄 수 있다. 의사소통은 게임 속에 내장될 수 있고 제삼자 적용의 부분일 수도 있다.

면대면 의사소통이 가능한 싱글 사용자 게임(Single-player games with face-to-face communication)은 두 명 이상의 플레이어가 동일한 물리적인 공간에서 협력할 수 있다. 예를 들어, 전략 게임에서 플레이어가 솔루션을 만들어 내기 위해서 다른 사람 옆에 앉아 있는 경우다.

커뮤니티가 지원되는 싱글 사용자 게임(Single-player games with community support)은 개별적으로 게임이 진행되지만 온라인 커뮤니티와 게임 진행에 대한 힌트, 도움, 지원 등을 동시적으로 제공하는 메시지 시스템과 연계하여 플레이할 수 있다.

면대면 반성적 성찰을 할 수 있는 싱글 사용자 게임(Single-player games with face-to-face reflection)도 개별적으로 게임을 진행하지만, 게임이 끝난 후에 하는 추수 활동이 가능하고 다른 사람들과 토의도 할 수 있다.

팀 게임(Team games)은 게임의 목적을 달성하고 다른 팀과 경쟁하기 위해 그룹의 사람들(온라인이든 오프라인이든)이 게임을 같이한다.

이외에 다양한 방법이 있지만, 여기에 언급된 것들은 협력적인 학습경험을 설계하기 위해 가능한 대안의 범위를 알아보기 위하여 제시되었다. 게임이 어떤 방식으로 설계되었든지 간에, 사람들은 도전과제를 해내거나 다른 플레이어들에 대항하여 경쟁을 하기 위해 개인으로 또는 팀의 일원으로 게임을 하기 때문에 학생들 서로 간의 의존 정도와 게임을 그만하고자 하는 학습자에게 미치는 영향도 고려해야만 한다. 만일 게임에서 협력이 동시적으로 발생되기를 원한다면, 협력적 활동에 참여할 플레이어의 수와 플레이어들이 주어진 시간 중 언제든지 게임에 참여할 수 있는지가 보장되어 있는지 여부를 고려하는 것이 중요하다. 만일 플레이어의 수가 많고, 게임을 플레이할 수 있는 사람들이 늘 있다면, 사실상 플레이어가 몇 명이 있는지는 그다지 중요하지 않다(〈표 6-1〉에 제시된 인기가 높은 다중사용자 게임인 《아이 스케치[iSketch]》의 예를 참고하라.). 그러나 게임을 진행하는 데 특정 수의 플레이어가 항상 필요하다면([그림 6-2]의 《미니 골프[Mini Golf]》와 같이) 필요한 수가 채워질 때까지 플레이어들이 기다릴 수 있는 곳이 시스템화되는 것이 필요하다(이런 경우, 플레이어들이 기다리거나 채팅을 하거나 다른 플레이어들에게 접근할 수 있는 공간이 있다.).

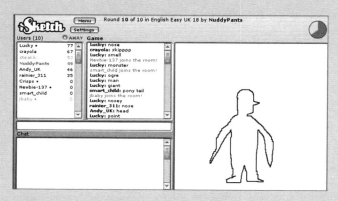

[그림 6-1]
《아이 스케치》
다중 동시 사용자의 예

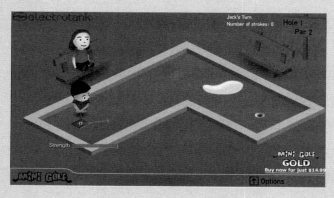

[그림 6-2]
두 명의 《미니 골프》 플레이어가
함께 플레이하는 것을 허용

　《타임캡슐》의 경우, 나는 교실수업 상황에서 이 게임을 사용하려고 하였기 때문에 협력이 게임에서 동시적으로 발생되도록 설계하기를 원했고, 그룹을 만들어 학생들이 모두 그 게임에 접근할 수 있는지를 확인하는 데 약간의 관여를 하였다. 그러나 얼마나 많은 학생들이 정해진 세션에 출석할 것인지에 대해 확신할 수 없어서 게임의 매회마다 플레이어의 수를 정해 둘 수가 없었다(전체 출석이 정확하게 특정 수로 나뉘지 않는 경우). 이 문제에 대한 해결방안은 게임을 세 명 또는 네 명의 플레이어에 의해 다 진행될 수 있도록 하는 것이었다(네 번째 플레이어는 옵션으로 두고, 중재하는 역할을 하게 한다.). 실제로,

게임에 늦게 접속하는 학생들 때문에, 게임이 시작된 후에 나가 버리는 학생들이 종종 있다. 이런 경우 늦게 온 학생들을 먼저 온 학생들이 확실하게 협력하고 있는 곳에 포함시켜서 이미 협력적인 일에 참여하고 있는 학생들 중의 한 명과 같이 게임을 하도록 한다.

게임을 활용하여 학습을 지원하는 활동

협력과 마찬가지로, 브리핑과 반성적 성찰도 학생들이 게임의 목적을 이해하고 게임에서 일어난 활동과 게임을 통해 기대했던 학습결과의 관련성을 확신하게 하는 핵심적인 두 가지 활동이라고 생각한다. 교육용 게임을 둘러싼 일련의 학습과정에서, 디브리핑, 게임이 끝난 후 논의하기, 반성적 성찰은 학습이 명확하고 적절하다는 것을 확신하는 데 중요한 측면으로 간주된다(예를 들어, Bredemeir & Greenblat, 1981; Thiagarajan, 1993). 사실상, 티아가라얀과 야신스키(Thiagarajan & Jasinski, 2004, online)는 최근에 이렇게 말했다.

> 게임은 디브리핑을 위한 하나의 구실일 뿐이다……. 디브리핑은 게임으로부터 배운 것을 실제 업무의 맥락으로 전이를 촉진하는 반성적 성찰의 기회를 제공한다.

학습에서 디브리핑과 반성적 성찰은 오로지 오락만을 위한 컴퓨터 게임의 일반적인 구성요소는 아니다. 그리고 교육용 컴퓨터 게임의 설계와 관련되어 고려해야 할 사항으로 자주 제시되지도 않는다. 콜브(Kolb, 1984)의 경험학습 싸이클은 학습활동을 경험, 관찰, 반성적 사고로 구성된 일련의 단계로 보고, 경험으로부터 축약된 이론을 만들어 내는 것, 새로운 상황에서 그 이론을 적용해 보는 것으로 설명하고 있다. 나는 게임이 경험을 제공하고 이론을 적용해 보게 하는 훌륭한 도구라고 주장하는 반면, 유의미한 반성적 성찰과 추상적인 개념화를 잘 지원할 수 없다고 생각한다. 게임을 둘러싼 부가적인 학습활동은 게임에 대한 반성적 고찰을 촉진하는 훌륭한 기회이고, 그것은 종종 게임 그 자체의 일부로 내재되어 있지 않다. 적절한 브리핑이 없으면, 학생들은 게임의 목적이 무엇인지, 그들이 무엇을 하기로 했는지, 또는 중요한 포인트가 무엇인지를 이해할 수 없게 되어 게임에 참여하지 않게 된다. 게임 도중 또는 게임 후에 하는 디브리핑과 반성적 성찰 활동은 게임으로부터의 학습을 통합하고 실세계에 적용하는 것과 다른 맥락에 전이하는 것을 지원한다. 부가적인 활동이 게임 플레이 속에 설계되는 다양한 방법이 있으며, 다음의 글상자에 몇 가지 예를 제시하였다.

학생들이 주어진 시점에서 무슨 일이 일어나고 있는지, 의사결정을 정당하게 했는지, 게임의 결과뿐만 아니라 과정에 대해 되돌아보면서 지속적으로 작성한 반성적인 설명, 일지, 또는 기록.

학생들이 게임을 하는 동안에 무슨 일이 일어났는지, 의사결정된 것들이 의미하는 것과 예상 밖에 일어난 일들이 무엇이었는지를 토의하는 소그룹 활동. 게임 중에 진행된 것들(예를 들어, 협력, 문제해결, 협상 등)의 일부분을 생각할 수 있도록 학생들에게 질문을 하고 게임을 다르게 진행하거나 더 잘 진행하기 위해서 어떻게 해야 하는지에 대해서 생각하게 하기.

게임이나 게임의 여러 측면에 대해 다시 플레이하는 것(Replaying)과 사고의 과정과 게임을 통해 학습된 것에 비추어 수행이 어떻게 개선될 수 있는지를 상세하게 논의하기. 다른 상황에서는 게임이 어떻게 진행될지에 대해서 생각하게 하는 what-if 시나리오를 개발.

포스터, 프레젠테이션, 그래픽이나 리치 미디어와 같이 게임과 관련된 인공물을 생산(Production of artefacts).

06 학습을 위한 디지털 게임 설계하기

학생들이 게임의 서사구조에서 그다음에 무슨 일이 일어날지 생각하게 하는 게임의 캐릭터나 구성에 관한 스토리텔링이나 다른 창조적인 활동.

게임을 하는 동안 습득한 기술과 관련된 활동을 통해 실제세계에 기술을 적용. 예를 들어, 어드벤처 게임에서 개발한 문제해결 기술을 사용하여 이와 유사한 실제세계의 문제를 해결하는 데 적용.

게임이 어떻게 작용하는지, 게임이 어떻게 효과적인지, 게임이 실제세계와 얼마나 관련이 있는지, 게임이 어떻게 더 좋아질 수 있는지에 대해서 게임 자체와 메커니즘에 대한 평가.

게임 내부의 활동과 게임 외부의 활동을 섞어 게임 경험 전체를 보면 요구된 학습목표를 모두 학습하고, 지식과 기술을 다른 맥락에 전이하고, 이론화하고 일반화하는 것과 작문이나 평가, 프레젠테이션 기술과 같이 전이 가능한 기술을 촉진하는 꽤 큰 기회가 있다. 나의 견해로는, 게임 안팎의 이러한 활동들이 일련의 학습활동을 완수하는 데 매우 결정적인 역할을 한다고 생각한다.

학습을 평가할 때 평가활동을 교육용 게임 속에 통합시키는 방법은 학생들의 반성적 성찰을 촉진하는 좋은 방법이다. 예를 들어, 게임을 하는 동안 작성한 반성적인 수필이나, 게임에서 창조된 인공물에 기반한 포트폴리오나, 게임을 하는 동안 내린 의사결정을 타당화하는 보고서는 코스 전체를 평가하는 것의 일부분이 될 수 있다. 나는 학생들이 게임에서의 수행을 직접적으로 평가받지 않게 하는 것이 중요하다고 생각하는 반면에, 다양한 창의적인 평가 활동이 게임의 효과를 보완하고 반성적 성찰을 지원하는 데 사용될 수 있다(이것은 7장에 아주 자세하게 다루고 있다.)고 생각한다.

학습용 디지털 게임 설계하기

게임을 활용한 교육을 하는 이들이 게임을 구하거나 개발하는 데 활용 가능한 몇 가지 방법이 있다. 이 섹션에서는 효과적인 교육용 게임을 만드는 요소와 그러한 게임의 상세명세서 개발 지침을 알아보기 전에, 게임을 구하거나 개발하는 몇 가지 방법을 간략하게 탐색하고자 한다.

불행하게도, 일반적인 교수자들은 상업적으로 질이 높은 맞춤형 게임을 개발하기 위해 필수적으로 알아야 하는 수만 가지에 대해 잘 모르는 것 같다. 그러나 학습용 게임을 구하는 데에는 다양한 방법이 있고, 여기에 주요한 방법들에 대한 간략한 개관을 제시할 것이다(8장과 9장에 더욱 자세하게 논의되고 있다.).

상업적인 오락용 게임 사용하기

이 방법은 학생들이 재미를 느끼고 몰입을 하도록 설계된 고급 게임을 할 수 있게 한다는 점에서 장점을 가진다. 그러나 많은 상업용 게임들이 고가이며, 기대하는 학습결과에 정확하게 일치하는 게임을 찾는 것이 어려울 수 있다.

기존의 게임 수정하기

요즘 몇몇 게임은 새로운 스토리라인이나 영역을 확장시킬 수 있도록 추가적인 구성을 할 수 있는 개발 엔진과 함께 출시된다('모딩[modding]'이라고 불림).

교육용 게임 사용하기

상업적으로 판매되고 있는 교육용 게임들이 있다. 이것은 여전히 고가이며,

학습자나 교육과정의 요구사항에 정확하게 일치하지 않을 때 이를 원하는 대로 바꾸기 어려운 경우가 종종 발생한다.

가상 세계 사용하기

최근에 학습을 위해 세컨드 라이프(Second Life)와 같은 다중사용자 가상 환경(MUVEs)의 사용이 급증하고 있다. 비록 많은 사람들이 이러한 가상 세계가 기술적으로는 게임이 아니라고 하지만, 상호작용적이고 탐색적인 학습 환경을 만들어 낼 수 있는 잠재력 때문에 학습용 게임을 얻는 방법에 포함시켰다.

맞춤형 게임 개발하기

이 방법은 특정 학습내용과 학생들을 위한 학습목표를 게임의 목표와 거의 일치시킬 수 있도록 게임을 설계할 수 있다는 점이 장점이다. 기술적으로 전문성이 요구되는 반면에, 게임 개발을 위해 사용할 수 있는 도구들이 증가하고 있다.

게임 개발자로서의 학습자

학생을 게임의 플레이어로 여기는 (또는 콘텐츠의 소비자로만 보는) 동시에, 학생들이 스스로 게임을 개발하고 만들어 내면서 배울 수도 있다고 볼 수 있다. 게임을 쉽게 개발할 수 있는 도구와 쉽게 수정할 수 있는 엔진은 학습자가 게임을 개발하면서 배운다는 관점을 더욱 현실적이게 하지만, 여전히 학생들이 게임을 개발하기 위해서는 어느 정도의 기술 수준과 설계 전문성이 요구된다.

이 섹션에서 제시된 것처럼 학습용 디지털 게임을 생산하기 위한 수많은 방법이 있지만, 예산과 개발 전문성이 제한적인 고등교육의 맥락에서는 주어진 교수 상황을 위한 완벽한 게임을 얻는다는 것이 결코 가능할 것 같지 않다. 근본적으로, 학습을 위해 디지털 게임을 사용하는 것은 매우 실용주의적 관점에서 보아야 하며, 그래서 게임을 독립된 하나의 활동으로 인식하기보다는 학습 활동들의 일부분으로 활용하는 것이 중요하다고 생각한다.

주어진 교수 상황에 어떤 유형의 게임이 적절한지를 결정할 때, 고려해야 할 수많은 요인이 있다. 게임이 유용하고 적절한지 그렇지 않은지는 학습자의 유형과 그들의 배경, 경험, 기호에 달려 있다. 그리고 그것은 학과목의 특성과 교육과정과 교사의 전문성 또는 게임 개발팀에 영향을 미친다. 이러한 요인들은 주어진 상황에서 가장 적합한 게임이 무엇인지를 결정하게 된다.

여러분이 원하던 게임을 얻는 방법에 대한 아이디어가 생겼다면, 간단한 게임 설계명세서를 작성해 보는 것이 좋다. 그리고 그 설계명세서는 필요로 하던 게임을 개발하거나 얻는 시발점으로 사용할 수 있다. 이 장의 끝에 게임 설계명세서의 예를 제시하였다. 그리고 그 명세서에는 당신만의 게임을 개발할 때 해야 할 활동이 포함되어 있다. 그러나 그전에 효과적인 게임 설계에서 해야 할 실천사항이 무엇인지 간략하게 살펴보고 싶다. 그리고 이것은 게임 명세서의 다양한 측면을, 그리고 이것을 다루는 방법에 대해 생각하게 할 것이다.

학습을 위한 효과적인 게임 설계

이 섹션에서는 학습을 위한 게임을 효과적으로 설계하는 방법에 대하여 저자가 연구한 결과를 살펴보고자 한다. 먼저, 일련의 준거들을 소개하고자 한다. 이 준거들은 고등교육 상황에서 학생들의 학습을 위한 게임을 개발하고 특정 게임의 학습 잠재성을 평가하기 위해 만들어졌다. 이 준거들은 학생들이 적극적으로 학습하게 하는 관점에서 게임 설계를 위한 하나의 구조를 제시하지만, 처방적인 목적으로 만들어진 것은 아니다. 그리고 훌륭한 교육용 게임 중에는 여기에 제시된 준거들 중 하나 이상을 고수하지 않은 것도 많다. 이 준거들은 기존의 교수설계 지침들과 현재 인기 있는 오락용 게임을 분석한 것을 같이 검토하고 종합하여 개발하였다.

- 게임 환경은 학생들의 탐구, 문제해결, 질문을 북돋움으로써 적극적인 학습을 지원하여야 한다. 학생들이 협력을 할 기회가 가능한 많이 제공되어야 하고, 게임의 목적은 학습목표와 일치해야만 한다.
- 게임 환경은 명확하고 성취 가능한 목적을 제공하고, 고도의 상호작용으로 탐색될 수 있는 드넓은 세계를 제공하고, 다양한 게임 경로와 게임을 성공적으로 할 수 있는 다양한 방법을 통해 학생들이 몰입하게 해야 한다. 게임의 세계는 사용자들의 호기심을 자극하고 적당한 도전감을 주고 게임의 환경을 제어하도록 한다.
- 게임 속 세계는 학습하는 맥락에 적절해야 한다. 학습의 맥락에서 게임이 교육과정과 평가에 꼭 맞아야 하며, 그렇지 않더라도 적어도 관련성은 있어야 하고, 교과 영역에 적절하고, 필요한 시간도 맞추어야 하고, 게임을 하는 학생들과 관련이 있고 그들이 수용할 수 있는 것이어야 한다.
- 게임의 환경이나 게임과 관련된 활동은 반성적 성찰의 기회를 지원하고, 학생들이 게임으로부터 디브리핑하고 그들의 학습을 맥락화하도록 허용하고 학습의 과정을 강조하고 살려 내야 한다.
- 게임 환경은 해당 게임과 이와 유사한 게임에 관한 사용자들의 선험적 지식과 경험이 모두 다르다는 것을 고려하고 조정하여 모든 사용자에게 공평한 경험을 제공해야 한다. 이상적으로는 게임을 하는 모든 학습자에게 개인화와 커스터마이징을 가능하게 하고 공평한 학습기회를 제공해야 한다. 학습자들의 개인별 학습성향에 맞출 수 있도록 교육적인 접근 방법들

이 대안으로 마련되어야 한다.

- 게임의 환경은 초기의 오리엔테이션에서부터 학습자가 초기에 가장 **빠르**게 달성할 수 있는 최초의 임무까지 복잡도를 점차 증가시켜 단계적인 안내와 지속적인 지원을 제공할 필요가 있다. 게임을 통해 플레이어들이 자신의 역량을 최고조로 발휘할 수 있도록 해야 한다.

이 지침들이 함축하고 있는 것은 협력적인 학습은 모든 학습의 필수요건이라는 것이다. 나는 고등교육에서는 우수한 개별 학습 사례가 많은 만큼 협력적 학습이 모든 고등교육에 적용될 수 없다는 것을 알고 있다. 협력을 이러한 지침에 추가하는 이유는 협력하기 위해 필요한 잠재적인 능력이 무엇인지 확인하고자 함이다(만일 당신이 협력이 적절하지 않다고 결정하더라도). 기계적인 암기나 설명하는 방식은 복잡한 기술과 능력을 개발하는 학습에 효과적일 수 있으며, 의학이나 공학 수업에 많은 사례가 있다. 그러나 나는 컴퓨터 게임이 고등교육에서 협력적인 학습을 자극하기 위해 탁월한 장을 제공한다고 주장한다. 그리고 다른 사람들과 같이 무엇인가를 하는 것은 효과적인 학습경험을 창출하는 데 엄청난 잠재력을 가지고 있다.

이 지침들은 또한 반성적 성찰이 모든 고등교육 학습활동의 필수조건이라고 가정하지만, 이것 또한 실제로는 그렇지 못하다. 그러나 반성적인 방식을 강조하는 것은 중요하다고 생각되며, 그것은 컴퓨터 게임기반학습에서 종종 무시되는 영역이기도 하다.

복잡한 상호작용적인 세계를 창조하기 위해서는 게임이라는 매체에 몰입하여 참여하게 하는 내용과 활동을 개발하는 코스 설계자가 가진 수준의 능력을 가져야 한다는 것을 의미하며, 그런 능력을 가진다는 것이 항상 가능한 것도 아니다. 그러나 '상호작용적인 세계'는 컴퓨터를 사용하고 있을 때만을 말하는 것이 아니며, 실세계에서도 상호작용을 설계할 수 있는 가능성이 항상 존재한다.

이러한 지침들이 구성주의 관점으로부터 나온 것임에 반해, 게임은 성인교육, 더 나아가 고등교육, 성인과 지역사회 교육, 협동적 훈련의 영역, 군사훈련의 교수 도구로서 효과적으로 사용될 수 있다. 예를 들어, 가장 많이 즐기는 기능성 게임(serious game)은 미군을 모집하는 게임으로 1,700만 번 다운로드되었다(흥미롭게도, 어떤 사용자들은 반전 시위를 위한 자기표현과 포럼 환경을 만들기 위해 이 게임의 사용을 반대함에도 불구하고). 그러나 나의 관심은, 고등교육에서 게임이 가지는 실제적인 잠재력을 구성주의 학습환경으로 게임을 보는 관점에 있다.

게임 콘셉트 명세서 개발하기

학습을 위한 새로운 게임을 활용하는 것에 대해 생각하기 시작할 때마다, 게임 콘셉트 명세서를 초기에 완성하는 것은 매우 도움이 된다. 게임 콘셉트 명세서는 내 생각과 아이디어를 한곳에 모아서 내가 활용하고자 하는 것이 무엇인지 명확하게 해 준다. 만일 다른 사람들과 같이 작업하고 아이디어를 서로 교환해야 할 경우라면 이러한 문서는 매우 유용하다. 〈표 6-2〉는《타임캡슐》이라는 게임의 콘셉트 명세서를 보여 주고 있다.

콘셉트 명세서의 목적은 초기의 생각들을 종이에 그대로 작성한 후 생각을 명확히 하는 것이다. 그리고 스스로 게임을 개발하려고 한다면 콘셉트 명세서는 게임 속에 개발되어야 할 필요가 있는 세부적인 기능명세서를 작성하는 근거로 사용된다. 콘셉트 명세서를 통해 어떤 유형의 게임을 개발하고자 하는지, 개발할 게임의 장르는 무엇인지, 게임 서사구조의 배경과 게임을 하는 동안 플레이어가 수행할 활동 유형이 무엇인지를 생각해 볼 수 있다. 게임에서 협력적 활동과 반성적 성찰이 촉진될 수 있는 방법과 그것을 둘러싸고 있는 활동을 묘사하기 위해서 콘셉트 명세서를 초기에 작성하는 것이 유용하다.

〈표 6-2〉《타임캡슐》의 콘셉트 명세서

학습목표	• 다른 사람과 성공적으로 의사소통을 할 수 있다. • 성공적으로 함께 게임하고 효과적인 결정을 내릴 수 있다. • 효과적인 그룹을 만드는 요소를 파악할 수 있다.
장르	• 다중사용자 전략/협상 게임
간단한 설명	• 다중사용자 온라인 게임에는 플레이어들이 캐릭터의 역할을 선택하고 다른 플레이어들과 타임캡슐에 넣을 아이템에 대해서 협상해야만 한다.
구성	• 네 명의 지역 고위관리는 그 지역을 대표하는 아이템 여섯 개를 선택해서 타임캡슐에 넣어야 한다. 각 캐릭터는 목표와 기호가 다르다.
게임 활동	• 개인적인 요구를 고려하여 다른 플레이어들과 의사소통하기 • 그룹의 모든 플레이어가 동의하는 의사결정하기 • 아이템의 수는 제한되고 각 아이템을 얻기 위해서는 비용을 지불해야 할 것이다. 그룹은 어떤 아이템 수집에 동의해야 하고 예산의 범위 내에서 아이템을 수집해야 한다.
제약사항	• 게임은 최대 45분 동안 실행될 수 있다. • 게임은 싱글 플레이로 실행될 것이다. • 게임은 컴퓨터실에서 실행될 것이다.
협력	• 플레이어들은 온라인에서는 소그룹으로 게임을 하지만 실제로 동일한 장소에서 게임을 한다.
반성적 성찰	• 플레이어는 게임의 마지막에서 반성적 성찰 활동을 할 것이다. • 플레이어는 게임을 하는 동안 나눈 대화들을 다시 읽어 볼 수 있다.

이 단계에서는, 여러분이 가진 아이디어들이 여전히 모호할 수 있다. 필요한 게임을 찾거나 개발할 때 모호한 아이디어들을 명확히 할 많은 시간이 있을 것이다. 이 단계에서는 생각을 수집하고 가능성을 보는 방법으로서만 콘셉트 명세서를 보아야 한다.

콘셉트 명세서를 작성하는 목적은 게임에 대한 아이디어를 종이 위에 적고 생겨날 수 있을 문제들을 생각하는 것이다. 만일 이 단계에서도 여전히 아이디어가 모호하더라도 걱정하지 말라. 그리고 콘셉트 명세서를 작성하는 것은 이 단계에서 독자의 아이디어를 진행시키는 데 매우 도움이 된다는 것을 알 수 있다. 왜냐하면 여러분의 생각을 여러분의 동료에게 넘겨 줌으로써 아이디어를 발전시킬 새로운 관점을 얻을 수 있기 때문이다.

나는 여러분이 이 장을 읽고 난 후에 학습을 위한 게임을 설계하는 첫 단계를 어떻게 시작해야 하는지에 대해 좋은 아이디어를 가지게 되길 바란다. 그리고 여러분이 선정해서 사용한 게임이 진정 여러분이 필요로 하던 게임이라는 것을 확신할 수 있기 때문에 게임을 새롭게 개발하지 않고 기존의 상업용 게임을 사용한다고 하더라도 이러한 설계를 하고 초기 명세서를 작성하는 과정이 여전히 필요하다는 것을 알게 되길 바란다. 8장과 9장에서는 게임을 구하거나 개발하는 그다음 단계에 대해 알아보고자 한다. 다음 장에서는 게임을 하는 동안에 발생하는 학습을 평가할 수 있는 다양한 방식에 대해서 주로 살펴보고자 한다.

활동: 게임 콘셉트 명세화하기

만일 이전 장에서 하던 맥락 분석 활동과 이 장에서 하던 학습목표를 게임 활동에 결합시키는 일을 완료하지 못하였다면, 이 활동을 하기 전에 먼저 그것들을 완료하기를 바란다.

앞에서 예로 든 게임 콘셉트 명세서로부터 질문들을 활용하는 것은 학습 맥락에서 활용할 수 있는 게임의 개념을 어떻게 명세화할 것인지에 대해서 생각하기 위해서 약간의 시간이 걸린다.

학습 맥락 분석과 학습목표를 게임 활동에 결합시키는 것이 게임기반학습을 통해 달성하고자 하는 것과 현재 존재하는 제한점에 대해서 생각하기 위한 유용한 시작점이라는 것을 알게 될 것이다.

6장 요약

이 장에서는 첫째, 교수 설계상의 고려사항에 대해 살펴보았는데, 학습목표와 게임 활동을 일치시키는 것의 중요성, 협력을 지원하는 방식, 반성적 성찰과 게임으로부터 배운 것들을 지원하는 활동들과 같은 학습용 게임 설계의 다양한 측면에 초점을 두었다.

두 번째 섹션에서는 학습용 게임을 얻는 여섯 가지 방법—오락용 게임 활용하기, 오락용 게임 수정하여 활용하기, 교육용 게임 활용하기, 가상 세계 활용하기, 학생을 게임 개발자로 보기—에 대해서 간단히 소개하였다.

그러고 나서 효과적인 학습용 게임 설계를 위한 여섯 가지 설계 지침을 제시하였다.

- 적극적인 학습 지원
- 몰입시키기
- 학습 맥락에 적절해야 함
- 반성적 성찰의 기회 제공
- 적절한 경험 제공
- 지속적인 지원 제공

이 장의 마지막에는 게임의 콘셉트 명세서의 한 예를 제시하면서 마무리하였다.

학습에서 디지털 게임의 영향 평가

07

 이 장에서 나는 두 가지의 다른 관점에서 학습에서 디지털 게임의 영향 평가와 관련된 문제를 논의한다. 첫 번째 섹션은 게임이 어떻게 공식적으로 평가될 수 있는지와 평가를 수행하기 위한 적절한 방법에 대해 살펴본다. 두 번째 섹션에서는 학습의 효과에 대해 연구하고 평가될 수 있는 방법에 대해 살펴본다.

게임의 활용이 교육과정에서 공식적인 평가 방법의 한 부분으로서 구성되어 있든지 아니든지 간에 이것은 학생들이 게임에 참여하고 그것으로부터 학습에 상당한 영향을 미칠 수 있다. 이 장의 첫 번째 섹션에서는 디지털 게임을 통한 학습을 평가하는 데 실재하는 여러 방법을 살펴보고 그것들의 의미에 대해 생각한다.

평가는 학생의 발달 정도에 대해 평가하는 수단이 되는 것 이외에도 학습을 위한 디지털 게임의 활용에 대한 성공 여부를 확인하는 데도 유용하다. 고등교육의 교수 방법이 비교적 여전히 새롭고 입증되지 않은 것을 감안하면 디지털 게임의 활용에 대한 연구 활동을 수행하는 것이 중요하다고 생각한다. 디지털 게임의 효과에 관한 연구 증거들은 제한되어 있어서 그 사용을 입중할 수 있는 자료를 모으는 것은 연구와 전문가 집단에게 있어서 총체적으로 유용할 뿐만 아니라, 자신만의 교수 기술을 알리는 것과 그 외 특정 게임의 활용 측면에서 그 이후 반복적인 향상으로 이끌 수 있다는 점에서도 그러하다.

이 장의 두 번째 섹션에서는 학습평가와 참여의 방법에 대해 논의하기에 앞서 학습을 위한 디지털 게임 연구를 수행하기 위한 이론적인 근거에 대해 논의한다.

디지털 게임에서 학습의 평가

게임 평가 여부와 방법은 어떻게 학생들을 게임에 참여하게 하는가에 영향을 미칠 것이다. 학생들은 널리 알려진 평가의 중심이며, 교육과정에서 형성평가와 총괄평가의 부분으로서 게임 활동을 적용하는 것은 학생들을 참여하게 하는 하나의 확실한 방법이다. 그러나 게임에서 전수받은 학습 보조 도구로 적절한 평가 활동을 계획하는 것은 항상 간단하지만은 않다. 학습목표와 게임 활동, 평가 활동 사이의 일치된 개념은 여기에서 또한 중요하다.

교육과정 전반에 걸쳐 게임의 중요성과 평가 변경에 대한 범위 설정과 같은 많은 요인에 따라 특정 게임에 대한 평가를 결정하거나 그렇지 않을 수 있다 (대학에서 학습활동을 변경하는 것은 빈번한 일인 반면에, 평가 방법의 변경은 교육기관의 질 향상을 위한 일종의 절차가 필요하여 많은 시간이 소비되는 일이다.). 만약 새로 도입된 게임을 사용한다면 불편함을 느낄 수 있으며 새로운 평가 방법을 생각하게 될 것이다. 그러나 평가 방법이 주어진 활동과 요구되고 있는 학습에 있어서 적합하도록 수정하는 것은 중요하다. 예를 들어, 학생의 전반적인 교육과정이 비판적 사고 능력과 분석적 기술을 발달시킬 수 있는 활동적인 게임에 몰두하도록 진행된다면 개념의 암기를 요구하는 선다형 시험은 적절하지 않을 것이다.

　만약 이것이 목적이 되고 학생들에게 적절하다고 보이며 학생들이 학습경험에 참여하도록 고무시킬 수 있다면 게임이 평가되는 방식은 매우 중요하다. 나는 전체적인 평가에서, 학습자의 성취를 게임에서의 성취 결과와 연관시키지 않는 것이 매우 중요하다고 생각한다. 여기에는 두 가지 이유가 있는데, 첫 번째는 게임에서의 저조한 성취 결과가 학생이 이 과정에서 학습하지 못했음을 반드시 의미하는 것은 아니기 때문이다. 안전한 환경에서 실수를 하고 그것들로부터 스스로 배우는 것은 게임을 통한 학습의 주요 장점 중 하나인데, 게임의 성취와 직접적으로 연관시켜 평가하는 것은 이러한 이점을 부정하는 것이다. 두 번째로 게임에서의 저조한 성취 결과의 원인이 가상 세계를 탐색하는 것에 대한 불능, 또는 게임 장르에서의 경험 부족과 같은 다른 요소들로 인한 이유일 수 있다. 이런 경우, 게임 활동의 경험이 더 많은 사용자는 경험이 부족한 사용자에 비해 편파적인 이익을 얻을 것이다.

　즉, 전반적인 교육과정 평가 방식은 게임에 관한 의지력은 물론, 과정 전반에서 게임의 탁월함에 따라 달라진다. 만약 언급한 경우와 같은 상황에서 수행하게 된다면, 그 영향 그리고 그 관계를 고려하여 전반적인 평가에서 게임에 기반을 둔 전체 과정의 비중은 적게 반영될 것이다. 게임을 통한 학습은 평소에 넓고 다양한 방법으로 고등교육에서 평가될 수 있으나 만약 평가 방식이 게임 자체와 연관되고 전후 관계에 맞으며 게임에 참여할 수 있도록 한다면 더욱 의미 있고 의의가 있을 것이다. 다음은 디지털 게임을 활용한 구체적인 평가 방식의 몇 가지 예시다.

- 다뤄지는 활동과 의사결정, 의사결정의 결과에 대한 중요한 분석자료 또는 게임의 최종 결말에 근거를 둔 사후 계획에 대한 보고
- 게임 내에서 역할을 사용한 게임의 측면에 대한 소개(비즈니스 게임에서는 결정에 대한 이론적 근거를 설명하는 이사회에 그룹 프레젠테이션을 만드는 것

을 포함할 것이다.)

- 인위적 구조에 기반을 둔 창작과 게임에서 생동감 확장(포스터, 디지털 비디오, 오디오, 그래픽)
- 토론 게시물은 그것들의 기여와 전문적인 참여, 게임에 대한 반영에 대해 검토 평가
- 제휴하는 웹사이트, 사용도구 예를 들면 블로그나 위키 같은 사용도구는 학생들이 다루는 활동과 게임에서 학습을 진행 중인 기록으로 만들어 함께 학습할 수 있도록 격려
- 게임에서 활동과 관련된 서사구조(성격묘사, 배경 이야기, 사후 각본)
- 게임에서 다루는 활동이 반영된 평가와 이것으로부터 얻을 수 있는 학습
- 게임 활용과 의사결정, 창작된 결과물, 결과와 학습에 대해 세부적으로 기록된 포트폴리오

게임기반학습에 대해 적절한 평가를 계획하는 것은 창의력과 실제세계에 이를 적용함으로써 게임에서 습득한 기술을 발전시킬 수 있는 기회다. 게임에서 일어나는 학습활동의 유형에 적절한 평가 방식이 고려되어야 한다. 그래서 이것은 단지 학습을 평가하는 방법이 아니라 종합적인 학습경험의 일부분이다. 게임기반 교육과정 방식에 대한 예시는 사례연구 2, 3 그리고 5에서 제공된 실제 문제로 평가해 볼 수 있다.

나는 평가가 단순한 측정활동이 아닌 학습활동 자체로 보아야 한다고 생각한다. 이는 전체 게임을 바탕으로 경험을 확장하는 데 사용되도록 강화하는 역할을 한다. 게임과정 동안에 소규모 형태의 많은 평가들을 구성하는 것은 지속적인 참여를 강화하고, 학생들에게 즉각적인 피드백을 제공하며, 실수와 오해한 부분을 조기에 재검토하게 하며 지속적인 지지와 격려를 줄 수 있는 좋은 방법이다.

좋은 사례일 수도 있는데, 대학의 우수한 절차를 따르거나 급조한 게임기반

학습과정을 설계하는 호사를 누린다면, 여러분은 주어진 학습과정에서 단기간에 평가 방법을 변화시킬 기회를 갖지 못할 수도 있다. 그러나 여전히 활동 과정에서 형성평가를 통합하는 기회가 있을지 모른다(만약 그 평가들이 종합적으로 최종 목표[기준]에 기여하지 못하여 학생들의 참여를 확보하는 것이 비록 어렵다 하더라도).

🤖 **활동: 평가 활동 설계하기**

만약 당신이 기록한 게임 활동과 학습목표에 대한 6장의 첫 번째 활동을 끝내지 못했다면 이 활동을 시작하기에 앞서 그것을 먼저 마무리 지을 것을 제안한다.

당신의 결합과정에서 나열된 각각의 목표들이 현재 평가될 수 있는지 고려한다. 만약 이미 평가된 활동들이 당신이 하고자 하는 게임에 있어서 적절한 방법인가?

게임 플레이에서 통합하여 평가할 수 있는 그 밖에 더 나은 방법이 있다고 생각하는가?

디지털 게임을 통한 학습연구

여기서는 디지털 게임을 통한 학습이 연구 목적을 위해 평가되는 방식을 살펴보기로 한다. 나는 먼저 모든 유형의 교육적인 혁신, 게임기반, 그 밖의 모든 방식에 대한 연구를 수행하는 것의 중요성에 대하여 말하고자 한다. 왜냐하면 어떤 변화나 중재의 효과에 대한 평가를 해야 할 필요가 있기 때문이다. 특히, 디지털 게임기반학습은 고등교육의 배경에 있어서 수용성과 타당성에 대한 논쟁이 이루어지고 있는 상태다. 그리하여 전문직 종사자들은 자신들이 하는 것에 대해 정당함을 입증하고 신제도가 성공적이었는지에 대한 증거를 제시하는 것이 가장 중요하다. 연구방법의 효과에 관한 증거는 여전히 제한되어 있는데 그 이유는 강화한 교수와 학습이 타당한 방법이 아니었기 때문이 아니라 다만 그 분야에서 확실한 연구 증거가 부족하기 때문이다(de Freitas, 2007).

고등교육에서 학습을 위한 디지털 게임의 활용에 대해 평가하는 것이 가장 중요하다고 생각하는 데는 두 가지 이유가 있다. 첫 번째로 연구 평가는 학습과 학생의 진척사항, 실제에서의 학습의 적용, 학생의 경험과 동기부여를 포함하여 그 분야의 범위 내에서 새로운 교수방법에 대한 효과를 보여 주기 위해 사용될 수 있다. 평가가 이루어지지 않고서 게임이 성공적이었는지 이야기하거나 효과성에 대한 증거를 제공하는 것은 불가능하다. 두 번째로 여러분이 시행한 게임의 효과성에 대한 조사는 게임기반학습 프로그램 분야가 잘 시행되고 있는지, 성공적인지 이를 수정하여 미래에 게임 활용성을 향상시키기 위한 검증 수단이 된다.

콘놀리와 그의 동료들(Connolly et al., 2008)은 이 분야에 있는 포괄적인 조사 보고서를 재검토하여 게임기반학습의 평가를 위한 구조를 제시하였다. 그들은 게임기반학습의 효과성을 측정하기 위해 검사해야 하는 일곱 가지 측면을 제안하였다.

- 학습자 수행: 학습이 일어나며 학습자의 수행향상 여부
- 동기부여: 게임에서 학생의 동기, 흥미와 참여 수준
- 인식: 시간경과에 따른 경험, 게임의 현실성, 복잡성의 정도, 제공된 지지와 게임에서 인지된 숙달 수준과 같은 분야에 관련된 학생의 관점
- 태도: 과목 자체와 과목 내에서 학습에 대한 게임 활용에 대한 학습자와 교사의 느낌
- 협동: 협동의 균형과 효과(콘놀리와 그의 동료들은 이것은 선택적이며 게임설계에 있다고 주장한다. 나는 성인의 학습 맥락에서 게임 협동은 학습설계에 있어 중요한 부분이라고 생각한다.)

- 선호: 학습자와 교사의 성향. 예를 들면, 다른 학습 스타일 또는 상호작용 모델
- 게임기반 학습환경: 환경 설계, 스캐폴딩(scaffolding)의 사용, 사회적 실재의 유용성 수준과 게임이 활용되는 방법과 같은 게임 자체와 관련된 요소

이 구조는 연구될 게임기반학습의 효과성에 대한 구성요소 양식에 대한 뛰어난 개요를 제공한다. 1장의 나머지 부분에서는 첫 번째 조사된 목록에서의 여섯 가지 항목의 방식에 대해 고려해 본다. 게임기반 학습환경과 관련된 쟁점들은 10장에서 논의하도록 한다. 여기서 저자는 먼저 교육연구(또는 학습자 성취)에 대해 살펴보고, 두 번째로 학생 경험(동기, 인식, 태도, 협동과 선호와 같은 문제들)을 연구하기 위한 방법을 살펴본다.

교육연구

연구의 한 단원으로부터 학습 정도를 평가하는 일반적인 방법은 그 단원의 평가를 통한 것이다. 그러나 많은 게임기반학습의 경우에 이것은 종종 불가능한데 게임으로부터의 학습은 즉각적인 평가가 이루어지지 않고, 학습목표에 있어서 훨씬 크고 전체적인 집합에서 작은 부분으로 이루어졌기 때문이다. 만약 컴퓨터 게임이 단지 한두 번 정도의 수업으로, 또는 전반적인 교육과정에 있어서 하나의 작은 부분으로만 활용된다면 이러한 방식으로 평가되는 총체적인 교육과정 평가에 있어서 충분한 영향을 미치지 않을 수 있다.

보다 큰 게임기반 중재의 경우에, 게임은 교육과정 안에 속해 있고, 평가 점수의 분석은 학습을 평가하기 위한 잠재적인 방법이다. 그러나 비교를 위해 근거 없이 게임이 학습하는 데 차이점을 만드는 것인지 아닌지 확실하게 말하는 것은 어려운 부분이다. 예를 들어, 한 해부터 다음 해까지 전반적인 성적의 평점 또는 다른 교수 방법을 사용하는 두 그룹 간의 차이를 비교함으로써 결

과를 얻을 수 있다. 그러나 게임과 대안적인(전통적인) 교수 방법의 학습목표들이 동등한 관계이며 시간이 지나도 비교할 수 있다고 가정할 때 가능하다. 다른 방법을 사용하는 두 개의 서로 다른 그룹을 가르치는 경우에는 각 그룹이 유사한 경험(이것은 이 장의 뒷부분에서 다룰 것이다.)을 가지고 있어서 발생하는 윤리적인 문제도 있다.

학습의 장기 기억력 또는 실제 상황에서 학습을 적절히 적용할 수 있는 능력과 같이 여러분이 연구 조사에 관심이 있으나 평가 시 충분히 나타나지 않는 또 다른 학습방식이 있다(또는 의도적이지 않은 학습목표). 이를테면, 문제해결력, 팀워크 또는 절충과 같이 중요함에도 불구하고 학습목표에 포함되지 않고 평가에 반영되지 않을 수 있는 가치 있는 능력 또한 게임기반학습 경험을 통하여 배울 수 있다.

실험적인 설계 연구에서 교육 혁신의 효율성은 게임 전 검사(사전 검사)와 게임 후 두 번째 동등한 검사(사후 검사)를 통하여 측정하곤 한다. 사전 검사와 사후 검사 점수의 차이는 구안된 프로그램의 적용이 학습능력에 어떠한 영향을 미쳤는지를 알 수 있다(또는 대상 그룹에서 대조군을 통해 여러 수준의 학습에 대한 비교 연구의 경우). 이 방법은 게임기반학습에 대한 연구에서 많이 사용되었다. 예를 들면, 에브너와 홀징거(Ebner & Holzinger, 2006)는 화학공학의 이론적인 지식에 대해 평가했고, 캠보리와 그의 동료들(Kambouri et al., 2006)은 기본적인 문해능력을 평가했으며, 성 등(Sung et al., 2008)은 어린이들의 분류개념의 이해능력에 대해 검사했다. 그러나 이 접근방법은 다수의 잠재적인 문제가 있다. 만약 학습목표가 지식기반이고 개념에 대한 암기를 포함하고 있다면 그들은 간단한 시험과 같은 것을 통하여 평가하기 쉬울지는 모르나, 고등교육에서 최상의 게임 사용 결과는 낮은 수준의 학습성과에 초점을 맞출 수 없다고 생각한다. 그러나 높은 수준의 성과는 너무 간단하거나 민첩성을 요구하는 시험에서 나타날 수 없는 통합능력, 평가와 비판적인 사고능력을 포함하는 것이다. 두 시험 사이의 동등성에 대한 문제와(게임으로부터 학습된 것과 이전에 완료한 동일한 시험으로부터 학습된 것 사이에 차이가 있어 이를 구별하는 것은 불가능하기 때문에 동일하지 않다.) 어느 정도 그것들이 같은 어려움이 있는지를 확인하고 학습의 같은 측면을 정확히 평가한다.

사전 검사와 사후 검사의 또 다른 쟁점은 높은 수준의 학습성취와 정서적인 기술을 학습하기 위해 게임이 사용될 수 있고, 이런 종류의 기술들을 위한 사전 검사와 사후 검사를 설계하는 것은 가능하지만 비교 연구를 추진하는 것을 포함해야 한다. 이것 자체는 평가 활동뿐 아니라 학습행동을 함으로써 결과들에 대한 편견을 갖게 할 수 있고, 시간을 소비하게 하고 비현실적으로 관리될 것이다. 또한 (불가능하지는 않지만) 학생들이 이런 종류의 검사를 위한 여가 시간을 포기하도록 설득하는 것도 어려울 것이다. 그들의 파트에 요구된 여분의 일 때문에 사전/사후 검사 모델에 협력하는 학생들을 얻는 데도 어려움이 있다. 예를 들어, 스콰이어(Squire, 2005)는 그의 샘플 그룹의 학생들이 사전 검사를 완료하도록 설득하지 못했다. 사후 검사의 시기 또한 면밀히 설계되어 학습시간을 초과하는 부분에 대한 보존과 다른 맥락에서 학습의 적용을 설명해야 하며, 다시 일정 기간 후에 같은 학생들이 참여하도록 설득하는 것 또한 어려우며, 특히 학생들의 참여 시기가 너무 늦으면 교육과정 설계에 충분한 내용을 반영할 수 없을 것이다.

학습연구의 또 다른 방법은 학생 자기평가를 사용하는 것이다. 그러한 훈련에서 모아진 자료는 확고하지 않은 반면에―이런 종류의 자기평가는 부정확하기로 유명하다―게임기반학습에 참여함으로써 학생들이 학습결과와 상관없이 적어도 일정량의 자료를 모을 수 있게 해 준다. 내가 이런 종류의 자기평가를 사용했을 때 특별한 게임기반활동에 의한 만남이 의도되지 않은, 학생들이 그들의 형식을 완성해 가고 결과의 타당성을 높이는 방법을 평가하는 수단으로서 다른 학습결과들에 관련된 통제 질문을 추가했다.

게임을 통한 학습평가의 다른 방법들은, 특히 고등 수준의 인지능력이 평가되고 있을 때 의사소통 전사 자료의 분석과(예를 들어, 비판적 사고의 증거를 강조, 수평사고, 협력 등), 양적 측정의 범위(예를 들어, 게임을 하며 소비한 시간, 발생한 시점, 도달한 수준 등)를 포함한다. 특히, 고등교육의 학습평가와 관련된 부분에 있어서는 많은 어려움이 있다. 신중한 설계, 구조적인 계열화, 평가들은 필수적이지만, 단지 그것이 교육과정의 필수 부분이든 아니든 간에 게임에서의 학습증거만을 제공할 수도 있다. 평가 점수와 같은 양적인 측정은 그들 자신에게 전체적인 그림을 제공하지 않으므로, 학생들의 게임학습 경험에 관해 더 알아내기 위해서는 질적인 방법(인터뷰와 같은)의 사용이 또한 중요하다.

학생 경험 평가

게임에서 학습을 평가하는 것뿐 아니라, 학생 동기유발, 게임에 대한 인식과 태도, 선호도와 협력적 경험을 포함하는 학습과 관련되어 평가될 수 있는 학생 경험의 다른 측면들이 있다. 여러분은 얼마나 많은 학생들이 게임 사용을 즐기는지와 같은 질문을 볼 수 있다. 예를 들면, 학생들은 게임이 다른 학습방법에 비해 바람직하다고 느끼는가, 다른 학습활동에 비해 보다 적극적으로 참여하게 되는가 등의 질문이다.

학생 경험의 이러한 측면에서 자료를 수집하기 위한 방법에는 설문 조사, 사고방식 척도, 인터뷰, 포커스 그룹, 관찰 등을 포함한 다양한 방법이 있다. 이런 기술들의 세부사항은 교육 또는 사회과학 연구에 관한 어떤 입문도서에서나 쉽게 찾을 수 있기 때문에 여기에서 세부적인 내용을 다루지는 않을 것이다. 그러나 학생들이 특정한 학습방법의 사용을 즐겼는가는 그 방법이 실제로 무엇인가를 학습하는 데 얼마나 효과적이었는가와 반드시 연관되는 것은 아니다.

학생의 경험을 이해(학습 징후를 얻는 것)하는 측면에서 내가 선호하는 접근법은 게임에 대한 학생의 참여를 살피는 것이다. 게임기반학습 경험에서 학생의 참여를 측정하는 것은 학습에 얼마나 효과가 있는지에 대한 통찰력을 얻는 하나의 방법이기 때문에, 학습활동에 더 높은 수준으로 참여하는 것은 그것으로부터 학습이 증가된다는 것을 나타낸다. 잭쿼스 등(Jacques et al., 1995)은 참여적으로 설계된 상호작용은 학습을 격려하고 촉진시킬 수 있다고 주장하였고, 레퍼와 말론(Lepper & Malone, 1987)은 학습을 위한 내재적 동기, 참여 및 교육적 효과가 연관되어 있다는 증거를 제시하였다. 이렇듯 게임에 참여하는 것과 게임으로부터 의도된 학습에 참여하는 것을 구분하는 것은 중요하다. 이상적 측면에서 교육용 게임은 게임의 결과가 학습결과와 보조를 같이해서, 게임 활동에 참여하는 것이 학습을 지원하도록 설계되어야 한다.

교육환경에서 참여 수준을 측정하기 위해 채택되는 가장 일반적인 방법은 설문조사와 과제 해결에 소요된 시간(time-on-task)이나 출석률 측정을 이용하는 것이다(예를 들어, Chapman, 2003). 다른 기술들에는 얼굴표정과 신체 언어의 분석(Hughey, 2002), 관찰(Read et al., 2002), 그리고 과업에 대한 자발적인 참여시간(Virvou et al., 2004) 등이 있다. 학생들에게 경험의 참여 수준을 질문함으로써 특정 학습경험의 참여 수준을 측정할 수 있는 설문지를 개발하였다. 이 설문지는 참여 수준에 대한 절대적인 측정을 제시하기보다는 두 가지 학습경험을 비교하는 데 사용되도록 하였다. 교육용 게임의 사후-경험적(post-experiential) 참여를 측정하기 위한 사고방식 척도(attitudinal scale)를 개발하고 시험하였다. 이것은 학생의 경험을 평가하는 좀 더 양적인 방법에 대해 흥미 있는 사람들을 위한 유용한 도구가 될 것이다.

이러한 범위를 정하기 위해서, 먼저 학습참여의 개념에 기여할 것 같은 요인을 확인하였다. 이러한 요소를 결정하는데, 몰입이론(flow theory: Csikszentmihalyi, 1992)이 중심적인 토대로 사용되었다. 하지만 몰입은 실제로 참여의 극단적인 형태이고 몰입의 상태가 아니더라도 참여할 수 있다는 가정을 하였다. 또 말론(Malone, 1980)의 연구를 활용하면서 도전과 호기심, 통제의 관점에서 학습을 위한 성인의 동기유발에 관한 성인학습이론(Knowles, 1998)을 고려하였다. 즉, 성인들이 그것을 학습하는 데 시간과 에너지를 기꺼이 투자하기 전에 그들이 왜 무엇인가를 배우려고 하는지 알아야 하고, 실제 상황에 효과적으로 대처할 수 있게 무엇인가를 학습에 적용할 준비가 되어야 한다고 주장한다. 이러한 이론들에 덧붙여, 이 책 앞부분에 기술된 인터뷰에서 도출된 결론은 별도의 5개 요소로 이루어졌다고 가정한 게임기반학습의 성인 참여 모델의 근거가 되었다.

- 도전 의식: 활동을 수행할 수 있는 동기, 그것을 수반하는 명확성, 그 일을 완수할 수 있지만 사소한 것이 아니라는 인식
- 제어 지각: 활동의 공정성, 그 환경에서 할 수 있는 활동 형태 이상의 선택 수준, 피드백의 속도와 투명성
- 몰입: 개인이 활동에 열중하는 정도
- 흥미: 활동 또는 그 주제에 대한 개인의 본질적인 관심
- 목적: 학습활동의 가치 인식, 학업의 맥락에서 가치 있는 것으로 볼 수 있는지의 여부

대부분의 경우, 이러한 요소는 분명 게임과 참여 분야의 선행 연구에 연결되어 있다. 그러나 그것은 순수하게 오락(entertainment) 활동에 참여하는 데 반드시 기여하는 것이 아니라는 목적 요인을 강조할 가치가 있다. 내가 수행했던 인터뷰에서 분명히 발견한 점은, 성인학습자는 자신의 학습에서 고도로 전략적이고, 가능한 가장 효과적인 방식으로 배우고 싶어 하며, 바람직하지 않아도 그것이 게임이기 때문에 학습활동에 동기유발이 쉽게 된다는 것이다. 학습을 위한 게임의 목적은 참여의 수준에 확실히 나쁜 영향을 미치는 것 같다. 개발된 설문지는 〈표 7-1〉에 나타나 있다.

이 설문지는 한 활동이 완료된 후에 상대적으로 또 다른 활동에 대한 참여 수준을 평가하는 데 이용될 수 있다. 결과를 분석하고 두 가지 다른 활동에 참여하는 수준을 비교하기 위하여 다음과 같은 단계가 선행되어야 한다.

〈표 7-1〉 **참여 설문지**

* 수행했던 활동에 대해 생각해 보고, 다음 질문에 동의하는 정도를 표시하시오.

	매우 그렇지 않다	그렇지 않다	보통 이다	그렇다	매우 그렇다
활동을 완료하고 싶었다.	☐	☐	☐	☐	☐
활동이 실패할 것이라는 것을 알았다.	☐	☐	☐	☐	☐
활동 목표를 달성할 수 있다고 느꼈다.	☐	☐	☐	☐	☐
활동을 완료해야 한다는 것을 알았다.	☐	☐	☐	☐	☐
활동이 지루했다.	☐	☐	☐	☐	☐
내가 할 수 있는 일인지, 할 수 없는 일인지 분명하지 않았다.	☐	☐	☐	☐	☐
그 활동으로 배울 수 있는 것이 분명했다.	☐	☐	☐	☐	☐
그 활동에 열중했다.	☐	☐	☐	☐	☐
활동에 핵심이 없었다.	☐	☐	☐	☐	☐
이용 가능한 옵션을 탐색하는 데 무관심했다.	☐	☐	☐	☐	☐
활동을 끝내는 방법에 대해 상관하지 않았다.	☐	☐	☐	☐	☐
시간이 빨리 지나갔다고 느꼈다.	☐	☐	☐	☐	☐
활동이 만족스러웠다.	☐	☐	☐	☐	☐
그 활동은 내가 원하는 대로 할 수 있는 것이 아니었다.	☐	☐	☐	☐	☐
내가 한 행동의 효과를 말할 수 없다.	☐	☐	☐	☐	☐
활동을 즐기지 않았다.	☐	☐	☐	☐	☐
내게 주어진 피드백은 유용했다.	☐	☐	☐	☐	☐
시작하는 것이 쉽다고 느꼈다.	☐	☐	☐	☐	☐

- '매우 그렇지 않다=1'에서 '매우 그렇다=5'까지 각 답변에 대한 값을 배정한다(이것은 절대적인 값이라기보다는 상대적인 등급이다. '매우 그렇지 않다=-2'에서 '매우 그렇다=2'까지와 같은 방식으로도 배정할 수 있다.).
- 부정적인 항목(예를 들어, '내가 한 행동의 효과를 말할 수 없다.')의 경우는 이 점수를 역산한다.
- 활동 참여에 대한 값을 얻기 위해 전체 점수를 더한다.

다른 활동이나 다른 사람에 대한 상대적인 참여 점수를 비교할 수 있다. 이 것이 통계적으로 유의미한지 시험해 보기 원한다면 적절한 비모수 테스트 (non-parametric test)를 사용해야 하며, 이 경우에 맨-휘트니 테스트(Mann-Whitney test)를 제안한다(나는 통계에 근거한 세부 내용을 다루지 않겠지만, 여러 분이 관심 있다면 이 연구를 직접 시행해 보길 바란다. 연구를 위한 통계에 대한 대부 분의 입문서적에서 자세한 내용을 찾을 수 있을 것이다.).

 활동: 다른 활동을 하는 동안 여러분의 참여 비교하기

　이 책의 서문에서 서술된 예 중에서(또는 원한다면 다른 게임에서)　당신이 가장 선호하고 최소한 좋아하는 게임을 선택한다.
　각각 20분 동안 이 게임을 하고, 각 게임을 끝마친 후에 당신의 경험에 대하 여 앞의 설문지를 완성해 본다(각각의 게임 후에 직접 설문 조사를 완료).
　다른 게임보다 하나의 게임에 더 열심히 참여했다고 생각하는가?
　각 게임에 대한 참여 점수를 계산한다. 거기에 차이가 있는가?

　다른 시간에, 다른 참가자들이 수행한 서로 다른 활동을 실천하는 것을 포 함해서 이 활동을 완료함으로써, 2개의 활동 사이에서 참여를 측정하는데, 이 때 설문지가 어떻게 이용되는지 긍정적으로 살펴볼 수 있다. 이러한 참여 수 준에 대한 측정이 학습용 게임의 영향을 평가하는 하나의 방법으로서 질적 자 료 수집과 분석 방법(예를 들면, 인터뷰나 포커스 그룹)을 대체해야 한다고 말하 지는 않지만, 추가적인 양적 방법을 제공한다.

교육연구 윤리

이 장을 끝마치기 위해, 교육에서 연구를 수행할 때 발생하는 윤리적인 문제의 일부를 간단히 살펴보고자 한다. 평가의 일정한 형태나 연구 활동에서 윤리적인 영향을 고려하는 것은 중요하다. 특히, 게임기반학습을 평가하는 것과 일반적인 학습 중재 사항과 관련된 윤리적인 문제를 고려하기 위해 논할 가치가 있다.

연구에 있어서 모든 참여자가 자발적으로 연구에 참여하고 해당 분야에 정통하는 것은 중요하다. 연구에 대해 충분히 정보를 알고 참여하는 것은 참여자의 권리이며 이러한 측면에서 정보를 허위로 진술하거나 거짓말을 해서는 안 된다(가끔 속임수가 연구를 위해 필요할 수도 있지만). 만일 이러한 활동이 교육과정의 일반적인 학습활동의 일부인 경우 게임기반학습 경험 자체의 '자율적인 선택권(opt out)'을 학생들에게 허용하지는 않지만, 그들이 원하지 않으면 어떤 평가와 관련된 활동에 참여하지 않을 권리를 항상 가지고 있는 것이다. 학생들은 강요당하지 않고 스트레스를 받거나 불쾌한 상황에 놓이지 않을 권리를 가지고 있다. 비록 이러한 가능성이 분명하더라도, 평가에 참여하지 않는 것이 교육과정 이수에 영향을 주는 것은 물론 좋지 않은 인상을 줄 수도 있다.

따라서 참여자의 개인 정보를 보장하는 것이 중요하다. 익명성, 기밀성 및 데이터 보안 문제를 취급하는 방법을 충분히 고려하는 것과 참여자들이 연구에 참여하는 데 동의하기 전에 이러한 문제를 인식하는 것이 중요하다. 이것은 연구에서 발견한 점들을 얼마나 유용하게 활용할 것인지 고려할 때 분명해질 것이다. 다시 말해, 학생들과 의사소통이 충분히 된 상태에서 자료를 수집하고 자료를 사용할 계획이 무엇인지 아는 것이 중요하다. 예를 들어, 인용을 제공한 학생의 분명한 동의 없이 마케팅 자료의 부분으로서 평가 목적을 위해 설문조사 형태로 의견을 수집하고, 인용하는 것은 비윤리적일 수 있다.

평가에 참여하기 위해 열중하는 학생들과 연구 활동은 나의 연구에서 만나게 되는 곤란한 분야 중 하나다. 일부의 경우 특히 평가하는 데 긴 시간이 걸리면, 참여하는 학생에게 수당을 지불하거나 다른 종류의 인센티브 제공이 필요할 수도 있다. 그 자체로 비윤리적인 측면은 없지만, 참여 옵션에 대한 요구는 정당하고 학생이 연구자가 발견한 사항을 한쪽으로 치우치지 않게 하면서 수당을 받는다는 사실을 확실히 하는 것도 중요하다.

비교 연구(예를 들어, 당신이 두 개 이상의 다른 조건에서 학생 간의 차이를 평가하는)의 경우에는 참여자에게 이 연구에 참여하는 것이 해가 없다는 것을 인식시키는 것이 중요하다. 이것은 연구에서 두 집단을 둔 실험 조건 프로그램을 사용할 때 특히 관련이 있다. 예를 들어, 일부 학생들이 전통적인 방식으로 배웠고 다른 학생은 게임기반학습을 사용했을 때다. 만약 연구자가 다른 것보다 더 나은 하나의 방법을 생각하여 한 집단에게 프로그램을 투입한다면 또 다른 조건에 있는 학생들은 불이익을 받는다. 그들이 선호하는 방법에 따라 학생들에게 선택권을 준다면 윤리적 문제가 해결되지만 이는 연구 설계의 실효성이 타당성이 없음을 의미한다.

고등교육에서 게임기반학습의 사용과 관련된 실제적인 문제는 이 책의 마지막 장에 기술되어 있다. 다음 파트에서는 기술(technology)에 초점을 맞출 것이며, 디지털 게임을 선정하거나 개발하는 몇 가지 방법을 평가하고, 평가 결과에 따라 발생하는 기술적 고려사항의 범위를 살펴볼 것이다.

7장 요약

이 장에서는 디지털 게임에서 일어난 학습을 평가하는 여러 가지 방식을 살펴보았다. 또한 정규 평가의 시각에서부터 게임의 효과에 대한 연구까지 자세히 살펴보았다.

학생 경험을 평가하는 방법으로 참여를 이용한 이론적 근거가 제공되고, 다섯 가지—도전 의식, 제어 지각, 몰입, 흥미 및 목적—요인을 근거로 하여 게임기반 학습의 참여 정도를 평가하기 위한 설문지가 제시되었다.

마지막으로, 윤리적인 문제를 강조했고 자발적인 정보에 근거한 동의, 개인 정보, 참여자 권리, 데이터의 사용, 지불 및 비교 연구 등을 논의했다.

읽을거리

M. Densombe (2002). *Ground Rules for Good Research: A 10 Point Guide for Social Researchers.* Maidenhead: Open University Press. 교수−학습에서 연구를 수행하고자 하는 사람들에게 이해하기 쉬우며 추천할 만한 책이다.

C. Robson (2002). *Real World Research.* Malden, MA: Blackwell. 연구를 위한 입문서로서 추천하는 책이다.

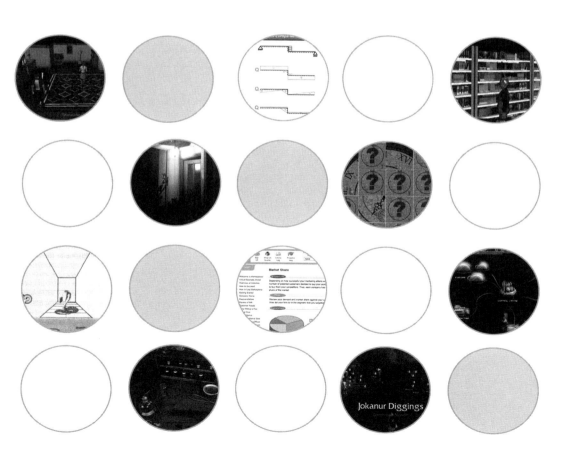

학습을 위해 기존 디지털 게임 활용하기
08

이 장에서는 고등교육의 교수–학습을 지원하기 위해 상업용 게임과 가상 세계를 활용하는 다양한 방법에 대해 논의하고 있다. 그리고 오락을 위해 개발된 게임과 교육을 위해 개발된 게임의 차이점을 조사하고, 게임을 활용한 교육을 담당하는 이들이 활용할 수 있는 선택사항들의 장단점을 살펴본다. 마지막으로, 수업에서 유용하게 활용할 수 있는 게임을 찾을 수 있는 많은 웹사이트를 상세하게 제시하였다.

　전반적으로 나는 고등교육 상황에서 학습을 촉진하기 위해 이미 개발되어 있는 디지털 게임을 활용하는 다양한 사례를 제시하고자 노력해 왔다. 그러나 불행하게도 고등교육 상황에서는 이미 개발되어 있는 기존의 게임을 효과적으로 사용하는 사례가 거의 없었다. 그래서 일반 학교 영역에서의 사례를 끌어와 게임을 활용하는 것 그 이면에 내재된 원리 중에서 고등교육 영역에 전이시킬 수 있는 것들을 강조하였다. 이 장의 내용을 다 읽은 후에 여러분은 상업용 게임을 학습에 활용하거나 적응시키는 방법에 대한 안목과 이 방법이 여러분의 교수에 적합한지 아닌지에 대한 느낌을 가지게 될 것이다.

　교수–학습을 지원하기 위해 디지털 게임을 활용하고자 결정했다면(그리고 게임을 처음부터 개발하지는 않겠다고 결정했다면) 적합한 게임을 찾는 일은 매우 큰 도전일 수밖에 없다. 첫 번째 섹션에서, 나는 고등교육 현장에서 기존의 디지털 게임—오락을 위해 설계된 게임과 학습을 위해서만 설계된 게임—을 교수–학습에 활용하는 준거를 조사하였다. 주문제작되어 보급된 게임을 활용하는 것은 많은 장점이 있다. 상업용 게임은 게임 개발 기술의 질과 게임의 재미를 보장하기 위해 게임을 생산하는 데 막대한 돈을 사용한다. 그리고 상업용 게임은 재미와 몰입을 위해 설계되었다. 무엇보다도 제품의 가치가 높고 매우 전문성이 있어 보인다. 그러나 이미 개발된 게임을 학습에 활용하는 데는 장애물 또한 많다. 일단 게임이 고가이며, 어떻게 플레이하는지를 익히기 위해 많은 시간이 소요된다. 게임을 실행시키기 위해서 컴퓨터의 사양이 좋아야 하며, 학습에 적합하지 않거나 학습을 방해하는 콘텐츠를 포함할 수도 있다. 또, 게임을 끝마치기까지 오랜 시간이 걸린다(평가를 하는 데 학생이나 교사나 모두 시간이 오래 걸린다.). 게다가, 오락을 위해 설계된 게임은 제품의 가격이 고가이며, 게임이 오락을 위해서 제작된 것이 너무 명백하기 때문에 몇몇 학생들에게는 시간 낭비로 인식될 수도 있다. 기존의 게임을 활용함에 있어서 가장 중요한 것은 의도한 학습목표와 게임 활동이 일치해야 한다는 것이다. 그리고 게임의 활용을 지원하기 위한 활동은 주의 깊게 개발되어야 한다.

오락을 위한 게임과 학습을 위한 게임의 차이점

학습을 위해 이미 개발되어 있는 게임을 활용할 것인지를 결정할 때 학습을 위해서 특별히 제작된 게임과 오락만을 위해 제작된 게임이 어떻게 다른지를 이해하는 것이 매우 중요하다. 이 섹션에서는 그 차이점을 좀 더 면밀하게 탐색해 보고, 기존의 상업용 게임을 활용한 일련의 학습을 개발할 때 고려할 수 있는 학습설계와 관련된 시사점을 논의하고자 한다.

이 시점에서 이러한 분석이 또 다시 문제해결, 맥락의 개발, 경험적인 학습, 협력과 같은 것들을 강조하는 능동적 학습의 관점을 취하는 것과 이 장에서 비판적 사고, 종합력, 분석력, 응용력과 같은 고차적인 학습의 결과들과 직접적으로 관련이 있다는 것을 지적하는 것은 중요하다고 생각한다. 물론, 다른 학습 패러다임들도 존재하지만, 이 책에서는 게임을 단순히 기억의 회상을 돕는 도구라기보다는 능동적 학습환경으로 보고 있다. 수많은 교육용 게임이 아동 학습 영역에서 활용되고 있으며 그 게임들은 대개 에듀테인먼트라고 불린다. 그러한 교육용 게임들은 외재적 보상 기제(예를 들어, 수학문제를 맞히면 게임을 할 수 있게 해 줌)와 반복연습에 기반하고 있다. 이러한 것들은 특정 상황과 특정 집단에게는 적절할 수 있으나, 이 책에서 제시하고 있는 게임의 교육적인 설계에서 말하는 강조점과는 다르다.

교육용 게임은 오락용 게임과는 많은 부분에서 다를 수 있다. 예를 들어, 충실도(fidelity), 그래픽 수준, 게임이 실행되는 방식(예를 들어, 게임이 실행되는 플랫폼), 게임의 목적, 게임이 포함하고 있는 활동의 유형, 게임 그 자체가 학습하는 방식, 게임을 플레이하는 데 소비되는 시간, 게임에 설계된 협력과 경쟁의 방식 면에서 차이점이 발생할 수 있다. 이어지는 하위 섹션에서 이러한 차이점에 대해 좀 더 자세히 다루고자 한다.

충실도 및 그래픽 수준

오락용 게임은 교육용 게임에 비해 막대한 예산이 투입된다. 고등교육의 상황에서 게임은—심지어 광범위한 학생들에게 적용할 수 있는 입문 내용을 위해 설계된 게임이라 할지라도—훨씬 작은 시장을 가질 수밖에 없다. 가령, 게임이 학교 학생을 대상으로 한다면 거기에는 국가 표준 교육과정이 존재하기 때문이다. 이러한 제한 조건하에서 교육용 게임이 충실도를 높이거나 가상 게임 환경을 개발한다면 오락용 게임과 경쟁해서 이길 수는 없다. 교육용 게임을 연구하는 사람들 사이에서 게임 환경의 충실도 수준과 그래픽의 수준이 재미와 학습의 측면에서 결정적이라는 것에 대해서 다소 의견의 불일치가 있다. 제품 가치가 높은 오락용 게임이 제품 가치가 낮은 오락용 게임보다 더 인기 있고 잘 판매되어, 게임을 더 하고 싶어 하는 동기를 유발시키고 몰입을 하게 되므로 최고급 게임에서 리얼리즘의 수준이 높을수록 사용자가 더 몰입하게 된다는 주장은 계속 있어 왔다. 그러나 고등교육 상황에서 상업적으로 최고급 제품 가치가 반드시 효과적인 학습경험을 만들어 내는 데 필수적인 것은 아니다. 게임의 몰입과 참여 수준에 훨씬 더 큰 영향을 미치는 것은 게임 그 자체의 설계에 있다.

사실상, 복잡한 인터페이스를 가진 최고급 게임은 이런 유의 게임을 해 본 적이 없는 학습자들에게 관심을 끌기 힘들 수도 있다. 왜냐하면 인터페이스를 익히고 게임을 어떻게 플레이하는지를 배우기 위해서 많은 것을 익혀야 하기 때문이다. 일부 학습자들은 이런 유의 게임이 고등교육 상황에서 쉽게 수용되기 어렵다는 것을 알게 될 것이다. 나는 개인적으로 게임 생산 가치가 학습을 방해하거나 아마추어 같은(예를 들어, 사용자 인터페이스가 형편없이 디자인되거나 시스템이 견고하지 못한 것 등) 인상을 줄 정도로 나쁘지 않는 한 그래픽의 수준은 학습과는 다소 무관하다고 생각한다.

교육용 게임을 연구하는 사람들 사이에서 학습에 효과적일 수 있는 게임의 리얼리즘의 수준에 대한 논쟁도 있다. 리얼리즘은 학습자로 하여금 더욱 게임에 몰입하게 하는 반면에, 학습의 절차에서 멀어지게 할 수 있고 학습이 실제세계의 다른 상황에 전이되는 것을 더 어렵게 할 수 있다. 도먼즈(Dormans, 2008)는 리얼리즘(그는 상징적 시뮬레이션이라고 부른다.)은 게임 설계에서 주요 요인이 될 수 없다고 주장한다. 그리고 리얼리즘의 기능은 게임이 실제세계와 같이 똑같아지기 위한 것이 아니라고 한다(만일 시뮬레이션 속의 경주용 자동차를 운전하는 방법을 배우는 데 5년이 걸린다면 재미있을까?). 그는 시뮬레이션에는 두 가지 서로 다른 형태가 있다고 한다. 그것은 지시적 시뮬레이션(indexical simulation)과 상징적 시뮬레이션(symbolic simulation)이다. 지시적 시뮬레이션은 실제세계와 표현된 아이템 사이에 관계성이 있으나 주로 단순화된 형식으로 묘사하는 것을 말한다(예를 들어, 시각적인 사물의 모든 특징을 표상하는 한 가지 제한 요소로서 그 사물의 크기나 무게를 사용하는 게임의 인벤토리 시스템). 상징적 시뮬레이션은 실제세계와 게임 환경 사이의 연결이 '임의적이고 관습적인 것에 기반한' 것을 말한다(Dormans, 2008: 54). 예를 들면, 플랫폼 게임(platform games)에서는 적군 속으로 걸어 들어가는 것은 죽는 것이며, 적군 위에서 뛰는 것은 그 적군이 죽는다는 것을 의미하는 것과 같은 관습적인 약속이 존재한다(거기에는 실제세계와의 논리적인 유사성이 없으나 플레이어들에게 이해되고 수용된다.).

목적

교육용 게임과 오락용 게임은 설계된 목적, 게임 결과의 유형, 게임 활동과 의도한 학습목표 사이의 연결에서 또 다른 차이점을 가진다. 일반적으로 게임은 참여와 동기를 높이는 것에 초점을 둔다. 이때 교육용 게임은 주로 학습목표의 영역을 충족시킴으로써 학습을 촉진하도록 설계되는 반면, 오락용 게임은 주로 즐거움과 재미를 위해서 설계된다. 학습목표를 게임 속에 포함시켜서 게임 활동에 결합시키는 것은(예를 들어, 게임을 플레이하는 것은 게임 자체의 목표를 성취하는 것이며, 적절한 학습을 하게 한다.) 교육용 게임을 설계하는 이들에게 가장 어려운 과제 중 하나다. 특히, 아동을 위한 수많은 게임은 게임을 학습으로부터 분리시켜 놓았다. 예를 들어, 문제의 정답을 맞히면 그에 대한 보상으로서 미니 게임을 제공해 주는 것이다. 그러나 게임 속에서의 행동이 학습목표에 통합될 때(예를 들어, 탐정 이야기의 일부로서 사진을 현상하는 절차를 경험하게 하는 것) 학습은 비로소 맥락화되고, 좀 더 오랫동안 기억이 유지되고 다른 맥락으로 전이되기도 쉬워진다. 게임 설계자들에게 매우 큰 도전 중의 하나는 플레이어가 학습목표를 성취해 나가는 동안에도 게임의 재미와 오락성을 유지시키는 것이다. 교육용 게임에서 재미와 학습의 균형을 적절하게 유지하는 것은 교육용 게임 설계자들에게 가장 큰 어려움 중 하나이지만, 게임을 좀 더 광범위한 일련의 학습의 일부로서 생각하고, 게임 전과 후의 여러 학습활동과 연관 지어 게임을 생각함으로써—게임을 하나의 독립된 활동이라고 생각하기보다는—게임이 실제로 진행되는 동안 학습을 지원하고 강화시킬 수 있다.

게임 플레이를 통해 학습하기

게임 속에 숨겨 놓은 것들을 플레이어가 찾아내면서 게임의 인터페이스가 어떻게 작동하는지와 오락용 게임을 플레이하는 방법을 배우는 것은 게임 그 자체의 매우 중요한 부분이 되며, 많은 시간이 소요될 수 있지만 게임에 재미를 더하게 하기도 한다. 그러나 교육용 게임에서 시간 제한이 있거나 게임 세션을 수업 시간표와 일치시키기 위해 정해진 시간 동안 게임을 해야 하는 경우에 이렇게 배우게 하는 것은 부적절하다. 컴퓨터 기반 게임의 경우 게임을 플레이하는 것으로부터 얻어진 학습뿐만 아니라, 게임 자체를 실행하는 것을 배우고, 게임의 인터페이스를 조작하고 상호작용하는 것을 익히는 데 인지적인 오버헤드(over heads)가 추가적으로 생긴다는 것을 인식하는 것 또한 중요하다. 물론 게임 자체를 실행하기 위한 필요한 학습량은 그다지 많지 않지만 학습에는 방해가 된다. 많은 게임이 게임을 배우는 단계를 안내하고 초급 단계의 플레이어를 안내해 주기 위해 도움말 기능을 제공하고 있다. 그래서 플레이어들이 (읽힐 것 같지도 않은) 설명서에 의지하지 않아도 게임 플레이에 적응할 수 있게 해 준다. 그리고 게임 그 자체가 어떻게 설계의 일부로서 학습될 것인가를 고려하는 것도 중요하다. 예를 들어, 《룬스케이프(RuneScape)》의 플레이어는 실제로 게임을 하기 이전에, 게임 속에서 사람들에게 말하는 것, 돌아다니는 것, 객체와 장비를 사용하는 것, 도전 과제를 달성하는 것 등 게임과 어떻게 상호작용하는지에 대한 기본을 보여 주는 훈련 레벨을 거치도록 설계되어 있다([그림 8-1] 참조).

상업용 게임에서 게임을 플레이하는 방법을 배우는 것은 플레이하는 즐거움의 일부가 되기도 하지만, 교육적인 맥락에서는 게임을 사용하는 가치를 손상시킬 수도 있다. 게임이 힌트와 도움을 제공하는 쉬운 레벨에서 플레이어들이 게임을 시작하도록 하고 게임이 진행되면서 점차적으로 난이도를 높이는데, 이것은 시간만 낭비하게 한다. 게임을 쉽게 배우게 하는 방법에는 사용자들이 게임에 대한 자신감과 전문성을 갖추기 위해 게임의 인터페이스와 기능에 익숙할 수 있도록 인터페이스의 데모, 도움 기능, 게임에 대한 보조적인 지원 자료를 개발할 수 있다. 학생들로 하여금 둘씩 짝을 이루거나 소그룹을 이루어 게임을 시작하게 하는 것은 동료학습을 촉진하고, 학생들이 게임의 인터페이스를 함께 이해하게 하는 데 좋은 방법이다. 그러나 각각의 학생들이 학습경험에 참여할 수 있어야 하고, 단지 옆에 서서 게임하는 친구를 방관만 하는 학생이 없도록 하는 것이 중요하다.

[그림 8-1]
《룬스케이프》 연습 착수

오락을 위한 게임과 학습을 위한 게임의 차이점

시간

교육용 게임 설계와 오락용 게임 설계는 플레이어들이 게임을 하는 데 소비할 것으로 예상되는 시간에서 또 다른 차이가 발생한다. 일반적으로 교육에서 시간이란 매우 제한적이어서, 게임은 할당된 수업 시간에 제한적으로 사용되거나 학생들이 자신에게 편리한 시간에 맞추어 게임을 하게 된다. 그렇기 때문에 게임에서의 학습은 효율적이어야만 하고(그리고 학생들에게도 효율적으로 느껴져야 하고), 게임은 전체 학습 중 활용 가능한 시간에 배치하여 의미 있게 활용될 수 있어야 한다. 상업용 게임은 완료하는 데 오랜 시간이 걸릴 수 있기 때문에 일반적으로 교육에 적합한 형태는 아니다.

경쟁과 협력

교육용 게임과 오락용 게임은 경쟁과 협력에 대해 접근하는 방식에서 또 다른 차이점이 있다. 타인에 대해 경쟁심을 가지는 것은 어떤 학습자에게는 게임을 하고 싶은 동기를 유발할 수 있으나, 이는 꼭 모든 사람에게 반드시 적용되는 것은 아니다. 그리고 어떤 학습자에게는 경쟁심을 유발하는 게임이 실제로 스트레스로 느껴지거나 게임을 하고자 하는 동기를 낮추기도 한다. 개개인 간에 경쟁하게 하는 것은 게임으로부터 무엇인가를 배우는 것보다는 게임에서 이기는 것에만 초점을 맞추게 한다. 따라서 의도한 학습목표로부터 멀어지게 만든다. 이 책의 앞부분에서 논의한 구성주의 이론에 따르면, 게임 그 자체와 상호작용하거나 게임 이후에 이어지는 디브리핑이나 반성적 활동을 통한 협력이 게임 설계에 반영될 수 있는 방법을 살펴보는 것 또한 중요하다. 게임에서 집단 간에 경쟁을 하도록 하는 것은 게임을 하고자 하는 동기를 더 유발시키기도 하지만, 여전히 집단 내부의 사람들과 협력을 해야 하는 이유가 되기도 한다. 그레들러(Gredler, 1996)는 일반적인 게임에서 교육용 게임 설계를 구별해 내는 몇 가지 요인을 설명하였다. 그녀는 교육용 게임은 문제의 소지가 있는 윤리적 기준을 담고 있는 상벌 전략을 사용해서는 안 되며, 찬스나 임의의 요인 때문에 우연히 게임에서 이기게 되어서는 안 되고(찬스를 사용하는 것은 오히려 게임을 더 흥미롭게 느끼게 하고 게임을 다시 하고 싶게 하므로 나는 이 부분에 대해 동의하지 않는다. 그러나 찬스가 실력보다 더 크게 작용해서는 안 된다.), 게임에서 이기는 것이 오로지 교과 지식을 적용하는 능력과 문제해결 능력에 달려 있어야만 한다(나는 항상 그렇게 하기보다는 주로 그렇게 한다.). 그녀는 정답을 주었을 때 문제들이 만들어질 수 있다는 흥미로운 점을 지적하였다(예를 들어, 《행맨[Hangman]》처럼). 그리고 이것은 게임으로부터 기대한 학습에 반하는 것일 수도 있다.

 활동: 학습을 위한 오락용 게임 평가하기

도입에서 소개되었으며, 이 책의 활동에서 사용된 세 가지 게임 중 한 가지를 선택하라. 이 세 가지 게임은 순수하게 오락용으로 개발된 것이다.

- 어떤 면이 학습에 도움이 되는지 또는 방해가 되는지를 생각하라.
- 그래픽 품질의 수준이 학습하기에 충분한가?
- 사람들이 게임을 배우려면 어떤 지원이 필요한가?
- 게임을 하는 방법을 익히기 위해 오랜 시간이 소요되는가?
- 게임을 섹션 또는 부분(chunk)으로 쪼개는 것이 가능한가?
- 게임이 학습에 부적절한 내용을 담고 있지는 않는가?
- 게임에 협력을 할 수 있는 기회가 존재하는가?

지금까지 명시적으로 교육을 목적으로 설계된 게임과 재미를 목적으로 설계된 게임 사이에 많은 차이점이 있다는 것을 보았을 것이다. 그리고 나로 인해 여러분이 그 차이점들에 대한 감을 잡았기를 기대한다. 다음 섹션에서 현재 활용 가능한 게임들의 유형을 살펴보고, 학습을 위해서 컴퓨터 게임을 구하고 수정하고 개발하기 위해서 적용할 수 있는 다양한 방법을 조사하고, 여기에서 논의된 설계의 이슈의 장단점을 생각해 보고자 한다.

이미 개발되어 있는 게임의 유형

만일 당신이 학습을 위해서 처음부터 게임을 새롭게 개발하기보다 이미 개발된 게임을 활용하기를 더 원한다면, 기존의 게임을 활용하는 데 적용 가능한 선택사항이 많다. 이어지는 하위 섹션에서 학습을 위해 기존의 게임을 사용하는 네 가지 선택을 살펴본 후, 그러한 게임을 수정하는 옵션들을 살펴보고자 한다. 그다음, 특별히 학습을 위해 설계된 상업용 게임을 사용하는 잠재성에 대해 논의하고 마지막으로 다중사용자 가상 세계의 활용에 대해 논의하고자 한다.

오락용 게임 활용하기

교육을 위해 디지털 게임을 구할 때의 첫 번째 선택사항은 오락을 목적으로 상업적으로 개발되어 있는 게임이나 그러한 게임의 일부를 활용하는 것이다. 오락을 위해 설계된 게임은 완벽하게 상업적으로 규격화되어(commercial off-the-shelf: COTS) 개발된 게임이거나 좀 더 작은 규모의 캐주얼 게임이거나 미니 게임이 될 수 있으며, 그러한 게임들은 종종 온라인에서 무료로 이용할 수 있다(캐주얼 게임의 온라인 버전은 정식 버전의 게임을 유료로 다운받게 하기 위해서 무료로 제공되기도 한다.). 오락용 게임을 학습에 활용할 때에는 구체적인 학습목표에 부합하는 게임 활동을 설계하는 데 더 많은 시간을 소비해야만 할 것이다. 그리고 서로 다른 영역의 교육내용을 만족시키기 위해 실제로 활용 가능한 게임의 유형은 더욱 제한적일 수 있다.

학교 기반으로 교육을 실천하는 이들이 효과적으로 활용할 수 있는 COTS 게임의 사례가 있다. 퓨처랩과 일렉트로닉 아트(Futurelab and Electronic Arts)에 의해 수행된 티칭 위드 게임(Teaching with Game)이라는 프로젝트가 그 예다 (Sandford et al., 2006). 고등교육 분야에서는 학습을 위해 게임을 창의적이고 실용적으로 활용한다면 상당한 잠재력을 가진다고 생각하지만, 수업에서 COTS류의 게임을 하는 사례는 거의 희박하다. 현재까지 고등교육에서 COTS 게임을 학교에 활용한 잘 알려진 두 가지 사례에 대해서 간략히 제시하였다.

스콰이어와 바랍(Squire & Barab, 2004)은 역사 시뮬레이션 게임인 《문명 III (Civilization III)》을 학교에서 역사 수업을 지원하는 방법으로 사용하였다. 이들은 《문명 III》을 하기 위해서는 "플레이어들이 지리적인 사실을 숙달해야 하고, 지리적인 절차 사이에서 발생하는 상호작용에 대해 예측해야 하며, 역사적인 개념에 대해 충분히 익숙해야 하고, 지리, 정치, 경제, 역사 시스템 사이의 관계성을 이해해야 한다."(p. 1)라고 하였다. 《문명 III》은 고등학교 교실 수업에서 세계 문화에 대한 간학문적인 수업의 일부로 활용되었으며, 일주일에 세 차례씩 6주간 사용되었다. 시뮬레이션 게임을 활용하였을 때의 장점은 학생이 개별적으로 게임을 진행하게 하여 역사적인 가상 시나리오를 깊이 있게 생각하고, 대안적인 역사를 개발하도록 하여 원인과 결과 사이의 복잡한 역사적 관계를 더 잘 이해하게 한다는 점이다. 새롭게 발생하는 역사적 상황들에 대해서 학생들이 집단 토의를 하는 것도 시뮬레이션 게임의 장점이다.

라일랜드(Rylands, 2007)는 초등학교 학생들의 문해능력을 향상시키기 위해 어드벤처 게임인 《미스트(Myst)》를 사용하였다. 《미스트》는 교실수업에서 사용되었고, 상호작용이 가능한 화이트보드로 보여 주어 게임 스토리라인이 진행되는 것과 게임의 도전 과제들이 성취되는 것을 보면서 교사와 학생들이 토론하는 형태로 진행되었다. 학생들은 게임을 보면서 든 구체적인 생각과 게임 속의 글 중 모범적인 사례를 통해서 반성적 성찰일지를 지속적으로 써야 한다. 학생들을 수업 진행에 더 참여시키기 위하여 지도와 같은 학습보조 자료도 사용되었다.

이러한 사례들이 초·중등학교 영역의 것들이지만 COTS 게임들이 특정한 교육 상황에서 어떻게 창의적으로 활용될 수 있는지를 매우 탁월하게 보여 주고 있다고 생각되며, 여기에서 설명된 기법들 중 일부는 고등교육에 적용될 수 있는 가능성이 있다. COTS 게임의 활용은 학생들이 확실하게 몰입할 수 있도록 설계된 최고급 게임을 할 수 있다는 장점이 있다. 그러나 만일 학생 일인당 게임 한 카피씩 필요한 경우, 현재의 COTS 게임의 사업 모델에 따르면(게임사는 콘텐츠를 개발하는 스튜디오에 게임 개발을 의뢰하고 판매되는 대로 로열티를 지급하는 구조) 개발자들은 교육적인 사용을 위해 게임 가격을 낮추는 것에 대해서 융통성을 거의 고려하지 않으며, 최소한 소매 가격으로 판매하길 원한다(오래된 게임은 종종 매우 저렴한 가격으로 구입이 가능하다.). 점차 다운로드 가능한 게임과 가격을 많이 낮추어서 구입할 수 있는 캐주얼 게임이 증가한다는 것은 앞으로 게임 가격이 큰 문제가 되지 않을 것을 예상할 수 있다.

가르치고자 하는 학습목표에 꼭 맞는다거나, 이전 단계를 먼저 하지 않고도(제한된 수업 시간에 게임을 다 완료하기에 너무 시간이 소비되는) 학습내용에 적합한 일부분에만 적용할 상업용 게임을 찾는다는 것 또한 매우 어려운 일이다. 상업용 게임의 기술적인 설계는 게임의 구조로부터 콘텐츠를 분리시키는 것이 거의 불가능하며, 이는 시간 제한이 있는 교실수업 환경에서 게임을 활용하게 하는 것을 더욱 어렵게 한다. 게임을 하는 섹션 사이에서 깔끔하게 중단시킬 수 있는 지점이 없는 경우가 종종 있다. 그리고 게임을 활용하는 것은 여러 개의 세션으로 나누어 설계되어야만 한다. 많은 경우 상업용 게임에서 리얼리즘이 재미를 위해서 훼손되기도 하지만(예를 들어, 범죄 과학 수사 게임의 경우, 수사의 절차들이 수정되거나 생략되기도 한다.) 훼손된 리얼리즘이 플레이어들에게 인식되는 한 토의와 토론으로 이끌어 가는 학습경험으로 작용할 수 있다. 또 다른 난점은 교사들이 게임에 익숙해질 필요가 있다는 것과 게임의 내용이 전체적으로 적절하다는 것을 확인해야 한다는 것이다. 대부분의 상업용 게임의 길이를 볼 때 아주 극단적으로 시간 소모적일 수 있다. 상업용 게임은 또한 복잡한 인터페이스와 확장된 기능을 가지고 있고, 긴 학습시간이 필요하다. 이러한 게임 환경은 의도한 학습목표로부터 주의를 다른 곳으로 돌리게 할 수 있다. 대부분의 게임은 완료하려면 일반적인 수업 시간보다 훨씬 더 오래 걸린다.

상업적인 오락용 게임이 이러한 제한점을 가지고 있기 때문에 현재는 고등교육에서 오락용 게임이 활용되는 사례가 매우 적지만, 상당한 잠재력을 가지고 있다. 〈표 8-1〉에서는 이 책에서 예로 제시한 네 가지 게임이 학습을 위해서 어떻게 활용되는지에 관해 제시하였다. 그러나 이것들은 상업용 게임 활용에 대한 독자들만의 생각을 자극하기 위해서 의도한 아이디어일 뿐이다.

〈표 8-1〉 **상업적인 오락용 게임이 고등교육에 활용될 잠재성**

게임	설명	학습영역
제국의 시대 (Age of Empires)	기술을 개발하거나 적을 정복하고 탐험을 통해 자신의 부족이 문명의 몇 단계를 발전시키는 것을 플레이어가 지원해야 하는 실시간 전략 게임	• 전략 • 역사 • 정치
과학 수사대: 범죄현장조사 (CSI: Crime Scene Investigation)	미스터리를 해결하기 위해서 플레이어가 증거를 찾고 수집하고 분석해야만 하는 범죄 현장을 수사하는 절차에 대한 게임	• 범죄 과학 분석 • 과학적 기법 • 분석 및 평가
추도문 (In Memoriam)	플레이어가 퍼즐을 풀고 스토리를 진행시킬 수 있는 게임 환경뿐만 아니라 인터넷도 활용하는 미스터리 어드벤처 게임	• 웹 탐색 • 뉴 미디어 소양 • 정보검색과 평가
그리고 나서 아무도 없었다 (And Then There Were None)	주인공 캐릭터가 게임 속에서 일련의 퍼즐을 풀어서 증인 진술과 증거들을 수집하고 범죄를 해결해야 하는 어드벤처 게임	• 문제해결 수평적 사고

대규모 상업용 게임을 활용하는 것뿐만 아니라 좀 더 작은 규모이며 웹에서 얻어 무료로 활용 가능한 미니 게임도 있다. 이는 빨리 플레이할 수 있으며, 게임을 실행할 때 컴퓨터 자원들이 적게 할당되며, 수업 시간표에 통합시키기 쉽다는 장점이 있다. 그러나 이러한 유형의 게임은 제품의 생산 가치가 상대적으로 낮으며, 대규모 게임과 같이 프로그램이 견고하고 제대로 테스트를 거치지 않았을 수 있다. 무료 소프트웨어를 사용할 때 또 하나의 문제점으로 게임이 필요할 때 사용할 수 없을 수도 있다는 점이다(예를 들어, 웹사이트가 작동하지 않는 경우). 이러한 경우 호스트 사이트의 운영자에게 연락을 취하는 것이 좋다(특별히, 게임이 수업의 특정 영역에서 매우 중요한 역할을 할 때). 그리고 그 운영자는 자신의 게임을 대부분 활용하고자 한다는 것에 대해 기뻐할 것이며, 호스트 컴퓨터가 한가할 때 그 시간대를 기꺼이 알려 줄 것이다.

기존의 상업용 게임 수정하기

교육에 활용하기 위해서 기존의 게임 소프트웨어를 수정하는 경향이 증가하고 있다(de Freitas, 2007). 이는 상업용 게임의 맞춤형 서비스(customizing)를 둘러싼 문제의 일부를 다루고 학습목표와 게임 활동 사이의 연결성을 보장하도록 하는 한 가지 방법을 제공할 수 있다. 현재 어떤 게임은 교사 또는 학생들이 그들 자신만의 새로운 스토리라인과 게임 영역과 같은 에드온(add-on)을 만들 수 있는 소프트웨어와 같이 출시된다. 이것은 교육용 게임을 개발할 때 필요한 시간과 필요한 기술을 줄여 준다(그것이 그리 단순한 과정만은 아니지만). 게임을 수정하는 것 역시 원래 게임의 소유자가 소유권을 요구하거나 여전히 다양한 기술이 필요하기 때문에 비용이 많이 들 수 있다. 그러나 전문적인 게임처럼 보이는 제품을 생산해 낼 수 있다.

다시 학교 영역으로 돌아가서, 학습을 위하여 게임 엔진을 모딩(modding)하는 좋은 예로 《네버윈터 나이트(Neverwinter Nights)》라는 롤플레잉 게임을 수정하여 사용한 것이 있다. 이 사례에서 서사구조와 스토리텔링 기법을 가르치는 한 가지 교수 방법으로서, 초등학교 학생들에게 게임에 자신들만의 부가적인 환경을 구축하게 하였다(Robertson & Howells, 2008).

기존의 교육용 게임 활용하기

만약 기존의 게임을 활용하고자 한다면, 오락용 게임이 아닌 특별히 교육을 위해서 설계된 게임을 선택할 수도 있다. 명백하게 학습을 위해서 개발된 수많은 상업용 게임이 있다. 그러나 이 게임들은 고가일 수 있고, 특정 교수 상황과 특정 교육과정에 맞춤형 서비스를 하는 것이 꽤나 어려울 수 있다.

게임을 활용하는 데 있어서 다른 학문에 비해 좀 더 긴 역사를 가지고 있는 학문은 비즈니스, 경영, 마케팅이다. 이 분야는 수치적 모델에 기반하고, 실용적인 특성과 적용 가능한 특징들이 명확한 관계에 기반하고 있어서 학생들이 다양한 시나리오로 연습할 수 있도록 하는 컴퓨터 게임기반학습을 할 수 있는 잠재적 가능성이 있다. 《마켓플레이스(Marketplace)》라고 하는 비즈니스 게임이 네이피어 대학교의 휘튼과 하이네스(Whitton & Hynes, 2006)에 의해 활용되었다. 학생들은 팀을 이루어 컴퓨터 시스템의 생산, 판매, 마케팅을 담당하고, 의사결정을 내려야 하는 매 단위 시간의 마지막에서 수많은 판단을 내린다. 이때 학생팀은 컴퓨터 시스템을 판매하는 것에 관련한 다양한 마케팅 활동에 참여한다(이전에 공부했던 이론들을 적용하면서). 그레코와 머지아(Greco & Murgia, 2007)는 특별히 협상전략에 초점을 맞춘 온라인 다중사용자 비즈니스 게임인 《윈윈 매니저(Win Win Manager)》를 활용하였다. 이 게임에서는 플레이어들이 짝을 이루어 열 개의 시나리오 중 하나에서 익명으로 온라인상에서 협상하고 얼마나 협상을 잘 했는지에 따라서 매 협상의 마지막에 점수(그리고 피드백)를 받는다.

어떤 분야에서는, 다른 교육전문가들이 특정 교육과정을 학습하기 위한 주문 제작형 게임을 생산한다. 그리고 그 게임은 무료 또는 약간의 요금만 받고 얼마든지 사람들이 사용하거나 수정할 수 있게 한다. 특정 학문 분야에서 학습에 활용될 수 있는 게임을 알아보고자 할 때, 그 분야 내에서 적절한 게임이 있는지를 확인하기 위하여 해당 전공 분야에서 어느 정도의 연구를 하는 것은 가치가 있다.

가상 세계 활용하기

네 번째 선택사항으로는 날로 인기가 높아지고 있는 세컨드 라이프(Second Life)와 같이 가상 세계와 다중사용자 가상 환경(multi-user virtual environments: MUVEs)이나 또는 다중사용자 온라인 롤플레잉 게임(multiplayer online role-playing games: MMORPGs)에서 학습할 수 있는 잠재적 가능성을 이용하는 것이다. 그러나 지금까지 다중사용자 온라인 롤플레잉 게임의 학습 잠재력에 대한 대부분의 연구는 구조화된 수업 환경에서 게임을 활용하는 것보다는 그냥 게임을 하다가 우연하게 이루어지는 학습만을 다루어 왔다. 비록 다중사용자 온라인 롤플레잉 게임이 고등교육 교육과정의 일부로서 활용된 사례는 아직 없지만, 여가를 위해 게임을 하는 사람들이 사람들과 만날 때 지켜야 할 에티켓이나 집단을 관리하는 것, 협동하는 것, 사회적인 상호작용을 하는 것 등을 포함한 소그룹에서 필요한 일련의 능력들을 학습하는 데 잠재력이 있는 것으로 밝혀졌다(Ducheneaut & Moore, 2005). 뿐만 아니라 여가를 위해 게임에서 사용자들이 협력적으로 학습한다는 것과 실행 공동체를 구성한다는 연구 결과가 있다(Steinkuehler, 2004).

고등교육에서 학습을 위해 세컨드 라이프를 활용한 사례는 더욱 많다. 리빙스톤(Livingstone, 2007)은 학생들의 학습을 지원하기 위하여 다중사용자 가상 환경 세컨드 라이프를 전통적인 가상 학습환경(virtual learning environment: VLE)과 결합하는 것에 대해 설명하였다. 그러한 학습환경은 성찰, 의사소통에서 감정적인 내용, 평가하기, 계획하기에 도움을 주는 도구들을 제공한다. 칠드레스와 브래스웰(Childress & Braswell, 2006)은 대학에서 협동학습을 지원하기 위한 학습환경으로 그러한 환경을 사용한 것에 대해 제시하고 있다.

세컨드 라이프와 같은 환경이 정말로 하나의 게임으로 분류될 수 있는가에 대하여 약간의 논쟁이 있다. 그러나 세컨드 라이프의 환경이 사용자로 하여금 몰입하게 하고 게임과 비슷한 수준의 그래픽과 상호작용 방식을 적용하고 있기 때문에 여기서는 게임에 포함시켜 생각했다. 이러한 거대한 온라인 가상 세계에서 수많은 플레이어가 실시간으로 상호작용을 할 수 있다. 플레이어들은 게임 속 사물을 조작할 수 있고, 퀘스트를 해결하고, 그룹을 만들어서 가입하고, 타인과 같이 일을 한다. 어떤 가상 세계에서는 사용자들이 자신만의 공간과 사물을 만들어 낼 수도 있으며, 이것은 창의성 향상 가능성과 개인화된 공간을 만들 수 있게 도와준다. 홀린스와 로빈스(Hollins & Robbins, 2008)는 다중사용자 가상 환경의 '교육적 유도성(educational affordances)'에 대해 가상 공간에서의 개인의 정체성이 유동적이고, 학생들이 학습을 할 때 다른 사람들과 안전하게 실험을 할 수 있다는 의미로 정의한다. 또한 가상 공간을 창조하고 탐색할 수 있는 능력, 사용자 중심 활동을 할 수 있는 다양한 영역, 프로그래밍을 학습할 수 있는 가능성을 제공하는 스크립팅 도구들, 공동체의 일부로서 타인과 만나고 협력하기 등이 있다고 한다.

학습을 위해서 이미 개발되어 있는 가상 세계를 활용하는 것은 개발에 대한 오버헤드가 낮은, 저렴하거나 무료라는 장점이 있다. 그러나 이런 가상 세계를 활용하는 것과 관련된 문제들이 여전히 존재한다. 예를 들어, 가상의 수업 공간에 들어와서 돌아다닐 수 있는 사용자들로부터 사생활을 침해받거나, 잘못된 행동(예를 들어, 다중사용자 온라인 롤플레잉 게임에서 폭력을 행사하거나, 다중사용자 가상 환경에서 상업 행위나 성적인 행동을 하는 것 등)이 발생할 수 있다. 그리고 이런 유의 프로그램을 실행하기 위해서는 높은 사양의 컴퓨터와 빠른 인터넷 연결이 필요하다는 점이다. 반면에 이런 가상 세계의 장점은 환경 자체가 본질적으로 협력을 하게 하는 특성이 있고, 사용자들이 서로 의사소통을 하고 협력을 필요로 하는 과제를 같이 성취해 나가는 데 적합하다는 점이다.

기존의 게임 얻기

게임을 수업에 활용하는 방안을 어떻게 계획하였는지와 교수자가 게임을 활용한 학습에서 무엇을 원하는지에 대하여 작성한 초기 명세서(예를 들어, 6장에서 상세하게 제시된 활동을 통해 작성된)와 같이, 일단 수업에 활용하기 원하는 게임의 유형에 대한 대략적인 아이디어를 수립했다면 다음 단계는 어떤 게임이 활용 가능한지에 대해서 구조적 검색을 수행하는 것이다. 제품 가치가 높고 재미있지만 기대했던 학습목표를 충족시키기에 충분하지 못한 게임은 곁길로 가기 쉽기 때문에 게임을 구하기 전에 콘셉트 명세서를 작성하는 것이 중요하다. 다시 이전 단계로 되돌아가 요구명세서에 쓰여 있는 사항을 점검하는 것이 학습에서 벗어나 곁길로 가는 것을 예방한다. 또한 요구사항을 충족시키는 적당한 게임을 찾기 어려울 수도 있고, 여러분이 찾은 게임이 교수 상황에서 실행 가능하지 않을 수도 있다. 예를 들어, 엄두를 못낼 정도로 비싸다든지, 컴퓨터 하드웨어 사양이 매우 좋아야 하는 경우가 있다. 이런 경우 요구사항을 다시 점검해 보거나 처음부터 게임을 개발할 가능성을 타진해 볼 수 있다.

특정 게임을 찾기 시작하는 가장 간단하면서도 최선의 방법은 구글에서 검색하는 것이다. 여기서 다 언급하기 불가능한 다양한 영역과 교과에 활용할 수 있는 수많은 웹사이트가 존재한다. 이어지는 하위 섹션에서 게임을 찾기에 유용한 웹사이트들을 선정하여 제시하였다(그리고 이 사이트들은 게임을 아예 처음부터 다시 만든다고 했을 때도 아이디어를 얻을 수 있다.). 수백 개의 사이트 목록을 제시하는 것보다는 독자들이 찾는 사이트 유형의 한두 가지 예를 제시하고자 하였다(여러분이 게임을 찾고자 한다면 더욱더 많이 찾을 수 있을 것이라고 확신한다.).

08 학습을 위해 기존 디지털 게임 활용하기

여기에는 간단하게 요약한 내용과 웹사이트 주소를 제시하였고, 책을 소개한 웹사이트에 업데이트될 것이다. 만일 독자들이 유용한 사이트나 자료를 발견하여 알려 주면 웹사이트에 추가할 것이다.

게임 리뷰 사이트

모든 유형의 상업용 게임을 리뷰한 온라인 사이트는 많다. 여기서 강조하고 싶은 한 사이트는 어드벤처 게임에만 초점을 둔 사이트로 어드벤처 게임은 특별히 고등교육에 적합하다고 생각한다. 다음의 사이트에서는 다양한 어드벤처 게임에 대한 리뷰를 제공하고 있다.

- www.justadventure.com

캐주얼 게임 사이트

캐주얼 게임 사이트는 다양한 게임을 서비스한다. 대부분의 캐주얼 게임이 고등교육 수준에 적합하지는 않으나 다양한 사례와 아이디어는 얻을 수 있다. 가장 유명한 캐주얼 게임 사이트 두 곳을 제시하였는데, 이들은 온라인에서 무료로 이용 가능하거나 다운로드를 받을 수 있게 해 준다(매우 적은 금액으로).

- www.shockwave.com
- www.bigfishgames.com

무료 게임 사이트

캐주얼 게임과 마찬가지로 대부분의 무료 게임은 학습에 적합하지 않지만,

여전히 좋은 영감과 아이디어의 원천이 된다. 다음과 같은 사이트에서 무료로 제공되는 미니 게임과 캐주얼 게임을 찾을 수 있다.

- www.miniclip.com
- www.electrotank.com

E4 게임 사이트는 다양한 장르의 수많은 무료 인터넷 게임을 제공하는 좋은 사이트다.

- www.e4.com/games

교육용 게임 사이트

어린이들을 위한 게임을 제공하는 교육용 게임 사이트들은 많지만, 성인학습을 위해서 사용할 수 있는 사이트는 거의 없다. 영국의 '카스피안 러닝(Caspian Learning)'은 몰입형 시뮬레이션 개발을 전문으로 하는 회사다.

- www.caspianlearning.co.uk

《마켓플레이스》와 《윈윈 매니저》는 이 장에서 제시한 비즈니스 시뮬레이션 게임 두 가지를 제공한다.

- www.marketplace-simulation.com
- www.wwmanager.it/uk/

가상 세계

가장 유명한 가상 세계는(특히 교육의 영역에서) 세컨드 라이프일 것이다. 이 사이트에 가입하면 더 많은 것을 얻을 수 있다.

- www.secondlife.com

교육에 적극적으로 사용된 또 다른 가상 세계로 액티브 월드(Active Worlds)가 있다.

- www.activeworlds.com

물론 교육용 게임을 제공하는 온라인 자원이 이 사이트에는 매우 많으며, 그 수는 날로 늘고 있다. 그러나 저자는 여러분이 이 사이트를 통해 다양한 유형의 게임을 맛보기를 바란다. 30분 안에 학습상황에 알맞은 완벽한 게임을 찾지 못했다고 너무 당황하지 말기 바란다. 여기에 제시된 사이트에 수많은 방법들이 있지만, 여전히 우리의 요구를 충족시키는 게임(그런 게임은 존재하지 않을 가능성이 크다.)을 찾기 위해서는 더 많은 조사와 평가가 필요할 것이다. 다음 장에서는 게임을 처음부터 직접 설계하고 개발하는 방법을 소개할 것이다.

> **활동: 게임 콘셉트 명세서를 충족시키는 게임 찾기**
>
> 6장에서 게임 콘셉트 명세서를 개발하는 활동을 하였다. 만일 아직도 콘셉트 명세서를 완성하지 못했다면, 이 활동을 하기 전에 먼저 완성하기 바란다. 콘셉트 명세서를 다 작성했다면 그것을 마음속에 담아 둔다.

- 20~30분 동안 위에서 제시한 웹사이트를 살펴보라.
- 구글에서 검색해 보라(또는 당신이 선호하는 검색엔진을 사용하여도 됨).

여러분의 콘셉트 명세서를 다 충족시키는 또는 일부라도 충족시키는 게임을 찾았습니까?

8장 요약

이 장은 오락용 게임과 교육용 게임의 차이점을 살펴보는 것으로 시작하였다.

그러고 나서 기존의 게임을 활용하기 위한 네 가지 방법—오락용 게임(상업용으로 제작된 게임과 캐주얼 게임 모두) 활용하기, 오락용 게임 수정하여 활용하기, 교육용 게임 활용하기, 다중사용자 가상 세계 활용하기—의 장단점을 살펴보았다.

마지막으로 게임을 구할 수 있는 다양한 웹사이트를 제시하면서 마무리하였다.

읽을거리

S. de Freitas, C. Savill-Smith & J. Attewell (2006). *Computer Games and Simulations for Adult Learning: Case Studies from Practice*. London: Learning and Skills Network (retrieved Jan. 2009 from http://www.lsneducation.org.uk/pubs/Pages/062546.aspx). 이 자료는 고등교육에서 상업용 게임을 활용하는 것에 매우 제한적임에도 해당되는 좋은 사례를 제시하고 있다.

http://www.eduserv.org.uk/foundation/studies/slsnapshots 에듀서브 재단(The Eduserv Foundation)은 영국의 FE와 HE 섹터에 세컨드 라이프의 사용 현황에 대한 보고서 시리즈를 발표하였다.

학습을 위한 새로운 디지털 게임 개발하기

09

이 장에서는 학습을 위해 먼저 새로운 디지털 게임을 개발하는 일의 장단점을 살펴보고, 게임을 개발하기 위해 어느 정도의 기술이 요구되는지를 고려하면서, 고등교육에서 학습을 위해 새로운 게임을 개발할 수 있는 가능성에 대해 살펴본다. 그러고 나서 게임을 위한 기능명세서를 개발하는 방법을 살펴보고, 학습을 위해 균형 있는 게임을 개발하기 위한 기법들에 대해서 이야기를 해 나가고자 한다. 마지막으로, 자신만의 게임을 개발하는 다양한 도구와 기술에 대해서 소개한다.

여러분이 스스로 게임을 만들기 위해(또는 다른 사람들과 공동작업하여 게임을 만들기 위해), 그 게임이 무엇인지를 명확하게 정의하고 다른 사람들과 생각을 공유할 수 있게 하는 조금 더 상세한 기능명세서를 만들기 위해 초기 콘셉트 명세서 개발(6장의 마지막 활동으로 개발된)을 추천한다. 콘셉트 명세서는 당신이 게임을 통해 얻고자 하는 것이 무엇이며, 사용자들과 게임을 가지고 어떻게 상호작용하기를 원하는지 정확하게 묘사할 수 있게 해 준다. 이 장의 마지막 부분에서 이 기능명세서에 포함시키길 원하는 정보에 대해 살펴본다(앞에서 예로든 《타임캡슐[Time Capsule]》에 대해 다시 설명하면서). 그리고 학습을 위한 게임을 어떻게 구조화하고 게임에서 어떻게 참여를 이끌어 내는지에 대한 조언을 하기 위해서 내가 수행한 연구들을 좀 더 소개한다.

학습을 위한 새로운 게임 만들기

학습과 교수 상황에서 이미 개발되어 있는 기존의 게임을 사용하거나 수정하기보다는 또 다른 방법으로 성인들의 기본 문해능력을 가르치기 위해 개발되었던 액션 어드벤처 게임처럼 교육을 위해 새로운 게임을 개발할 수 있다 (Kambouri et al., 2006). 이것이 기존의 게임을 활용하는 것보다 훨씬 더 어려운 방법처럼 보이나, 수업 시간 중에 실제로 사용되거나 교육과정에 잘 맞도록 설계되어서 달성하고자 하는 학습목표를 정확하게 충족시키는 게임을 얻을 수 있다는 장점이 있다. 그러나 특별히 제작된 게임을 얻는다는 장점에도 게임을 제작하는 데에는 몇 가지 단점이 존재한다. 그것은 게임 개발 프로그램과 도구모음(개발 과정을 더 용이하게 하는)이 있긴 하지만, 게임 개발의 모든 영역(프로그래밍, 인터페이스 디자인, 게임 설계 및 그래픽 입력)에서 전문적 기술이 요구된다는 점이다. 그리고 게임 개발의 전 과정은 상대적으로 많은 비용과 소비시간이 필요하다. 요구에 맞게 게임을 만들 수 있는 기회가 있다 하더라도, 거기에는 여전히 많은 상황(특히, 게임 개발 자금이 외부에서 조달되거나, 다른 사람과 함께 작업해야 하는)이 있을 것이고, 이러한 상황은 원하던 게임과 조금 다른 절충안을 만들 수밖에 없게 한다. 그래서 만들어진 게임이 어떤 특정한 학습 맥락에는 전혀 안 맞는 것이 되기도 한다. 그래서 원하는 대로 게임을 주문 제작하는 것은 여전히 어렵다.

상업용 게임 제작자가 하나의 게임을 개발할 때 수백만 달러의 지출을 한다는 점을 고려해 볼 때, 우리가 게임을 개발한다고 해서 생산 가치가 있는 게임을 개발한다는 것은 실제적으로 거의 불가능하다. 그러나 게임기반학습의 일부 전문가들은 학습을 위해서 개발하는 게임의 그래픽과 게임 플레이의 질이 일반 상업용 오락 게임의 수준과 비슷해야 플레이어들을 게임에 참여시킬 수 있다고 한다. 그러나 앞서 말했듯이, 나는 이러한 관점에 동의하지 않으며—특히 고등교육 상황에서는—중요한 것은 그래픽 품질이 아니다(물론 어느 정도 수준은 되어야만 한다.). 그러나 게임의 설계와 상호작용의 수준은 게임에 몰입하게 하기 위한 결정적인 요소다(비록 하드코어 게임과 최상의 그래픽을 즐기는 학생들로 구성된 집단에는 많은 예외가 있긴 하지만). 적은 예산으로 제작된 게임은 상업용 게임에 비해 그래픽과 시각적인 측면에서 훨씬 품질이 낮을 것이다. 그리고 그것은 학습자의 기대와 참여 동기에 큰 영향을 미칠 것이다. 젠킨스(Jenkins, 2002)가 대부분의 교육용 소프트웨어가 질이 낮고 편집이 형편없으며 전문적이지 않다고 주장하는 것에 대해 경우에 따라 동의하는 편이다. 그러나 상업용 게임을 위해 큰 비용을 지출하는 것이 교육 분야에서는 가능할 것 같지 않다. 그리고 상업용 게임에 결코 경쟁이 안 되는 부분을 개발하는 데 초점을 두기보다는 교육용 게임이, 특별히 성인을 위한, 재미와 학습의 관점에서 잘 설계되도록 하는 것에 더 초점을 두는 것이 중요하다. 이는 학습을 위한 게임을 새롭게 개발할 때 그래픽에 관하여서는 어려움이 덜하지만, 게임 자체를 훌륭하게 설계한다는 것은 결코 쉽지 않으며 간과되어서는 안 된다는 것을 의미한다.

주문제작형 게임을 개발하기 위한 세 가지 방식은 '개인이 스스로' '내부 팀으로' '또는 외부 팀이나 회사에 의해' 등이다. 혼자 만드는 게임은 컨트롤 면에서 자유롭다는 장점이 있지만, 개발자에게 다양하고 수준 높은 기술이 없다면 인정할 만한 품질(그래픽 감각, 설계, 시스템의 견고성과 게임 플레이 측면에서)의 게임을 만들어 내기 어렵다. 이러한 문제는 개발자와 설계자들로 구성된 소규모 팀을 만들면 극복될 것이다(게임 개발에 유용한 자원도 가지게 된다면 매우 행운이다.). 세 번째 방식인 외부 전문가 팀에 의해 게임을 개발하는 것은 비용이 많이 들기 때문에 거의 외부 자금에 의존해야 한다. 이런 이유 때문에 여기서는 마지막 방식에 연연하지 않고 앞의 두 가지 방식에 중점을 둘 것이다. 게임 개발비용이 급증하는 문제를 해결하기 위하여 업계에서는 게임 개발 엔진을 점점 늘리고 있다. 이 때문에 게임을 활용한 교육을 하고자 하는 이들이 적은 비용으로 게임 엔진을 활용할 가능성이 점점 늘어나게 된다. 이와 병행하여, 게임 개발에 기술력이 요구되더라도 수많은 오픈 소스 도구와 기술을 활용하여 게임을 개발할 수 있어서 게임 개발비용을 지속적으로 줄일 수 있다. 그러나 그래픽 아티스트나 애니메이션 제작자와 같은 게임 생산 전문가들은 여전히 고비용 인력이며 진정 전문성 있는 제품을 생산하기 위해서 이들이 꼭 필요하다.

목적에 잘 부합하고, 고객의 주문대로 제작 가능하며 게임 개발비와 인건비 측면에서 상대적으로 비용이 덜 드는 게임 환경을 개발하는 한 가지 방안으로 대체현실 게임(alternate reality game: ARG)이 있다. 이러한 유형의 게임은 무료로 사용 가능한 온라인 도구와 웹사이트를 사용하여 개발할 수 있으며, 개발이 용이하여 수준 높은 기술이 필요하지 않다는 이점이 있다.

교육에서 컴퓨터 게임을 개발하는 또 다른 방식으로는 학생을 게임의 플레이어(또는 단순히 콘텐츠의 소비자)로 보는 대신에, 학생을 게임을 개발하거나 창출해 내면서 학습할 수 있는 학습자로 보는 관점이 있다. 지(Gee, 2003)는 적극적이고 비판적 사고를 하는 학습은 학습자들로 하여금 게임을 확장할 때 물리적으로 설계하거나 또는 인지적으로 게임을 확장하여 설계함으로써 그들을 설계자로 이끄는 것이라고 제안하였다. 반면에 리버 등(Rieber et al., 1998)은 게임을 하면서 하는 학습보다 더 효과적이지 않을 수도 있겠지만, 적어도 게임을 개발하면서 학습하는 것은 전통적인 학습방법으로서 효과가 있다고 주장한다. 게임 개발 도구와 게임 수정 엔진을 누구나 쉽게 사용할 수 있다면 이러한 방식이 게임기반학습의 대안 중 실행 가능성이 높은 대안이 될 수 있지만, 여전히 게임을 개발하는 것은 학생들에게 높은 기술과 설계의 전문성이 요구되는 것이 사실이다. 나는 이것을 하나의 대안으로서 강조하였지만, 이 방식에 대해서 더 이상 상세하게 다루지는 않을 것이다.

학습을 위한 디지털 게임을 제작하기 위한 다양한 선택방안이 존재함에도, 예산이 제한되어 있고 게임 개발 전문성이 떨어지는 고등교육의 상황에서는 교수 상황에 꼭 맞는 게임을 구하는 것이 쉽지 않아 보인다. 나는 학습을 위하여 디지털 게임을 활용하는 것은 꽤나 실용주의적 관점에서 활용되어야 한다고 생각하며, 이는 게임을 하나의 독립된 활동으로 보는 것이 아니라 일련의 학습활동 중의 일부로 보는 것이 중요하다는 것을 다시 강조하는 것이다.

여러분에게 고등교육 실행가들에 의해서 개발될 수 있는 게임의 유형에 대한 감을 주기 위해 몇 가지 사례를 제공하고자 한다. 에브너와 홀징거(Ebner & Holzinger, 2007)는 주문제작되어 강의에 사용된 게임의 사례를 제공하고 있다. 이들은 도시공학에서 사용되는 기본 개념을 가르치기 위해 온라인 시뮬레이션 게임을 개발하였다. 게임의 이름은 《인터널 포스 마스터(Internal Force Master)》로 게임에서 도시구조 이론들에 기반한 문제를 제공하면, 학생들이 짧은 시간에 그 문제를 해결해야 하고, 문제에 포함된 도시공학 개념에 대해 얼마나 이해하고 있는지를 평가해 볼 수 있다([그림 9-1] 참조).

두 번째 예는 피메니디스(Pimenidis, 2007)가 제공한 것으로, 그는 학생들을 도서관으로 유도하는 컴퓨터 게임을 개발하였다. 이 게임은 학생들에게 도서관 활용에 대한 다양한 실제적 과제를 부여하여 대학 도서관으로 학생들을 안내하고 도서관에서 제공되는 일련의 서비스를 참여적이고 대안적인 방법으로 안내하는 것을 목표로 한다([그림 9-2] 참조).

새로운 학습용 디지털 게임을 개발하고자 할 때, 기존에 나와 있는 기술들을 선택하여 개발할 수 있지만, 여전히 게임을 설계하고 개발하기 위해서는 어느 정도의 전문지식이 필요하다. 다음 섹션에서는, 만일 새로운 교육용 게임을 개발하고자 결정하였다면 어떠한 능력과 기술이 필요한지 알려 주기 위하여 게임 개발에 필요한 능력의 유형을 알아보고자 한다.

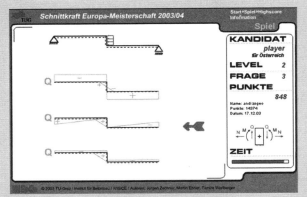

[그림 9-1]
《인터널 포스 마스터》

[그림 9-2]
《도서관 유도 게임》

게임 개발을 위해 요구되는 기술

처음부터 교육용 게임을 개발하기 위해서는 다양한 기술이 필요하다. 그러한 모든 기술을 한 개인이 보유하기 위해서는 능력이 매우 뛰어나야 하며(물론 한 사람이 한 가지 이상의 기술을 보유하는 것도 흔치는 않다.), 그렇지 않은 이상 다른 사람들과 같이 협력하여 게임을 개발해야 한다. 다음에 제시된 목록은 서로 다른 유형의 컴퓨터 게임을 처음부터 개발하기 위해서 필요한 기술과 전문지식을 제시하였다.

- 교과내용 전문가(Subject expert): 교과내용 전문가는 게임에서 다루게 될 교과내용에 대해 잘 알고 있는 사람으로, 이 내용을 학생들에게 실제로 가르쳐 본 경험이 있는 사람이다. 학습목표가 무엇인지, 학생들이 어떤 내용에서 학습에 어려움을 느끼게 되는지에 대해서도 잘 알고 있다.
- 교육전문가(Educationalist): 학습에 관한 일반적인 사항을 이해하고 있는 사람으로 특별히 온라인 학습과 게임기반학습에 대해 잘 이해하고 있다. 상업용 게임과 교육용 게임 사이의 차이점, 맞추어야 하는 학습자의 연령대와 배경, 교육을 위한 디지털 게임의 효과적인 설계에 대해서 잘 알고 있다.
  교육전문가와 교과내용 전문가는 일련의 게임기반학습을 지원하기 위한 다양한 유형의 활동에 대한 통찰을 가지게 될 것이다.
- 게임 설계자(Game designer): 플레이어들이 게임에 흥미를 가지고 지속적으로 관심을 유지하는 데 필요한 요소에 대해 이해를 갖춘 사람이다. 게임 설계자는 교육용 게임 설계에 대해서 전공할 필요는 없지만, 설득력 있는 내러티브(narrative), 게임 플레이, 게임의 구성을 설계하는 일에 대한 시각을 제공할 수 있어야 한다.
- 프로그래머(Programmer): 다른 팀 구성원들에 의해 명세화된 대로 게임 개발 소프트웨어를 사용할 수 있는 사람이다.
- 상호작용 설계자(Interaction designer): 상호작용 설계와 사용자 중심 설계에 대한 지식을 가진 사람으로 게임의 상호작용성이 학습에 유용하게 설계되었는지를 확인할 수 있다(사용성 및 사용자 중심 설계는 이 책의 마지막 장에서 언급된다.).
- 그래픽 디자이너(Graphic designer): 앞에서 그래픽이 게임 전체를 설계한다는 측면에서 그다지 결정적이지는 않다고 했지만, 여전히 게임이 전문

성 있게 보이기 위해서는 어느 정도의 그래픽 수준이 필요하다고 생각한다. 때문에 그래픽 디자인 기술을 가진 사람은 중요한 팀 구성원이다.

- 작가(Writer): 개발하고자 하는 게임의 유형에 따라, 그리고 게임 플레이와 게임 내의 스토리텔링 사이의 균형이 어떤지에 따라 게임 개발팀에 필요한 작가를 구하여야 한다.

여기에 제시된 역할들은 상업용 게임과 상호작용적인 멀티미디어 개발을 했던 나의 경험으로부터 온 것이다. 물론 학습용 게임을 개발하는 조직이 상업용 게임을 개발하는 조직과는 역할이 다를 수 있으나, 주로 개발 예산이 매우 적다. 여기에 제시된 모든 역할이 실제로 모든 프로젝트에서 다 필요한 것은 아니다. 그러나 여기에 제시한 목록은 게임기반학습 프로젝트를 시작하기 전에 요구되는 전문적인 인력들의 역할을 제시하고 있기 때문에 참고해야 한다.

기능명세서 개발하기

6장에서 작성한 초기 콘셉트 명세서로부터 좀 더 발전된 아이디어를 얻기 위해서 좀 더 완벽한 기능명세서를 개발해야 한다. 이것은 게임 개발 환경의 유형을 평가할 수 있게 하며, 이전 섹션에서 논의한 기술 중에서 원하는 게임을 개발하기 위해서 필요한 기술이 무엇인지 확인할 수 있게 해 준다.

기능명세서에는 게임이 정확하게 무엇을 하기를 원하는지, 플레이어들이 게임에서 사물 또는 다른 플레이어와 어떻게 상호작용할 것인지, 게임이 어떻게 보이기를 원하는지에 대해서 상세하게 기술된다. 기능명세서를 작성할 때에는 게임에 포함하고자 하는 모든 게임의 요소와 그 요소들이 어떻게 작용하는지를 고려해야 한다(모든 요소가 모든 게임에서 제시되는 것은 아니다.). 고려해야 하는 중요한 것으로는 게임 환경, 내비게이션, 플레이어가 해결해야 하는 임무, 게임 캐릭터, 게임 속의 사물, 사물들과의 상호작용, 플레이어들의 상호 작용과 상태 정보 등이 있다.

- 게임 환경(Environment): 게임 속의 세계와 그 세계 안에서 어디에 위치하고 있는지에 대한 묘사다. 게임이 어떻게 보이기를 원하는지에 대한 아이디어를 주기 위해서 이 정보를 사용할 수 있다. 가상의 어떤 지점을 사용하지 않는 (《타임캡슐》 같은) 게임의 경우 게임 플레이 환경을 묘사해야 한다.
- 내비게이션(Navigation): 만일 플레이어가 게임 내에서(또는 스크린에서) 다른 지점으로 이동해야 한다면, 플레이어가 다른 지점으로 어떻게 이동하게 할 것인지와 어떠한 항해 도구들이(지도나 나침반과 같은) 추가로 필요할 것인지를 고려할 필요가 있다.
- 임무(Task): 임무는 플레이어가 게임을 완료하기 위해 해야 하는 일이다. 만일 학습목표와 게임 속에서의 행동(6장에서 첫 활동)을 이미 결합했다면, 그것으로 게임의 시작점을 삼을 수 있다.
- 캐릭터(Characters): 플레이어에게 캐릭터의 역할을 맡길 것인지 역할을 선택하게 할 것인지, 게임에서 캐릭터가 어떻게 표현될 것인지를 결정한다(예를 들어, 아바타가 사용되는지). 그리고 플레이어와 상호작용할 NPC(non-player characters)들을 설정할 것인지와 설정한다면 누구로 할 것인지, 그 역할이 무엇인지도 고려해야 한다.
- 사물(Objects): 어떤 사물이 어느 시점에서 활용되게 할 것인지와 그 목적이 무엇인지를 문서화한다. 예를 들어, 어드벤처 게임에서 바구니는 물을 담는 데 사용되곤 한다. 이 단계에서 얼마나 자세하게 기술할 것인지는 특정 사물이 게임의 임무와 얼마나 밀접하게 연결되어 있는지에 달려 있다(다음의 예를 통해 게임에서 일정 수의 사물이 필요하다는 것을 알지만 정확하게 그것이 무엇인지는 이 단계에서 알았다.).

- 사물의 상호작용(Object interaction): 이것은 플레이어들이 사물과 어떻게 상호작용할 것인지와 그들이 그 사물을 가지고 무엇을 할 수 있을지(예를 들어, 사물을 들어 올리기, 내려놓기, 그 사물들이 게임의 환경과 상호작용하게 만들기, 인벤토리에 저장하기), 그리고 한 사물이 다른 사물과 어떻게 상호작용을 할 수 있을지에 대한 것이다.
- 플레이어의 상호작용(Player interaction): 이것은 플레이어들이 서로 상호작용할 수 있는 모든 방법을 말한다. 예를 들어, 한 플레이어가 취할 수 있는 의사소통과 행동은 다른 플레이어에게 영향을 미친다(예를 들어,《타임캡슐》에서 한 플레이어가 사물을 선택하면 다른 플레이어도 그 사물이 선택되었다는 것을 알게 된다.).
- 게임 진행 정보(Status information): 게임의 현 상태에 대한 정보와 게임 진행에 대한 피드백을 플레이어들에게 제공하는 방식을 말한다. 예를 들어, 타이머, 점수, 진행 상태 표시줄, 피드백 메시지 등이 있다.

기능명세서는 상대적으로 짧은 문서가 될 수도 있으며 게임의 규모가 복잡한 정도에 따라서 여러 페이지로 늘어날 수도 있다. 〈표 9-1〉에《타임캡슐》의 기능명세서를 간단하게 제시하였다.

지면의 제약상 기능명세서가 짧게 제시되었지만, 이 단계에서 상세하게 나타내고 싶은 만큼 자세히 작성할 수도 있다. 기능명세서는 팀 내 다른 구성원들과 게임에 대한 아이디어를 전달할 수 있는 주요한 방법이라는 것을 명심하여야 한다. 기능명세서를 몇 번 반복해서 작성해야 하며 게임 개발 단계를 거치면서 필요한 대로 수정해야 한다. 그래서 이 단계에서 기능명세서를 완벽하게 작성하려고 걱정하지 않아도 된다. 기능명세서를 게임 개발 진행 중의 아이디어와 게임의 메커니즘에 대한 생각을 계속 기록하는 하나의 일로 보아야 한다.

〈표 9-1〉《타임캡슐》의 기능명세서

필요한 기능	
게임 환경	• 플레이어는 타임캡슐에 넣을 수 있는 사물의 배치를 볼 필요가 있다. • 플레이어는 사물의 모양과 가격 등과 같은 자세한 정보를 열람해 볼 수 있어야 한다. • 플레이어는 다른 사람들이 플레이하는 것을 인식할 필요가 있고 그들과 의사소통하고 대화했던 내용을 다시 볼 수 있는 메커니즘을 가져야 한다.
내비게이션	• 게임 플레이는 한 화면에서 진행되기 때문에 플레이어가 게임 내의 여러 지역을 옮겨 다닐 필요가 없다.
임무	• 각 플레이어는 서로 다른 배경을 가지고 있으며 다른 플레이어들과 친해져서 대화를 나눌 수 있어야 한다. • 동일한 그룹에 속한 플레이어들은 서른 개의 아이템으로부터 타임캡슐에 넣을 여섯 개의 아이템을 고르는 것에 합의해야 한다. • 플레이어 그룹은 그들이 선택한 아이템이 할당된 예산의 범위 내에 있는지 확인해야 한다. • 제한된 시간 내에 의사결정을 내려야 한다.
캐릭터	• 각 플레이어는 네 가지 역할 중에 하나를 자동적으로 부여받는다. • 각 캐릭터가 필요로 하고 기대하고 있는 정보가 제공되며, 그 정보는 오로지 해당 캐릭터에게만 보인다.
사물	• 서른 개의 서로 다른 사물이 선택 가능하다. • 각 사물은 가격이 각기 다르고 각 플레이어에게 서로 다른 매력을 주게 된다(이것은 플레이어들의 개인 정보에서 상세하게 보인다.).
사물의 상호작용	• 플레이어는 사물을 선택할 수도 있고 선택을 해제할 수도 있다. • 플레이어는 현재 선택된 모든 사물을 볼 수 있다.
플레이어의 상호작용	• 참여하고 있는 캐릭터를 확인할 수 있다. • 실시간 텍스트로 다른 플레이어들과 이야기할 수 있다. • 하나의 아이템이 다른 플레이어에 의해서 언제 선택되는지를 볼 수 있다. • 다른 플레이어와 최종적인 합의에 도달하기 위한 메커니즘을 가질 수 있다.
게임 진행 정보	• 남아 있는 시간 확인하기 • 현재 선택된 아이템의 수 확인하기 • 지금까지 선택한 아이템의 총 가격 확인하기 • 플레이어가 언제 동의하고자 하는지 확인하기 • 동의가 언제 이루어지고 이루어지지 않는지 확인하기

활동: 당신만을 위한 게임의 기능명세서 작성하기

만일 6장에 제시한 학습목표 결합 작업과 콘셉트 명세서 작성을 아직 끝마치지 못했다면 지금 그것부터 완료하는 것이 좋다. 기능명세서를 작성하기 위해서 위에 제공한 제목과 작성한 콘셉트 명세서를 활용하라.

이 단계에서는 기능명세서를 다 작성할 수 없다는 것을 알게 된다. 뿐만 아니라 여전히 명확하지 않는 영역이나 앞으로 생각해야 할 부분도 있다. 기능명세서를 반복 작업하는 것은 게임에 대해서 더 생각해야 할 부분이 무엇인지를 확인할 수 있게 도와준다. 그리고 다른 사람과 게임에 대한 아이디어를 이야기하는 시점에서 기능명세서가 매우 유용하다는 것을 알게 된다. 다음 섹션에서는 기능명세서를 더 정련할 수 있도록 게임의 균형(balance)과 재미(playability)에 대한 몇 가지 아이디어를 소개할 것이다.

학습을 위한 균형 있는 게임 만들기

이 단계에서는 게임이 갖추어야 할 기능에 대해서 생각하는 것뿐 아니라 어떻게 게임의 재미를 보장할 수 있는지에 대해서 생각해 보는 것도 좋은 아이디어다. 고등교육 상황에서 교육용 게임을 활용한다고 했을 때, 개인의 배경, 게임을 해 본 경험, 게임을 하고자 하는 동기가 각기 다른 학생 모두에게 재미를 보장하기 위하여 어떻게 게임이 균형을 갖출 것인지에 대하여 생각해 볼 때, 나의 연구 중에서 찾아보면 유용한 두 가지 영역의 연구가 있다.

한 가지 영역은 게임 동기에 관한 연구다. 게임 동기를 높이려면 학생이 게임을 빨리 시작할 수 있어야 하고, 학생의 게임 능력이 빨리 그리고 꾸준히 향상될 수 있어서 학생 스스로 게임에 대해서 좋은 인식을 가지게 하는 것이 중요하다. 또 다른 영역으로는 게임에 몰입하게 하는 것에 관한 연구다. 교육적인 관점에서 보면 학생이 도전할 거리를 찾고 공부하는 활동이 가치 있는 것이지만, 게임 속에 있는 플레이어들은 풀 수 없는 문제에 도달할 수도 있고, 게임 시스템이 그다지 공정하지 못하다는 생각이 들면 금방 포기해 버릴 것이다. 이것은 게임에 몰입하지 못하게 하는 요소가 되기도 한다.

플레이어가 긴 시간 동안 게임의 규칙, 에티켓, 정해진 한도(특히 시간이 제한되어 있는 교육의 상황에서는 더욱) 등을 오랫동안 배우지 않고도 게임을 빨리 시작할 수 있는 것이 중요하다. 적절히 도와주지 않고 게임에 투입하는 활동은 게임에 몰입하지 못하게 한다. 또한 게임 초기에 만족감을 빨리 느끼는 것이 플레이어들이 게임을 지속하게 하는 데 매우 중요하다. 컴퓨터 게임에는 플레이어로 하여금 게임을 빨리 플레이하게 하고, 초기 목표를 빠르게 성취하게 하며, 게임 초보자에서 전문가로 넘어가도록 도와주는 다양한 기법이 있다. 하우저와 드로치(Houser & DeLoach, 1998)는 게임의 초보자가 숙련자로 쉽게 넘어가게 하는 게임의 일곱 가지 특성을 제시하였다.

• 게임이 사용자들의 관심을 끌기 위해서 실행되고 있지 않을 때와 게임 안에서 무엇이 성취되고 어떻게 플레이되는지를 보여 주는 그래픽과 비디오가 포함된 멋있는 양식이나 데모를 사용
• 플레이어에게 명확하고 쉽게 이해되는 명쾌하게 진술된 게임 목표
• 플레이어가 게임 맥락에서 벗어나 있을 때 지시문을 전면에 다 제시하기보다는 플레이어가 요구할 때 게임 중간에 간격을 두고 간결하게 제시되는 지시문
• 인터페이스 컨트롤과 기능의 명료성. 주어진 시간 동안 해당 시점에서 접근 가능하고 적절한 컨트롤만 제시
• 플레이어가 요구할 때 필요한 정보와 게임을 계속하게 하는 동기를 불어

넣어 게임 전체를 통해 수행을 지도
- 사용자들이 게임 초기에 성공적으로 게임을 하고 게임 경험과 자신감이 늘어 감에 따라 인터페이스와 기능을 잘 다루게 하는 보조 도구의 사용
- 청각적·시각적 단서와 현재 점수 상황을 통해서 지속적인 피드백 제공

예를 들어, 《낫프론(NotPron)》에서 플레이어에게 게임이 무엇과 관련되어 있는지를 알려 주기 위해서, 처음 세 단계에서 필요한 게임 기술 수준은 상대적으로 낮지만 퍼즐의 난이도가 매우 빨리 높아진다(그림 9-3] 참조). 반면에 《룬스케이프(RuneScape)》에서는 플레이어들이 게임을 배우는 단계에서 게임 능력 수준을 매우 빨리 증가시킬 수 있게 설계되어 있다.

[그림 9-3]
《낫프론》의 쉬운 초급 단계는 빠른 보상을 제공

특정 시점에서 오랫동안 게임 진행이 막히는 문제, 예를 들어 게임 능력이 더 이상 향상되지 않는 상태에 도달하거나, 문제를 해결하기 어렵거나, 더 이상 진전이 없는 경우, 사용자들의 게임 동기를 떨어뜨린다. 특히, 시간을 매우 소중하게 생각하는 성인학습자는 같은 것을 계속 반복하면서 시간을 낭비하고 싶지 않을 것이다. 어떤 문제가 어렵지만 해결이 가능하다면, 어려움, 적당한 도전감, 게임 능력이 더 이상 향상되지 않는 교착상태에 이르러 좌절감에

이르는 것 사이에는 차이점이 존재한다. 모든 플레이어에게 적당한 수준의 도전감을 느끼게 하는 것은 학습을 위한 효과적인 디지털 게임을 설계하는 데 가장 어려운 부분 중의 하나다. 게임 플레이를 지원하는 방법 중 다양한 수준의 도전 과제를 주는 것이 있다. 그리고 플레이어들에게 도전 과제를 명확하게 지시해 주고, 다양한 수준의 힌트와 단서를 주고, 경과된 시간에 대해 정보를 제공하고(만일 주어진 시간 내에 도전 과제가 아직 완수되지 않았다면 과제를 더 쉽게 바꾸어 버린다.), 플레이어들이 같이 협력하게 하고 어려움에서 벗어날 수 있도록 서로 도와주기 위하여 협력적인 커뮤니티를 개발한다. 예를 들면, 《낫프론》에서 플레이어가 게임 진행을 잘 못하고 있을 때, 플레이어에게 힌트를 명확하게 또는 애매하게 제시하기도 하고, 게임 포럼을 운영하게 하는 등의 방식으로 도움을 구할 수 있는 다양한 방법을 제공한다.

학습을 위한 게임을 설계할 때 고려해야 할 다른 한 가지는 사람들이 왜 게임에 그토록 몰입하고 왜 게임을 계속하는지에 대한 것이다. 나의 경험으로부터 그리고 대체현실게임에 대한 최근의 연구로부터, 사람들을 게임에 몰입하게 하는 여섯 가지 요인을 밝혔다. 각 요인은 사람들의 특성에 따라 더 결정적으로 작용하는 요인이 서로 다르다. 이 요인은 [그림 9-4]에 제시되어 있다.

[그림 9-4]
교육용 게임을 통한 참여 촉진 요소

- 완성(Completion): 어떤 플레이어는 마치 완성된 그림을 보기 위해 직소 퍼즐 조각을 다 맞추는 것처럼, 단순히 게임을 완료하기를 원하여 게임 속의 임무나 도전 과제를 수행한다. 이러한 경우 모든 임무를 누가 보아도 잘 알 수 있도록 제시해야 하고, 완료된 임무는 완료 표시가 되도록 하거나, 작은 하위 임무들을 전체 임무를 다 수행했을 때 제공되는 보상과 연결시켜 놓는 방법으로 게임에 몰입하게 한다. 이는 마치 직소 퍼즐을 다 맞추면 한 장의 완성된 그림을 볼 수 있는 보상을 받는 것과 유사하다.
- 경쟁(Competition): 경쟁의 요소는 어떤 이에게는 동기를 떨어뜨리지만, 어떤 이에게는 동기를 유발한다. 그래서 경쟁이라는 요인은 조심스럽게 적용되어야 하고, 너무 공공연하게 경쟁을 유발시키거나 게임을 완료했을 때 전체적으로 주어지는 보상에 연결시켜서는 안 된다. 리더보드나 최상위 점수 리스트를 제공하여 플레이어들이 자신이 다른 플레이어와 비교하여 상대적으로 어느 정도 잘 하고 있는지를 확인할 수 있도록 한다.
- 서사구조(Narrative): 신비한 요소를 지녀 강렬하게 사람을 이끄는 일련의 이야기가 (교육적인) 목적이 있는 맥락에 포함된 활동뿐만 아니라 호기심을 자극하고 학생의 참여를 유지시키는 데 도움이 될 수 있다. 환상 서사구조는 특별한 학생 집단에 의존하는 것 외는 이러한 맥락에서는 어울리지 않을 수도 있다.
- 문제해결(Puzzle-solving): 해결해야 하는 퍼즐, 수수께끼, 문제는 호기심을 자극하기 위해서 계속 제시되어야 하고 참여를 북돋워야 한다. 이러한 것들은 상대적으로 쉬운 단계에서 시작되어서 플레이어를 게임 속으로 끌어들여야 하고 게임 초기 단계에서 만족감을 주어야 한다. 그리고 학생들의 경험이 점차 늘어남에 따라 점차적으로 수준을 높여야 한다.
- 커뮤니티(Community): 게임 밖의 플레이를 지원하고 플레이어들이 서로 이야기하고 협력하게 하는 것은 일부 플레이어에게 동기를 유발시킬 것이다. 이를 위하여 게임 포럼이나 온라인 커뮤니티 공간을 만들어 제공하

고, 협력을 필요로 하는 임무들을 제시해야 한다(실제 게임에서 제시되는 임무들은 혼자서 해결하기에는 너무 어렵기 때문이다).

• 창의성(Creativity): 수평적 사고와 창의적인 문제해결, 게임 안에서 자신만의 인공물을 만드는 등(예를 들어, 포스터, 비디오, 스토리 만들기 등)은 사람들이 게임에 더 몰두하게 만들고, 창의성을 형성하게 한다.

균형 있는 게임을 개발한다는 측면에서 이러한 여섯 가지 요소에 대해서 생각해 보는 것은 게임에 대한 동기와 선호가 다른 학생들을 가능한 잘 고려하게 해 준다. 《비올라퀘스트(ViolaQuest)》라는 대체현실게임에서는 이러한 각 요소—서사구조, 문제해결, 커뮤니티—를 잘 고려하려고 노력하였다. 이 세 가지 요소는 게임 설계의 고유한 요소인 반면에, 게임을 완료하고자 하는 동기유발을 위해 그림 단서를 주는 것을 도전 과제 제시를 위한 출발점으로 사용하였다. 경쟁심을 유발하기 위하여 리더보드를 추가하고, 학생들의 창의력

[그림 9-5]
《비올라퀘스트》에서
동기유발 완성 지원하기

을 높이기 위해 게임 사진 경연대회를 개발하였다.

서사구조는 올바르게 정리하기가 어려운 요소다. 특히, 게임 플레이와 이야기 구조 사이의 균형을 적절하게 유지하는 측면에서 더욱 어렵다. 댄스키 (Dansky, 2007)는 게임에서 서사구조의 세 가지 기능, 즉 플레이어를 게임에 더 몰입시켜 호기심을 자극시키는 것, 정답을 알려 주거나 뜻밖의 예상치 못한 이벤트로 플레이어에게 보상을 주는 것, 플레이어로 하여금 다른 캐릭터가 있다는 것을 확인하고 감정적으로 연결되어 있다고 느끼게 하는 것을 강조하였다. 사람들이 해당 게임이 학습에 적절하지 않다고 생각하기 때문에(예를 들어, 판타지 배경의 게임은 많은 사람이 좋아하기 힘들다.) 게임 서사구조가 학습목표 달성에 방해되지 않고, 일부 사람들이 게임을 그만두게 하지 않는다는 것을 확인하기 위해 게임을 도입하는 학습 맥락이 주의 깊고 신중하게 고려되어야 한다. 이는 게임을 성인학습자들에게 도입할 때 특히 중요하다. 나는 교육용 게임의 이야기 구조를 게임의 중요 요소라고 보기보다는 플레이어들을 같

 활동: 게임의 균형 유지하기

만일 이전 단계의 활동을 다하지 않고 게임 기능명세서의 초안을 작성하였다면, 지금 그 활동을 먼저 완료하기를 권한다.

기능명세서 단계로 되돌아가서 다음을 생각해 보자.

- 플레이어가 어떻게 게임을 빨리 시작하게 하고 첫 단계를 빨리 진행시키게 할 수 있는가?
- 게임 진행에 진전이 없을 때 플레이어는 무엇을 할 수 있는가?
- 완성, 경쟁, 서사구조, 문제해결, 커뮤니티, 창의성과 같은 요소를 지향하는 사람들을 지원하기 위한 방법을 포함시켰는가?
- 게임의 전체적인 균형감을 높이기 위해서 추가시킬 요소가 있는가?

게임 기능명세서에 수정할 것이 있다면 반영하라.

이 활동하게 하고 플레이어를 게임 속으로 끌어들이게 하는 접착제의 역할로 보기 원한다.

　모든 유형의 게임에 모든 요소가 적합하지는 않으므로(예를 들어, 게임이 경쟁심을 유발하지 않기를 원한다고 결정을 내릴 수도 있다.), 최종적인 판단은 스스로 해야만 한다. 이 단계에서 각 요소를 균형 있게 조합하기 위해 고민하는 것은 이전 단계에서 고려하지 못한 몇 가지 사항을 확인하는 데 도움이 될 것이다. 그리고 게임 설계 과정에서 추가적으로 필요한 요구사항을 통합하는 데 도움을 줄 것이다. 그러나 모든 게임이 모든 요소를 포함하고 있을 필요는 없다. 어떤 이들은 문제해결이나 경쟁에 더 큰 비중을 두는 반면 어떤 이들은 서사구조나 캐릭터에 초점을 준다. 그러나 어떠한 요소가 게임의 균형을 유지할 수 있는지를 알아야 게임을 어떻게 설계할 것인지에 대한 판단을 내릴 수 있다.

게임 개발 소프트웨어

　디지털 게임을 개발할 수 있는 다양한 소프트웨어가 있다. 이 섹션에서는 디지털 게임을 개발하는 소프트웨어들을 선택할 수 있는 몇 가지 대안에 대해 간단하게 이야기하고자 한다. 하지만 이 책이 출판되는 시점에서 낡은 정보를 제공하는 책이 되지 않도록 소프트웨어의 상세한 버전이나, 제공되는 특별한 기능이나, 해당 소프트웨어를 구매하거나 다운로드받을 수 있는 사이트의 실제 링크를 제시하지는 않을 것이다. 여기에 제시된 모든 정보는 활용 가능하며, 지원(supporting) 사이트에 지속적으로 업데이트될 것이다. 특정 개발 환경이나 프로그래밍 언어를 사용하여 게임을 실제로 어떻게 개발하는지에 대해서도 이 책에서는 다루지 않는다. 이미 그런 내용을 다루는 수많은 책과 웹사이트 자료가 있다. 그러나 게임을 개발할 때 어디서부터 시작할지에 대한 아이디어를 갖기 위해 선택 가능한 대안들에 대한 안목을 가질 수 있게 하는 것이 이 책의 목적이다.

게임 개발을 위한 몇 가지 대안적인 시스템, 즉 멀티미디어 개발 환경과 프로그래밍 언어, 게임 개발 환경, e-러닝 소프트웨어 개발도구 그리고 모딩(mordding) 환경이 있다. 이러한 개발 환경의 예들이 다음의 하위 섹션에서 논의될 것이다. 또 다른 고려사항으로 게임을 온라인으로 운영할 것인지의 여부와 사용자가 자신의 컴퓨터에 설치를 하게 할 것인지의 여부, 독립형(stand-alone) 게임인지 네트워크 게임인지(단일 사용자 또는 다중사용자)와 학생들이 어떤 유형의 컴퓨터와 운영체제를 사용할 것인지 등이 있다.

프로그래밍 언어

프로그래밍에 대한 전문지식이 있다면, 자바(Java, www.java.com)와 같은 언어로 게임을 개발할 수 있다. 자바는 웹 기반 게임(독립형 게임뿐만 아니라)을 개발할 수 있는 프로그래밍 언어다. 하나의 프로그래밍 언어로 직접 개발할 때의 장점은 프로그래밍 코드 전반에 대해 더 정밀하게 제어할 수 있다는 점이다. 반면에 단점은 수준 높은 프로그래밍 전문성을 갖추어야 한다는 점과 프로그래밍 언어로는 그래픽 인터페이스 개발이 매우 어렵다는 점이다.

멀티미디어 개발 환경

멀티미디어 개발 환경은 특별히 게임 개발을 위한 환경은 아니며, 일반적인 소프트웨어 개발 환경 중 하나지만, 게임 개발에 아주 이상적인 환경이 되기도 한다. 이러한 개발 환경은 다양한 시각적인 도구와 요소를 제공한다. 보통 견고하고 안정적인 프로그래밍 언어에 의해 지원된다. 물론 복잡한 응용 프로그램을 개발할 때에는 어느 정도의 프로그래밍 능력이 필요하지만, 마법사 기능과 프로그래밍 코드를 모아 놓은 라이브러리를 이용하면 초보자나 전문 프로그래머가 아닌 사람들도 쉽게 개발할 수 있도록 해 준다.

사람들이 이러한 환경을 쉽게 이용한다는 것은 이제 대부분의 사람들이 상호작용적인 응용 프로그램을 쉽게 개발할 수 있다는 것을 의미한다. 어떤 프로그램을 실제로 개발하는 것은 쉽지만, 설계(인터페이스 설계와 게임 플레이 설계 모두)하는 것도 똑같이 쉽다는 생각에 속아 넘어가서는 안 된다는 것을 염두에 두어야 한다.

어도비 플래시(Adobe Flash, www.adobe.com/products flash)는 상호작용적인 콘텐츠 개발 도구 중 시장을 가장 선도하고 있는 것 중 하나다. 구입하기에는 상대적으로 비싸지만, 교육용 버전이 따로 있어 활용 가능하다. 플래시는 견고하고 안정적인 프로그래밍 언어에 의해 지원되는 그리기 도구 팔레트, 애니메이션, 상호작용 요소 개발의 조합을 제공한다.

게임 개발 환경

세 번째 대안으로는 특별히 게임 개발을 위해 설계된 개발 환경을 사용하는 것이다. 이것은 게임 플레이를 향상시키기 위한 다양한 기능이 포함되어 있어서 설계하기가 상대적으로 쉽다는 장점이 있다. 그러나 이 환경도 어느 정도 수준의 개발 능력을 필요로 한다.

어드벤처 게임 스튜디오(Adventure Game Studio, www.adventuregamestudio. co.uk)는 포인트 앤 클릭(point-and-click) 인터페이스 방식의 어드벤처 게임을 개발할 수 있는 무료 어플리케이션이다. 포인트 앤 클릭 게임은 문이 잠긴 방에서 탈출하는 것과 같은 문제해결 과제들이 포함된 매우 단순한 형태의 어드벤처 게임이다. 인벤토리와 간단한 대화문을 사용할 수도 있다.

다크 베이직(Dark Basic, darkbasic.thegamecreators.com)은 상대적으로 저렴한 3D 게임 프로그래밍 언어로, 전문가 수준과 아마추어 수준의 게임을 모두 개발할 수 있다.

인폼(Inform, www.inform-fiction.org)은 상호작용적인 픽션을 개발할 수 있
는 텍스트 기반 설계 시스템으로 사용자들은 인폼으로 1980년대에 유행한 어
드벤처 게임 같은 것을 개발할 수 있다. 텍스트 기반 시스템은 그래픽 기반 시
스템보다 게임 플레이만 초점을 둘 수 있다는 장점이 있다. 그러나 어떤 학생
에게는(예를 들어, 난독중이 있거나 시각적인 학습을 선호하는 학생) 텍스트만 제
시하는 것이 차별이 될 수도 있다.

e-러닝 소프트웨어

온라인 학습 소프트웨어로 게임을 개발할 때 다양하게 활용할 수 있지만 이
환경 자체가 게임 개발을 위해서 만들어진 것은 아니기 때문에, 게임을 개발
하기 위해서는 창의성을 발휘해야 하며, 제2의 대안들이 포함되어야 한다. 여
기서 개발된 게임의 유형들은 정교하게 설계되지 않는 한, 매우 기본적이고
단순하며 파지와 반복 학습과 같은 낮은 수준의 학습을 지원하는 형태이기 쉽
다. 미로 게임을 개발하기 위한 퀀데이(Quanday, www.halfbakedsoftware.com/
quandary.php)나 단순한 게임의 상호작용을 개발할 수 있는 랩티버티
(Raptivity, www.raptivity.com)와 같은 도구들이 있다.

모딩 환경

이전의 장에서 언급했듯이 원 게임에 수정을 하거나 확장할 수 있는 모딩
엔진을 가진 다양한 게임이 있다. 모딩을 하기 위해 전문적인 기술은 덜 필요
하지만, 플레이어(그리고 개발자)가 직접 모딩을 해야 한다. 수정된 게임은 원
게임과 큰 차이 없이 거의 유사하다.

모딩을 지원하는 가장 일반적인 게임 장르는 일인칭 슈팅 게임(first-person

shooter)으로 고등교육에서 학습을 위한 게임 장르로는 거의 적합하지 않다고 생각한다. 그러나 《네버윈터 나이트(Neverwinter Nights, nwn.bioware.com)》와 같은 모딩이 가능한 롤플레잉 게임도 있다.

나는 여기에서 게임 개발을 위한 다양한 소프트웨어 유형의 개관에 대해 간단하게 제시하는 데 초점을 두었다. 게임 개발 소프트웨어 전반에 대한 목록은 www.ambrosine.com/resource.html에서 얻을 수 있다. 비록 기술적으로 깊이 들어가지는 않았지만, 사용자 중심 순환적 설계(learning-user-centred iterative design)에 대해 설명할 것이다. 독자들이 게임을 개발하기 위해 선택한 기술에 상관없이 독자들이 개발한 게임이 쉽게 활용되고 접근성을 높이기 위해서 고려해야 할 사항에 대해서 알아볼 것이다.

9장 요약

이 장에서는 학습용 게임 개발에 관한 논의점, 장단점에 대해 살펴보았다(이미 개발되어 있는 게임들과 비교하여). 그리고 게임을 직접 개발하기 위해 필요한 기술, 즉 교과내용 전문가, 교육전문가, 게임 설계자, 프로그래머, 상호작용 설계자, 그래픽 디자이너에 대해 살펴보았다.

게임 환경, 내비게이션, 임무, 캐릭터, 사물, 사물의 상호작용, 플레이어의 상호작용, 게임 진행 정보 등과 같은 게임 설계 요소 등을 고려하면서 어떻게 좀 더 상세한 기능명세서를 작성할 수 있는지에 대해서 살펴보았다. 균형 있는 게임을 개발한다는 측면에서 게임 설계의 요소도 생각해 보았다. 특별히 완성, 경쟁, 서사구조, 문제해결, 커뮤니티, 창의성과 같은 것을 생각해 보았다.

마지막으로 프로그래밍 언어, 멀티미디어 개발 환경, 게임 개발 환경, e-러닝 소프트웨어, 모딩 환경과 같은 다양한 게임 개발 소프트웨어를 제시하였다.

읽을거리

C. Bateman (Ed.) (2007). *Game Writing: Narrative Skills for Videogames*. Boston, MA: Charles River Media. 만일 디지털 게임의 서사구조 개발 방법에 관심이 있다면 이 책을 읽을 것을 추천한다.

M. Krawczyk & J. Novak (2006). *Game Development Essentials: Game Story and Character Development*. Clifton Park, NY: Delmar Learning. 이 책에서, 특히 3장의 '당신의 이야기 구성하기' 와 7장의 '언어적 특성 개발하기' 부분을 읽을 것을 추천한다.

S. Salen & E. Zimmerman (2004). *Rules of Play: Game Design Fundamentals*. Cambridge, MA: MIT Press. 이 책의 24장 '즐거움의 플레이' 는 게임이 즐거움을 주기 위해서 어떻게 설계되어야 하는지에 대해서 조사하였다. 이 장을 통해 몰입에 대해서 깊이 있게 이해할 수 있을 뿐만 아니라 오락을 위한 게임 설계에 대한 통찰을 얻을 수 있기 때문에 읽을 가치가 있다.

학습용 디지털 게임 평가

10

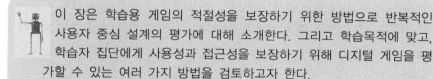

이 장은 학습용 게임의 적절성을 보장하기 위한 방법으로 반복적인 사용자 중심 설계의 평가에 대해 소개한다. 그리고 학습목적에 맞고, 학습자 집단에게 사용성과 접근성을 보장하기 위해 디지털 게임을 평가할 수 있는 여러 가지 방법을 검토하고자 한다.

먼저 학습용 게임 개발에서 사용자 중심 설계 접근법의 중요성을 논하고, 사용자들에게 피드백을 얻는 여러 가지 방법을 제시하며, 평가 계획의 개발 과정을 살펴본다.

이 장은 또한 학습용으로 사용하고자 하는 어떠한 게임에서도 사용할 수 있으며, 주로 진단 평가에 초점을 둔 기존의 다른 유형의 평가에 대해 살펴본다. 장의 후반에서는 학습용 게임의 사용성(usability) 평가에 대한 지침을 제시하고, 논의할 필요가 있는 흥미로운 주제들에 대해 이야기하고자 한다.

반복적 사용자 중심 설계

가능한 한 학생들에게 유용하고 적절하게 개발된 게임을 원한다면 설계와 개발 과정에서 평가가 반영되는 것이 무엇보다 중요하다. 반복적인 사용자 중심 설계의 과정은 매 단계에 사용자의 참여를 촉진하고 필요한 인터페이스와 게임 디자인을 수정하며 초기에 문제점을 확인할 수 있는 지속적인 피드백을 얻을 수 있다.

사용자 중심 설계는 일반적으로 컴퓨터 시스템이나 게임 설계에서 중요한데, 특히 사용자가 게임과 상호작용하는 방법이 학습 단계와 유형에서 영향을 줄 수 있어서 학습용 게임 설계에서 매우 중요하다. 구체적으로 사용자 중심 설계를 알 수 있는 많은 책이 있기 때문에 여기서는 포괄적인 분석을 제공하기보다는 게임 개발 과정에서 지속되는 평가와 검사의 중요한 아이디어, 평가될 수 있는 다른 측면, 평가를 수행하는 몇 가지 방법을 제시하고자 한다.

가장 기본적으로, 사용자 중심 설계는 소프트웨어 설계 과정의 중심에 최종 사용자를 고려하며, 개발되고 있는 시스템과 소프트웨어의 상호작용과 사용 방법을 탐색하는 것을 포함한다. 과정 전반에 걸쳐 반복적인 사용성 테스트를 통해 사용자 중심 설계 과정을 사용하는 개발 방법론은 문제를 신속하게 확인하고 바로잡을 수 있기 때문에 필수적이다. 반복적 사용자 중심 설계는 개발 과정에 사용자를 포함시켜 개발자나 설계자가 고려하지 못했던 창의적인 아이디어를 줄 수 있고 궁극적으로 더 나은 게임을 설계할 수 있게 하는 장점이 있다.

이미 앞 장에서는 설계 과정의 몇 가지 분야인 학습자와 사용 맥락을 이해하는 것에 대해 알아보았다. 이 섹션에서는 (비록 실제적으로 사용자에게 피드백을 받아 더 나은 게임 설계를 하더라도) 설계 초안과 기능명세서가 완전하다고 가정하고, 개발 단계를 수행하는 동안 발생할 수 있는 평가 유형에 초점을 맞출 것이다.

 이 책에서 전체적으로 언급하고 있는 것처럼, 사용자에게 게임의 접근성은 매우 중요하다. 만일 가능하다면, 그것을 사용할 의지가 있는 특정 학생집단을 대상으로 게임기반학습의 적절성을 논의하는 것은 항상 좋은 아이디어를 줄 것이다. 만일 이 학생집단을 잘 알거나 친숙한 집단이라면 학생들과 이야기를 나누고, 그들의 의견을 얻는 것이 더 쉬울 것이다. 이전에 언급했듯이, 고등교육 맥락에서 학생이 게임기반학습을 가능한 학습방법이라 생각하고, 효과적인 목적달성이 가능한 방법으로 받아들이는 것이 중요하다. 물론, 어떤 학생에게는 그것이 게임이라는 사실 하나만으로 동기화될 수 있지만, 모든 사람에게 그렇게 가정될 순 없는 것이다. 접근성에 대한 의견을 수렴할 수 있는 또 다른 간단한 방법은 학생집단을 대상으로 설문조사를 하는 것이다. 만일 학생들이 이전에 게임기반학습을 사용해 본 적이 없거나 무엇이 포함되어 있는지 알지 못하고 그들이 사용해 보았던 단순한 게임 유형으로 오해한다면 문제가 생길 수 있다. 설문조사를 할 때 학생들의 의도와 결점뿐만 아니라 장점들을 이해하도록 하는 것이 중요하다. 이는 게임기반학습에 대한 이해 부족으로 인해 발생하는 부정적인 의견을 피할 수 있고 그들이 기대하는 것을 학생들에게 교육할 수 있는 방법이기도 하다.

 이 섹션에서는 개발 과정에서 평가를 수행하기 위한 설명에 초점을 맞추고자 한다. 사용자 참여를 위한 본질인 게임 설계의 세 가지 영역은 오락성, 기능성, 사용성이다. 오락성은 게임이 얼마나 재미있고 즐거운지, 사용자에게 의미를 주고 일관적인지, 적합한 단계로 구성되어 있고, 게임을 시작하고 사용하기 쉬운지 등 게임으로서 작동을 올바르게 하는지를 말한다. 기능성은 게임 사용자들이 게임에서 원하고 기대하는 것을 제공하는지, 이용할 수 있는 통제 소재와 활동과 같은 측면을 말한다. 사용성은 사용자 통제가 논리적이고 모순이 없는지, 게임이 사용하기 쉽고 상호작용을 충분히 하는지에 대한 측면을 의미한다.

사용자 중심 설계는 사용자 피드백을 중심으로 각 단계에서 만들어지는 수정을 통한 개발과 평가 사이클의 반복적 과정을 보인다. 프로토타입(prototyping)은 설계 측면에서 중요하며 게임이 완성되기 전에 반복적인 많은 순환과정을 겪는 사례가 될 수 있을 것이다. 설계의 다른 단계에서 사용되는 평가 유형은 각기 다를 것이다. 예를 들어, 일반적으로 실제 개발과 프로그래밍에 시간을 들이기 전에 사용자들로부터 피드백을 이끌어 내어 초기 단계에서 종이 프로토타입을 만드는 것이다. 이렇듯 사용할 수 있는 평가 기술은 다양하며 여기서는 좀 더 일반적인 방법을 제시할 것이다. 상호작용 설계에 대해 소개하는 몇몇 책은 이러한 방법과 수행에 대한 자세한 설명을 제공할 테지만 여기서는 게임을 잘 제작하도록 보장할 수 있는 몇 가지 방법을 제시하고자 한다.

종이 프로토타입

실제 게임의 실물모형(mock-ups)이나 종이 프로토타입을 제작해서, 게임을 실제 개발하는 데 소요되는 비용 투자를 하기 전인 개발 과정 초기에 사용자 피드백을 얻을 수 있다. 예를 들면, 오락성을 테스트하기 위해 화면 디자인의 종이 버전을 보여 주거나 적절한 단계를 측정하기 위해 게임에 도전시키고 퍼즐을 끝마치도록 사용자에게 요구할 수 있다.

오즈의 마법사 프로토타입

이 프로토타입 유형은 복잡한 코딩 작업이 반드시 완전하지 않은 개발 과정 초기에 유용하다. 게임이 충분히 실용적이라는 생각을 지닌 사용자에게 불확실한 방법에서 수작업으로 게임의 수행을 시뮬레이팅하는 것이다. 오즈의 마법사 방법을 사용하는 사례는 복잡한 알고리즘보다 사람에 의해 산출된 특정 의견교환을 사용하는 프로토타입이 될 것이다.

시나리오

시나리오 사용, 게임의 설명과 게임에서 일어나는 활동의 유형, 어떻게 사용되는가에 대해 논평하거나 개발을 위해 학생들에게 묻는 것은 게임의 접근성과 발생 가능한 결점이나 문제점에 대한 이해를 얻도록 도와줄 수 있으며, 사용자가 게임과 상호작용할 수 있는 방법을 얻도록 도와줄 수 있다. 다른 사용자 관점에서 시나리오 개발은 다른 방법을 통해 학생들이 게임을 사용할 수 있도록 생각하는 좋은 방법이다.

전문가 워크스루

이것은 전문가의 시각에서 게임을 사용하고 피드백을 제공하는 인터페이스 디자인이나 게임 설계과정에 배경지식과 전문지식을 가진 사람을 참여시키는 것이다. 이것은 문제를 부각시키고 어떻게 분석되었는지에 대한 조언을 얻는 매우 유용한 기술이다.

자문자답 워크스루

이것은 사용자와 게임의 상호작용이 그들의 사고 과정과 어떻게 연관되는지를 관찰하기 위해 사용자에게 게임을 통해 상호작용 활동을 수행하게 하고 그들이 생각하는 것이 무엇인지 말하도록 하는 것이다. 리허설은 특별한 활동과정에서 학생들의 과제 이해 정도를 구조화할 수 있고, 어떻게 게임을 사용하는지에 대해 관찰할 수 있다. 이것은 시스템과 매우 관련이 있기 때문에 개발자들이 인식하지 못하는 오락성이나 인터페이스의 사용성 측면의 문제를 부각시키는 좋은 방법이다. 또한 학생들이 게임 설계자가 기대하는 것을 게임을 통해서 배울 수 있는지에 대해 평가하는 좋은 방법이다.

관찰법

단순히 게임을 하는 사람을 보는 것과 그들이 어떻게 과제에 접근하고 시스템과 어떻게 상호작용하는가를 보는 것은 어디에 문제가 있고, 어떤 작업이 잘 되는지 등에 대한 많은 시각을 제공할 것이다. 이것은 사람에 의해 진행할 수도 있고 비디오를 사용할 수도 있다.

인터뷰/포커스 그룹

개인이나 집단과 게임 사용 경험에 대해 이야기하는 것은 의미 있는 피드백을 제공하고 어디에서 문제가 있는지 발견할 수 있게 해 준다. 또한 문제의 창의적인 해결책을 찾고 사용자에 대한 정보와 부가적인 아이디어를 얻는 좋은 기회를 제공할 수 있다.

시범운영

실제 사용에 앞서 소규모 그룹의 사용자와 게임 전체를 운영해 보는 것은 실제 사용되기 전에 소규모로 게임을 설계하여 어떤 최종적인 문제가 있는지 알려 준다.

이 방법은 유의미한 사용자 평가를 위해 많은 학생들을 모집할 필요가 없으며, 심지어 금전적인 보상을 포함하여 학생들을 평가에 참여하도록 설득하기 어려울 때 유용하다. 각 단계별로 4~6명 정도의 사용자로 하여금 평가를 수행하도록 추천한다. 이 방법은 대응하기 힘들거나 관리의 어려움 없이 게임 디자인에 가치 있는 정보를 줄 것이다.

게임 개발 동안 발생하는 사용자 평가의 가치는 사용 가능한 자원과 시간을 포함한 요인, 개발된 게임의 유형, 평가에 참여한 사용자들의 의지에 달려 있

 10 학습용 디지털 게임 평가

다. 또한 인정된 훌륭한 관행에 기반해 게임을 평가하는 데 사용할 수 있는 발견적(heuristic) 방법이 있다. 이어지는 섹션에서는 학습 가능성, 사용성, 접근성에 대한 게임 평가 방법을 살펴볼 것이다.

이 장에서는 소규모 프로젝트나, 평가 단계에서 구현할 수 있는 평가 유형의 예로 저자가 개발했던 게임을 사용한다. 《파라오의 무덤(Pharaoh's Tomb)》은 이전에 언급했던 《타임캡슐(Time Capsule)》같이 기본적인 협력과 그룹 기술을 가르치기 위해 설계되었다. [그림 10-1]에서 보듯이 세 명의 플레이어가 퍼즐을 풀고 게임을 완료하기 위해 가상 환경에서 협력적인 활동을 수행하도록 설계하였다.

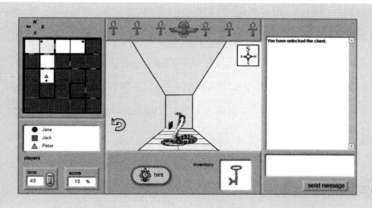

[그림 10-1]
《파라오의 무덤》

게임을 완성하기 위해 플레이어는 가상 환경을 통해서 길을 찾을 수 있어야 했고, 물건을 집어 올리거나 떨어뜨리고, 물 양동이를 가득 채우거나 불을 끄기 위해 물 양동이를 사용하는 등 게임 환경에서 다른 플레이어들과 물건을 같이 사용하며 대화를 나눈다. 사용자 평가에는 세 단계가 있다. 첫 번째는 게임 플레이에 초점을 두고, 두 번째는 기능에, 세 번째는 인터페이스의 사용성에 초점을 둔다. 〈표 10-1〉은 사용자 평가 계획을 보여 준다.

게임 플레이의 평가 첫 번째 단계는 주어진 시간에 적절한 난이도를 유지하

〈표 10-1〉《파라오의 무덤》에 대한 사용자 평가 계획

단계	목적	방법	참여자 수
1	게임 플레이	• 자문자답 • 리허설 • 포커스 그룹의 보고	6
2	기능성	• 관찰 • 포커스 그룹의 보고 • 기록 분석	10
3	인터페이스 사용성	• 오즈의 마법사 프로토타입에 대한 생각	4

는지, 퍼즐이 논리적이며 충분히 해결할 수 있고 명령과 힌트가 적절히 제공되었는지 평가하는 것이다. 기본적인 기능과 몇 가지 퍼즐을 제공하는 첫 번째, 게임 프로토타입은 종이에 그릴 수 있어야 한다. 의사소통 기반의 게임 채팅(chat)은 플레이어들이 다른 사용자들과 대화로 의사소통해야 하는 단계에서는 그렇게 실용적이지 않다. 이것은 플레이어들이 그들의 의견에 접근하는 방법을 알 수 있고, 플레이어들이 협력적으로 퍼즐을 푸는 것을 볼 수 있으며, 게임 환경에서 그들의 상호작용을 관찰할 수 있다는 것을 의미한다. 그리고 이것은 게임 활동 전반에 걸쳐 안내되었으며, 게임 세션 후반부에 포커스 그룹의 디브리핑을 통한 심도 있는 논의의 근거로 사용된다.

평가의 두 번째 단계는 내비게이션, 상호작용, 의사소통, 명령이 적절하고 충분한지에 대한 관점에서 그러한 기능이 지원되었는지 평가하는 기능성 프로토타입을 사용한다. 각 실험에서 플레이어들은 채팅 기능을 사용하여 다른 플레이어들과 의사소통하도록 요구받았으며, 섹션을 관찰하는 연구원에게 의견을 개진하고 질문도 할 수 있다. 세션의 후반부에 그룹이 보고할 기회가 있으며 추가적으로, 각 게임 세션에서 채팅 기능에 대한 기록은 부가적인 문제를 확인하기 위해 추후 검토된다.

평가의 마지막 단계에서는, 사용자 인터페이스와 플레이어들이 게임에서

퍼즐을 해결하고 객체를 조종하고, 의사소통, 내비게이션을 할 수 있는 도구를 개선하기 위한 사용성과 인터페이스 디자인에 초점을 맞추고 있다. 이 평가는 참여자들이 개별적으로 수행하며, 게임에 익숙한 또 다른 방에 위치한 지원자는 두 명의 다른 게임 플레이어가 수행한 부분을 동일하게 플레이한다. 참가자는 다른 플레이어들이 이 단계에서 같은 사람에 의해 게임이 플레이되었다는 것을 의식하지 않고 게임을 수행한다. 플레이어들은 채팅 기능을 사용하여 다른 플레이어들과 상호작용하며 게임을 한다. 그리고 플레이어들은 실험자들이 수행한 대로 그들의 행동과 사고 과정을 소리 내어 말하며 게임 그 자체 혹은 인터페이스에 대한 의견을 제시하고, 그들의 사고과정에 대한 연결고리와 행동에 대한 근거를 설명한다. 이러한 것들은 적절한 시간에 심도 있게 조사하거나 질문하고, 명확한 결론을 도출할 기회를 제공한다.

🤖 활동: 사용자 평가 계획 수립하기

사용자 평가 계획은 사전에 다른 단계의 개발 과정에서 사용자 평가 시리즈를 계획하는 데 유용하다(만일 필요하다면 나중에 항상 추가할 수 있다.).

《파라오의 무덤》을 평가 계획의 출발점으로 사용하고 자신의 게임 설명서를 성찰해 보고, 어떤 사용자 평가 유형이 해당 게임에 충분히 오락적이고, 적합한 기능성을 가지며 사용성을 보장하는 데 유용할지 생각해 보자.

초기 사용자 평가 계획을 개발하는 과정은 평가, 피드백, 재검토를 위한 개발 과정에서 실질적인 시간 계획을 수립할 수 있도록 하기 때문에 도움이 된다. 그것은 게임 개발 과정에서 사용자의 중요성과 규칙을 만들어 내는 부가적인 장점도 있다. 뿐만 아니라 개발 과정에서 지속적인 사용자 평가는 목적에 알맞은 게임을 개발하는 데 도움이 되어야 하며, 개발 과정 동안 평가를 수행할 수 있고, 게임이 사용되고 있는 시간 동안 평가를 수행할 수 있으며, 스스로 좋은 사례에 기반을 두고 수행할 수 있는 많은 진단 평가가 있다. 다음 섹션에서 그러한 것을 논의할 것이다.

디지털 게임 평가

평가에서 스스로에게 물을 첫 번째 질문은 무엇을 평가하길 원하며 왜 하는지다. 예를 들어, 실행을 개선하기 위한 평가의 목적인지, 특정한 질문에 답하거나 게임의 효과성에 대한 증거를 제공하기 위함인지 등이다. 목적을 분명하게 하는 것은 처음부터 평가 활동을 강조하는 것을 도울 것이고, 평가의 목적이 없다면 평가 도입 부분에서 수행할 가치가 있는가를 고려하도록 도울 것이다. 다른 것보다 평가하기 쉬운 것이 있는데, 예를 들면 학생이 게임에서 즐거운 경험을 얻는가에 대한 생각이다. 그러나 학생들이 게임에서 어떤 것을 실제로 배운다면 특히 배우기를 의도하는 것이 학습되었는가를 확인하기는 더 어려울 수 있다. 또 고려해야 할 질문은 언제 평가할 것인가다. 가령, 수업이 끝난 후에 학생들을 바로 만나서 성취 정도를 확인하기는 쉽지만, 학생들이 수업이 끝난 몇 달 후에 게임 수행과정에서 배운 원리를 적용할 수 있을 때까지 게임 사용의 가치를 인정하지는 않을 것이다.

평가를 설계할 때, 처음에 무엇을 평가해야 하는가를 정확히 생각하고 평가 목적을 쓰는 것은 도움이 될 것이며, 게임 시작 전에 데이터를 모으고 계획을 분석하는 것은 실질적으로 유용하다. 평가 계획을 수립한다는 것은 실제로 무엇을 의도하는지를 평가하는 데 매우 중요하고 평가하기 쉬운 것이 무엇인가에 대해 단순히 먼저 있었던 사건을 이유로 들어 문제의 관계를 파악하지 않도록 하거나, 평가의 특정한 부분을 지나치게 강조하지 않는 것이 매우 중요하다.

사실 조사에서 입증되지 않아 증거가 적절하지 않음에도 학생을 대상으로

한 비형식적인 피드백은 학습을 위한 게임이 얼마나 효과적인지를 측정하고 얼마나 가치가 있는지를 측정하는 탁월한 방법이다. 많은 의견 중에는 강경하게 이러한 이유를 밝히는 또 다른 의견이 있을 수 있으니 조심해야 한다. 그들의 의견은 전체를 대표하는 것이 아니며, 일반적으로 처음 의견을 밝히는 경우는 그리 긍정적이지 않은 편이다.

일반적으로 교수－학습을 위해 사용하고, 특히 디지털 게임의 사용을 평가할 때 사용하는 많은 유형의 평가가 있다. 7장에서 이미 디지털 게임의 사용으로 발생하는 학습지원 방법에 대해 언급했기 때문에 여기서는 더 언급하지 않을 것이다. 이 장에서 언급하는 평가의 세 영역은 진단·형성·총괄 평가이며, 여기서는 게임을 한 학생들의 경험을 평가하기 위한 기술을 논하고 있기 때문에 진단평가에 더 큰 비중을 둔다. 진단평가는 활동이 일어나기 전에 하며 교육과정 설계, 체계적인 정렬, 사용성, 게임 그 자체의 접근성과 같은 측면에 대한 평가를 담고 있다. 형성평가는 교수활동 과정 중에 활동의 개선을 위한 목적을 지니고, 그것의 사용 정보와 피드백이 활용될 수 있으며 이러한 활동이 일어나는 평가 활동을 포함한다. 총괄평가는 여러 활동이 끝난 후에 수행하며, 활동 후에 알게 된 점의 전체적인 효과를 알아보기 위한 목적에서 이루어진다. 형성평가와 총괄평가 조사는 시기나 목적 면에서 유사하며 게임과 학생의 경험에서 이루어진 학습성취 같은 측면을 포함한다.

진단평가는 학생들이 게임 활동을 하기 전에 하는 평가다. 그것은 미처 인식하지 못한 문제를 인식하고 실제 실행 전에 문제를 개선하기 위해 이루어진다. 진단평가를 하는 방법에는 여러 가지가 있는데, 예를 들어 체계적인 검토를 수행하거나 만들어져 있는 체크리스트나 지침서를 이용하거나 검토 분야 (예를 들면, 교육과정 설계, 인터페이스 디자인) 전문가의 검토를 통해 게임을 검토하는 것으로 이러한 것은 외부 관점에서 게임 설계의 향상을 가져올 수 있다는 장점을 가지고 있다.

특히, 진단평가가 게임기반학습의 맥락에서 유용한 두 가지 분야가 있는데 좀 더 자세히 논의해 보고자 한다. 전반적으로 게임의 접근성과 게임 환경의 사용성이 있다. 실제 교수학습 상황에 사용하기 전에 어떤 게임의 접근성과 사용성에 대한 평가를 수행하는 것은 사전에 문제를 해결하고, 개선할 기회를 제공하며, 게임기반학습 자료가 적용 가능한 가장 높은 질을 가질 수 있도록 보장하기 위한 부차적인 설계를 명료화하는 기회를 제공한다.

접근성

　게임의 접근성은 특별히 장애를 가진 학생들을 제외하고는, 모든 학생이 제공된 게임 환경을 사용할 수 있어야 한다는 것을 의미한다. 여기서 진단평가는 모든 학생들이 게임에 동등하고 공정한 접근을 할 수 있도록 지원하는지, 그리고 교사가 최대한 그런 환경을 접할 수 있도록 합리적인 조정과 조절을 제공하였는지를 확인할 수 있다. 접근성에 대해 고려하는 것은 장애의 범위(예를 들어, 청각적·시각적 손상, 지체 혹은 인지 장애)에 있는 학생들이 학습경험을 할 수 있도록 보장하도록 도와줄 것이다. 이 요건은 학습에서의 게임의 사용을 참고하는 것뿐만 아니라 실제로 모든 학습경험을 위해 고려되어야 할 것이다. 즉, 디지털 기술의 사용에서 모든 학생이 똑같은 접근의 기회를 가질 것이라고 가정할 수 없다는 사실을 부각시키기 때문에 여기서 게임이 가진 특별한 조건을 포함한 접근성에 대해 언급한다. 이것은 또한 교육적 맥락에서 접근성에 대한 고려가 법적으로(영국의 장애인 차별법과 미국의 사회복지법 508절) 요구되고 있다는 점에서 의미 있는 부분이다.

　보편적인 접근성을 보장할 수 있는 정도는 게임이 제작되는 개발환경이 어떤가에 달려 있다. 상업용 게임의 접근성에는 전혀 영향력을 가질 수 없고, 모든 학생이 동등한 경험(여기서 중요한 단어는 동일이 아닌 동등)을 얻는 창의적 방법을 생각해야만 한다. 이질적 개발 도구는 프로그램에 이미 내장된 기능을 통해 다른 접근성 수준을 가지므로 가능한 각자 사용하고자 하는 도구에 대해 각자 연구하기를 추천한다. 여기에 있는 일반적인 안내서는 웹 접근성에 대한 가이드라인에 기초하고 있으므로 다양한 개발 환경에 맞는 방법을 충족시킬 것이다.

가능하다면, 원본과 같은 청각적·시각적 콘텐츠를 제공해야 한다. 이것은 제작된 게임 콘텐츠에 접근하기 위해서 다양한 보조 기술(예를 들면, 스크린 리더)을 활용해 플레이어가 게임에 접근하게 하는 것이다. 실제로 게임 수행 능력을 약화시키지 않고(예를 들어, 플레이어에게 명확한 답을 제공하지 않는 그래픽, 혹은 청각적 퍼즐 형태 문제의 일부에 대해 양자택일 기능을 제공하는 것은 불가능하다고 판단한 이질적 타입의 퍼즐, 도전에 기초한 현실 게임)는 성취하기 어려울 것이다. 이런 상황에서 우리는 게임의 무결성과 플레이 가능성을 확인하는 것이 중요한 일이라고 생각했으며, 협력은 특정한 문제(특정한 문제를 단순히 해결할 수 없었던 사람들에게 순서대로 보조되었던)에 접근할 수 없었던 모든 플레이어를 지원하는 방법을 촉진시킬 것이다.

문자는 명료해야 하며, 특히 적당한 기본 사이즈와 전경과 배경 사이의 적절한 대비가 있어야 한다. 텍스트 크기를 재조정하는 능력과 사용자 색상은 사용자가 자신의 기호에 맞게 설정할 수 있게 해야 한다. 특히, 색맹인 플레이어가 볼 수 없는 낮은 대비의 색상조합은 피해야 한다(예를 들어, 긍정이나 부정의 표시로 붉은색, 혹은 초록색으로 상태를 조정하는 것은 특정한 색을 볼 수 없는 색맹 환자에게는 접근을 불가능하게 한다.).

사용자들이 가상 세계(특히, 3D 세계)를 통해 게임을 수행하는 환경을 사용하고 있다면 전체적인 경험에 부정적인 영향을 미치며, 움직임이 자유롭지 않은 일부 사용자들에게 게임 플레이의 문제가 있을지 모른다는 것 역시 사전에 확인하는 것이 중요하다. 추가적인 지원과 플레이 목적(예를 들면, 지도, 오버레이, 움직이는 데 필요한 대안적인 보기와 방법)은 가능한 한 언제나 제공되어야 한다. 게임을 플레이하고 상호작용하는 데 유동적인 (그리고 이상적으로 사용자 정의가 가능한) 양자택일이 가능한 방법에 대한 준비는 좋은 예가 될 것이다.

따라서 가상 환경에 맞는 움직임을 위한 사용자 맞춤형 키보드 입력이 필요하며, 입력방법과 기기는 융통성이 있어야 한다.

학습결과에 직접적으로 영향을 주지 않는다면, 눈과 손의 협응 활동이나 빠른 조작은 가급적 피하고, 특정 시간대에 학습목표를 달성하는 활동 설계 역시 피해야 한다. 다음 접근성 체크리스트를 살펴보자.

접근성 체크리스트

원본(문자화된 정보)과 동일한 모든 비문자화된 형태의 정보가 제공되고 있는가?	☐
기본 설정된 문자는 판독하기 쉬운가?	☐
문자 크기와 색상은 사용자 정의가 가능한가?	☐
색상의 사용은 적절한가?	☐
깜빡거리는(번쩍거리는) 요소는 없는가?	☐
내비게이션을 지원하는 도구는 있는가?	☐
내비게이션과 상호작용을 위한 대체 방법은 있는가?	☐
눈과 손의 협응을 요하는 불필요한 항목은 없는가?	☐
불필요한 시간 제한은 없는가?	☐

위에서 제시한 이해하기가 쉽지 않고 낮은 수준의 접근성에 대한 지침은 JISC TechDis가 www.te-chdis.ac.uk에 제시한 것이다. 학습에서 접근성 지침은 보다 일반적인 문제에 대해 생각하고 그들이 어떻게 게임기반학습을 통한 경험의 확장에 활용되는지 생각해 보게 하는 좋은 출발로 생각할 수 있다 (http://excellence.qia. org.uk/page.aspx?o=jisctechdis 참조).

만약 처음부터 게임을 만들지 않았다면, 게임 환경 그 자체에서 이런 사항을 제공하기는 어려웠을 것이다. 얼마나 큰 잠재력이 접근성의 쟁점에 영향을 미치는가 그리고 어떻게 그들을 게임 환경 밖으로 향하게 계획하는가를 결정하는 것은 여러분에게 달려 있다. 게다가 학습목표에 주의를 기울이고, 게임 자체(예를 들면, 짝 활동)를 충분히 활용할 수 없는 학생들이 사용하고 접근하며, 목표달성을 위한 지원 활동을 제공하는 것 역시 중요하다. 미국과 영국을 포함한 많은 나라에서 법률상으로 교육기관에서 장애를 가진 학생이 동등한 교육적 경험(비단 게임을 하는 것뿐만 아니라 모든 교수 측면에서)을 얻게 하고 합리적인 예방 조치를 취하게끔 정해졌다. 실제 이것은 게임을 이용할 때 장애를 가진 학생에게 미칠 영향을 고려하고, 모든 학생이 학습에 참여하는 것을 가능하게 하는 창의적 생각인 셈이다. 학생들이 서로 소통하고 협력하는 게임을 설계한다는 것은 협동학습을 지원하는 것뿐 아니라 각 학생들이 서로서로 부족한 부분을 도와주는 활동을 촉진시킨다. 따라서 모든 학생이 게임에 접근하게 하는 것은 중요한 배려이고, 모든 학생이 가능한 한 게임에 접근하게 만든다는 관점에서 게임의 영향을 고려하는 것도 중요한 점이다. 접근성 디자인은 좋은 경험이 될 것이며 게임이 모든 학생에게 이용할 가치가 있도록 만들 것이다.

사용성

사용성은 사용자가 얼마나 게임 소프트웨어를 배우기 쉽고, 사용자 간 상호작용과 게임 수행이 쉬운지를 판단하는 기준이다. 베넌 등(Benyon et al., 2005)은 적절한 노력을 요하고 효과가 높아(정보가 적당히 조직되어 있고 적당히 기능적이어서 효과적인) 배우기 쉽고, 조작이 안전하고, 사용성이 높은 컴퓨터 시스템을 설명하고 있다. 사용성은 얼마나 효과적으로 상호작용하는가와 얼마나 쉽게 게임을 사용하는가, 얼마나 유동적인 모드로 상호작용하고 얼마나 학생의 눈높이에 맞는가와 같은 문제를 중요하게 고려한다.

게임기반학습 환경의 사용성에 대한 관점뿐만 아니라 교육적인 디자인을 지원하는 중요한 설정은 이미 6장에서 언급하였다. 두 번째 설정은 게임기반학습 적용의 인터페이스 디자인과 관련된 저자의 연구에서 출발한다. 두 번째에서 제시한 여섯 가지 기준은 사용자 인터페이스, 사용되는 요소, 상호작용 모델이 학습을 도와주는지 여부를 평가하는 것이다.

- 게임 환경이 키보드나 마우스 사용과 같이 상호작용하는 방법에 있어 다른 사용자에게도 유동적 상호작용이 가능하게 변화할 수 있어야 한다. 상호작용은 학습 맥락에서 의미가 있어야 하지 게임 자체에 목적이 있어서는 안 되며, 인터페이스 조정은 논리적이며 일관성이 있어야 하고, 실행에 따른 결과로 주어지는 피드백 인터페이스는 적시에 적절하게 유의미해야 하고, 실행 지표는 학습자의 학습과정을 측정할 수 있는 것으로 학생들에게 현 상태를 알릴 수 있는 피드백이어야 한다.
- 게임은 게임 자체 내에서 또는 게임 외부에서 웹 리소스나 포럼 같은 형태로 플레이어의 커뮤니티 지원을 제공해야 한다. 아바타(혹은 플레이어를 표현할 수 있는 어떤 방법)의 사용과 통합된 커뮤니케이션 도구는 이런 것들을 지원하는 역할을 하고, 중재, 여론조사, 적절치 못한 행동을 보고하는 것과 같은 커뮤니티의 자기관리 지원 기능이 필요하다.
- 인터페이스는 명료하고 일관성이 있어야 하며 플레이어의 위치(예를 들면, 지도 등)에 대한 개요를 제공하는 환경을 사용자가 이용할 수 있도록 명쾌한 게임 실행을 유도해야 한다. 도움 및 안내 기능은 기능적으로 분명해야 하고, 원칙적으로 게임 실행의 대체 방법도 가능해야 한다.
- 게임은 사용자 정의 옵션을 통해 페이스 조절이나 플레이 레벨을 조절할 수 있게 하여 어떤 경로에서도 과업이 수행될 수 있도록 사용자 통제를 가능한 한 허용적으로 제공해야 한다. 적절하고 명료한 인터페이스가 되기 위해 필요한 기능들에 대한 명확한 지침이 있어야 한다.
- 게임 시스템은 반드시 일관성이 있어서 사용자들이 오류(혹은 처음부터 에러를 만들지 않게끔)로부터 빨리 게임 활동 과정에 복귀할 수 있도록 구성되어야 하고, 어떤 경우라도 플레이어들의 활동에 대해 게임 내에서의 피드백을 받을 수 있도록 해야 한다. 원칙적으로 게임 맥락에 적절한 지원

과 힌트가 있어서 다음 단계에서 언제든 자신의 위치로 돌아올 수 있도록 해야 한다.

• 게임 환경은 가능한 한 단순하고 깔끔하며, 문자를 읽기 쉽고, 화면에서 상호작용 기능의 위치가 일관적이며 예술적이면 더할 나위 없이 좋은 것이다. 또한 적절한 시각 디자인을 가지고 있어야 한다. 콘텐츠와 정보는 쉽게 접근 가능한 양이어야 하고, 그래픽과 풍부한 미디어는 불필요하거나 자제하는 것보다 목적에 적합하게 사용되어야 한다.

이 지침은 좋은 예가 무엇인지에 대한 개요를 제공하고 있지만, 이러한 기준에 맞지 않은 효과적인 교육용 게임의 예도 분명 있을 것이다. 6장에서 기술한 지침과 같이 완벽한 인터페이스를 갖춘 교육용 게임은 존재하지 않을 수도 있으므로 너무 이 기준에 얽매인 디지털 게임을 선택하기보다는 학습 맥락의 의미에 맞는 유연한 적용을 하길 바란다.

활동: 게임의 사용성 평가하기

사용성 지침을 활용하여 이 책의 서문에 있는 세 게임 중 하나의 리뷰를 만들어 보라.

• 상호작용할 수 있는 유연한 방법을 제공하고 있는가?
• 게임을 지원하는 플레이어의 커뮤니티가 있는가?
• 인터페이스와 게임월드가 제공하고 있는 안내는 명확하고 일관성이 있는가?
• 어느 정도 사용자 정의가 가능한 인터페이스를 제공하는가?
• 오류로부터 빨리 복귀할 수 있는가?
• (오류 없이) 사용자의 조작에 항상 응답하는가?
• 시각적 디자인이 적당한가?

바라건대, 이 활동을 통해 게임 설계를 할 때 사용성에 관한 쟁점들을 발견할 것이며, 모든 게임이 모든 사람의 요구를 바탕으로 설계될 수 없다는 것을 알게 될 것이다. 이 세 가지 게임이 기본적으로 학습이 아닌 오락을 위해 설계되었음에도 훌륭한 사용성에 대한 지침은 여전히 폭넓게 적용되고 있다는 사실을 알아야 한다. 실제로 자신만의 게임을 디자인할 때 하나 혹은 그 이상의 지침에 맞지 않아 얼마나 부족함을 느끼느냐에 따라서 원래 게임의 디자인의 의미와는 다른 방향으로 디자인할 수도 있다. 이 지침은 개발 과정을 지원하려는 의도로 제시한 지침이지 사용자들을 구속하는 것이 아니다.

우리는 이 책의 기술 부분 마지막 장에서 개발하는 게임과는 상관없이 가능한 한 학생들에게 유용한 방법들에 대해 살펴보았다. 상세한 설명(다른 책에서 다루고 있는)을 다루지는 않았지만, 이 장을 통해 학습용 게임 개발 시 색다른 방법으로 좋은 아이디어를 고안하기 바라며 실제로 학생들에게 유용하고 학습 맥락에 적절한 내용을 찾고 계획할 수 있는 노하우를 얻기를 바란다.

10장 요약

이 장에서 우리는 학습용 디지털 게임을 평가하는 다양한 방법에 대해 살펴보았다. 이 장은 학습자 중심 설계에 관한 논의에서 출발하여 게임 환경에서 사용자들로부터 피드백을 얻는 테크닉을 제안하였다. 제안한 테크닉은 종이 프로토타입과 오즈의 마법사 프로토타입, 시나리오, 전문가 워크스루, 자문자답 워크스루, 관찰법, 인터뷰/포커스 그룹과 시범운영에 관한 것이었다.

두 번째 파트는 진단평가와 형성평가, 총괄평가 간의 차이를 살펴보고, 학습용 게임에서 접근성을 높이기 위한 지침을 소개하였다. 마지막으로 학습용 디지털 게임이 갖춰야 할 여섯 가지 사용성—유동적 상호작용, 플레이어 커뮤니티 지원, 명쾌한 게임 실행, 사용자 정의, 시스템의 일관성, 적절한 시각적 디자인—에 대한 지침에 대해 논의하며 이 장을 마무리하였다.

10 학습용 디지털 게임 평가

읽을거리

D. Benyon, P. Turner & S. Turner (2005). *Designing Interactive Systems*. Harlow: Addison-Wesley. 사용자 중심 설계의 모든 측면에 대한 좋은 개요를 제공하고 있다.

J. Harvey (Ed.) (1998). *Evaluation Cookbook*. Edinburgh: Herriot-Watt University (retrieved on Jan. 2009 from http://www.icbl.hw.ac.uk/1tdi/cookbook/cookbook/pdf). 대부분 게임 기반 학습에 적용할 수 있으며, 온라인 학습평가에 대해 넓은 범위에서 유용한 아이디어를 제공한다.

사례연구
11

이 장에서는 학습지원용 디지털 게임에 대해 연구 중인 고등교육 전
문가의 경험에 기초한 여섯 가지 사례연구를 담고 있다. 각 사례는
디지털 게임의 실용성, 교육적 이론, 실제, 기술적 개발과 게임의 영
향에 대해 논의하고 있다.
이 사례연구들이 고등교육 환경에서 교수-학습을 지원하는 효과적인
도구로 디지털 게임을 사용할 때 발생하는 실제적인 문제에 대한 예로
사용되길 바란다.

사례연구 1 : 《후이스 헤링 헤일(Who is Herring Hale?)》

브라이튼 대학교

캐이티 피아트(Katie Piatt)

브라이튼 대학교는 학생들의 동기유발을 위해 비전통적인 방법을 찾고 있었
고 학생들의 참여를 지속시킬 방법으로 게임을 발견하였다. 대체현실게임
(alternative reality games)은 대학 캠퍼스 혹은 주변에 존재하는 물리적 혹은 가
상의 자원들을 이용하여 설계가 가능하고 웹 기술을 활용한 친근한 방법으로

개발 시 접근성에 관한 쟁점과 비용의 단점을 보완해 주는 방법으로 생각되었다.

누구나 게임에 참여할 수는 있지만, 게임 초대장은 단지 신입생 퀴즈에서 적어도 70%를 획득한 신입생(약 5,000명의 신입생 가운데 217명)에게만 보내졌다. 콘텐츠는 학생지원 서비스와 재원에 대한 내용을 포함한 다양한 분야의 내용으로 구성되었다. 총 42명(초대된 학생의 15%)의 학생들은 게임에서 적어도 한 가지 과제(task)를 달성했으며, 12명의 학생들(모든 플레이어의 29%)은 열 가지 과제 모두를 달성하였다.

이 게임은 2006/2007학년도 1학기에 진행되었으며《후이스 헤링 헤일》이라는 이름으로 불렸다. 형식은 10개의 과제 시리즈로 이루어졌으며, 한 학기에 걸쳐 일주일에 한 번, 시간-여행 서사구조를 기반으로 캠퍼스 소셜 네트워크에서 온라인 커뮤니티를 지원하는 형태로 이루어졌다. 과제는 학생들이 사용할 수 있는 서비스로 교내의 온라인과 오프라인 모두에서 이루어졌다.

게임 초대는 매주 1회의 이메일을 통해서 교육부장이 플레이어(최소 한 가지 이상의 과제를 달성했거나 커뮤니티에 등록한)에게 보내는 방식으로 운영되었다. 이메일은 플레이어가 더 많은 정보를 얻기 위해 커뮤니티 영역(구현된 소셜 네트워킹 플랫폼)으로 접근하도록 유도하는 역할을 했다. 지원부서에서는 블로그와 모든 유인물에 오렌지색 배경의 'H, 로고를 붙여서 학생들이 그 유인물들을 접했을 때 쉽게 알아볼 수 있도록 했다. 학생들은 이메일을 통해 과제에 접근하였고, 학생들이 과제를 수행하는 일은 교육부장의 이메일 주소록을 통해서 담당 프로젝트팀이 관리하였다.

각 과제는 대학에서 수행하는 주요 지원 서비스로 구성되었고, 학생들이 중요 내용에서 유용한 정보를 얻을 수 있다는 것을 느끼도록 서비스가 설계되었다. 특정 정보 안에 평범한 정보로 숨겨져 있는 암호와 수수께끼 같은 단서가 들어 있는 것이다. 열 가지의 과제와 게임의 타임라인은 〈표 11-1〉에서 보는 것과 같이 각 지원부서가 동의한 것이며 어떤 주에는 깜짝 선물도 주어진다.

〈표 11-1〉《후이스 헤링 헤일》에 대한 주별 활동 분석

주 차	활동	상품	부서
게임 위크 0	새로운 학생 퀴즈(새로운 학생 모두에게 개방)	iPods 2대	일반
게임 과제 1	책상 위 대출한 책을 찾고 특정한 이름을 찾기		도서관
게임 과제 2	특정 직업을 찾고 적용해 보기		진로
게임 과제 3	식사 초대권 리플렛에 숨어 있는 단서를 풀기	무료 커피 쿠폰이 모든 플레이어에게 제공	요식
게임 과제 4	컴퓨터실 도우미에 의해 전해진 메시지 해석하기	50명 선착순으로 5파운드 프린트 크레딧 제공. 단서는 노트북으로.	컴퓨팅
게임 과제 5	UBSU 웹사이트에 등록하고 스도쿠 퍼즐 완성하기		학생 연합
게임 과제 6	소방안전 비디오에 숨어 있는 단서 발견하기	선착순 20명에게 자동 화재 경보기	건강과 안전
게임 과제 7	굿 스터디 가이드 블로그에서 자신의 첫 학기 수업을 반성해 보기	블로그에 참여한 모든 사람에게 야구모자 제공	학생지원과
게임 과제 8	학생 서비스와 광고를 자립 섹션에서 정보 찾기		학생 서비스
게임 과제 9	비디오를 보고 사진을 찍는 데 협력하고 커뮤니티에 사진 올리기		일반
마지막 주	디브리핑, 주요 상 수여, 평가		

　게임의 설계와 개발에는 대학 내의 관심 있는 부서가 해당 주의 과제에 대한 힌트를 제공하기 위해 게임 개발자와 함께 일한다. 게임 전달은 학습기술부의 직원이 플레이어들을 독려하기 위해 힌트를 공개하고 이메일과 커뮤니티 사이트를 통해 응답한다. 이 일은 매일 어느 정도의 시간이 소요되지만, 실제로

게임이 실행된 기간에 하루 약 두 시간 정도 소요된 것으로 추정된다. 만약 보다 높은 자동화된 시스템이었다면 더 많은 직원의 참여와 노력이 필요했을 것이다. 꼭 안내되어야 할 것은, 어떤 과제가 제시되면 그 과제는 플레이어들에 의해 자발적으로 운영되어야 한다는 것이다. 게임 플레이어는 원칙적으로 신입생이었지만, 학생이면 누구나 혹은 직원의 경우에도 플레이가 가능했다.

게임 플레이어를 평가하는 평가 도구는 없었다. 모든 과제를 수행한 마지막 12명의 플레이어는 평가의 목적에 대한 디브리핑(debriefing, 비공식적인 인터뷰)을 위해 초청되었고 상품이 주어졌다. 8명이 인터뷰에 응하였으며 학생들은 목표에 완전히 몰입하는 것으로 관찰되었고 가능한 한 친구에게 원래 목표에 도움이 되는 힌트를 제공하려 하였다.

이 게임은 대체현실게임/보물찾기 형식이 학생들에게 확실한 형태의 정보나 서비스를 소개하는 구조를 지니고 있어 흥미로운 방법이 될 수 있다는 증거를 제공하였다. 물론 이 방법이 모든 학생을 매료시킨 것은 아니지만, 이런 방식을 좋아하는 학생들에게는 매우 효과적이었다. 이러한 형식은 또한 학생들에게 공식적인 교육과정 안에서 휴식을 제공하고 무엇인가 특별함을 느끼게 하였다. 플레이어들을 지원하는 블로그 사용도 실질적이고 효과적이었다.

다음은 모든 과제를 수행한 12명의 학생들로부터 얻은 피드백이다.

오리엔테이션을 하는 주에 교직원들이 어디에 가면 도움을 받을 수 있는지 말해 주지만, 그 자리를 뜨고 난 지 5분 만에 모든 것을 잊어버린다. 그런데 (이런 게임) 방법은 너무 훌륭하다. 나는 이제 어디로 가야 하는지 실제로 너무 잘 안다.

나는 무수히 많은 프로그램 학습에 둘러싸여 있는데, 이 게임은 나에게 휴식과 새로운 관점을 제공해 주었다.

학습의 방법으로 정말 괜찮다.

활기차고 멋진 한 학기를 보낼 수 있게 해 줘서 모든 것에 고마움을 느낀다. 오렌지색 전문가를 쫓는 것부터 내 이마에 숟가락을 붙이는 것까지도 정말 재미있었다.

일부 학생들은 '재미있고' '무언가 특별한 부분의 일부가 된 것 같다.'는 표현을 하였고, 많은 학생들이 분명히 깊이 게임에 빠져들었다고 했다. 이는 곧 고등교육에서의 주요 이슈인 학생모집과 연관될 수 있다. 학생모집에 영향을 주는 것으로 밝혀진 요소 중 하나는 안내과정의 수준이며 이 모델은 학생수를 늘릴 수 있을 정도로 호소력이 있다.

게임 공개는 브라이튼 대학교의 캠퍼스-광역 소셜 네트워킹 시스템과 함께 시작되었다. 이것은 교육과정에서 학문적 맥락의 실용성은 매우 낮았던 것에 비하여, 플레이어들이 온라인에서 협력할 수 있는 손쉬운 방법을 제공하였고, 또한 새로운 시스템에 대한 학생들의 인식을 높이는 데 일조를 하였다. 초기의 몇 가지 과제에서 플레이어들이 서로를 도와주고 과제를 논하는 데 온라인 커뮤니티를 만들어 사용하는 것이 편했다는 것이 확실해졌다. 게임은 또한 대학 주변에 존재하는 다른 기술 서비스의 활용도 이끌어 냈다(학생들의 학습관리 환경에 관한 퀴즈와 정보, 비디오 편집 서비스와 이메일). 예산은 1,000파운드였는데, 모든 예산은 iPod나 USB 같은 상품마련에 쓰였다.

총체적으로 게임에 대한 테스트는 없었다. 항상 실행된 게임을 발전시키고 이전 과제에서 플레이어들에게 어려운 과제, 혹은 협력기회를 측정하는 것을 확인하는 것만 있었다. 이러한 접근은, 학생무도회 포스터 뉴 시리즈에 정보를 사용하여 새로운 과제에 대한 단서를 제공하거나 새롭게 선보인 화재예방 비디오를 선전하는 데 활용하는 등 실제 행사에 매우 민감할 수 있도록 하였다. 평가는 과제가 나가기 직전에 명령이 명료한지를 체크하는 것으로만 자원하는 동료에 의해서 수행되었다.

Tips

- 저조한 참여율에 실망하지 말라. 수수께끼와 퍼즐은 모든 사람에게 흥미를 끌게 하지는 않는다.
- 점수화하는 것에 대해 완벽한 공정성과 일관성이 있어야 비난을 막을 수 있다.
- 학생들이 과제에 대해 공유하고 협력하는 방법을 꼭 제공하라.

사례연구 2 :《마켓플레이스(MarketPlace)》

스트라스클리드 대학교 니키 하이니즈(Niki Hynes)

맨체스터 메트로폴리탄 대학교 니콜라 휘튼(Nicolar Whitton)

《마켓플레이스》라는 비지니스 게임은, 에딘버그(Edinburgh)에 있는 네이피어 대학교의 마케팅 관리 실습, 학부 졸업반 마케팅 과정에서 협력활동의 핵심 부분으로 사용되었다. 《마켓플레이스》([그림 11-1] 참조)는 학생 그룹이 회사의 시장점유율과 지위 유지를 위해 다른 회사와 상호경쟁하여 과업을 달성하는 온라인 가상 비지니스 환경을 제공한다. 시장분석, 시장전략 설계 그리고 개발을 포함한 적절한 제품의 설계 활동을 포함하고 있다. 게임의 목적은 실제 사회 맥락에서 마케팅 기술 적용을 가르치는 데 있다. 게임기반의 교육과정은 2004/2005학년 학기 동안 교육과정을 이수하도록 선발된 42명의 학생들에게 투입되었다.

이 게임은 한 학기 동안 진행되었고, 게임에서 학습과정을 운영하였으며, 모든 활동의 핵심이 되었다. 교육과정을 시작할 때, 학생들은 팀 또는 가상 회사로 나뉘었으며, 4명 혹은 5명의 구성원이 이 기간 동안 팀에서 활동하였다. 교육과정은 총 15주였고, 그 기간 내에 게임이 8회기의 결정 기간으로 나뉘었

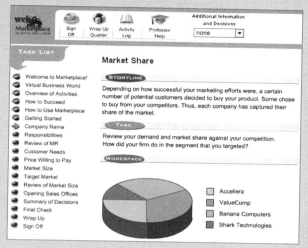

[그림 11–1]
《마켓플레이스》 온라인 게임

으며, 그룹들은 회사와 마케팅 전략 그리고 개발이 요구되는 제품에 대해서 의사 결정을 내려야만 했다. 《마켓플레이스》는 온라인 게임이며 의사결정이 온라인으로 진행되었지만, 학생들은 의사결정을 논의하기 위해서 서로 얼굴을 맞대고 회의를 해야 했으며, 이 중 한 명은 매 결정 기간 말에 회사의 개요를 수정하는 작업을 하였다. 기간의 말미에는, 시뮬레이션 게임이 즉각적인 피드백을 제공하였으며 가상 환경 내에서 회사 상호 간 실적을 보여 주었다.

교육과정의 수업은 총 5회의 강의와 매주 3시간의 튜토리얼로 이루어져 있다. 그 과정에서 학생들은 (비록 할당된 튜토리얼 슬롯 밖에서 만날 수 있었지만) 자신이 속한 그룹의 의사결정을 내리도록 훈련되었다. 튜토리얼에 출석은 의무적이었고, 튜토리얼 연습문제지는 각 그룹의 모든 멤버가 완성하여 서명하고, 각 지도시간이 끝날 때 제출해야 했다.

각 팀의 성과는 경쟁력 있는 환경을 제공하기 위해서 다른 팀의 성과와 비교하여 평가되었지만, 학생들은 자기 팀의 성과를 바탕으로 평가되지 않았다. 평가에는 세 가지 형태가 있었는데 그룹과 개인성과로 강조되어 나뉜다. 학생들은 자신의 성과에 대해, 지금까지의 활동과 미래 계획에 대해, 이사회에 발표 준비를 해야 했다. 발표는 게임의 5번째 의사결정 기간 이후에 진행되었다 (최종 표기의 40%에 해당). 그들은 개개인의 임무를 시뮬레이션 말미에 완성해야만 했다(40%). 그리고 각 팀의 연습문제지 세부사항은 각 튜토리얼 기간에 작성되었다(20%). 게임 모듈에 대한 최종 개인 평가뿐만 아니라, 마케팅 관점에 대한 분석으로서 학생들은 게임을 하면서 타인과 협력적인 작업을 하며 자신들이 경험한 바를 반성하도록 하였다.

이런 형태의 게임이 이러한 맥락에서 사용되고, 총괄평가가 수행된 것은 이번이 처음이다. 게임 모듈을 시작하기 전에, 학생들에게 컴퓨터 게임과 교육용 게임에 대한 사고방식 검사지를 작성하도록 하였다. 형성평가와 총괄평가를 위해 《마켓플레이스》게임을 진행한 그룹에서 학생들의 학습경험을 파악하기 위해서 양적·질적 평가 모두가 사용되었다. 게임 모듈은 세 가지 방식으로 평가되었다. 즉, 여섯 개의 포커스 그룹이 평가과정 동안 부분적으로 개최되었으며, 학생들은 게임 모듈 말미에 사고방식 검사지를 완성하였다. 게임모듈 내에서 학생들의 학습경험에 대한 반성적인 진술이 분석되었다.

포커스 그룹은 과정의 6주와 8주 사이에 총 20명의 학생이 참여하였다. 비록 이 포커스 그룹이 선택적이기는 하지만, 참여하는 학생들의 폭을 넓히기 위해서 참가학생들에게는 소규모의 비용을 지불하였다. 각 포커스 그룹은 3~4명의 학생으로 구성되어 있으며, 대략 1시간 정도 참여하였다. 또한 각 그룹은 유사한 구조를 따라갔지만, 질문은 개방형으로 진행하였고 어떤 방향을 탐색할 수 있는 기회로서 사용되었다. 시간 제한 때문에 개인 면담보다는 포커스 그룹이 활용되었으며 그룹 면담은 아이디어와 논쟁을 촉진하는 데 도움이 되리라고 기대했다. 동일한 작업이 경험에 대한 솔직한 논쟁을 방해할 수 있을 것이라 느껴졌기 때문에 형성된 그룹에서 동일한 작업에 참여하는 학생들을 제외하였다.

포커스 그룹은 학생들의 기대치, 동기, 작업 형태 그리고 소통을 실험하였고, 과정과 게임 설계를 시험하였다. 이들 그룹에서 나온 자료는 주제를 강조하고, 마지막 과정인 태도 설문지를 설계하는 데 이용되었다. 이 설문지는 과정 마지막 주에 학생들에게 제시되었고, 총 26명의 학생이 완료하여 제출하였다.

모듈에 참여하는 학생들은 일정한 범위의 마케팅과 경영과정을 이수한 최종 학년이었다. 그들 대부분은 20대 초반이었고, 학급의 2/3는 여자였다. 대부분의 학급은 이전에 컴퓨터 게임을 해 본 경험이 있었지만, 12%는 이전에 제작된 교육용 게임을 이용하였다. 학생들(85%)은 학습으로 게임을 이용하는 것이 긍정적이든 부정적이든, 학생들에게 동기부여가 되지 않을 것이라고 진술하였다. 회수된 설문지는 모듈이 대체적으로 성공하리라는 긍정적인 증거를 제시하였다. 학생의 80%는 다른 것보다 모듈을 더욱 즐겼다고 말했다(학급의 60%만이 최종 설문지에 응답했음을 나타내었다).

이 과정을 수강하도록 선발된 학생은 기본적으로 그것이 게임이라는 것 때문이 아니라, 허구이고 재미있고, 흥미 있기 때문에 과정에 참여한 것이다. 일반적으로 과정을 수강하는 동기는 최종 시험 없이 평가를 진행하고 이론을 실제 상황에 응용할 수 있는 기회를 제공하기 때문에 발생한다. 학생들이 모듈을 통해 동기부여가 잘 되었는지에 대해 질문을 받았을 때 학생의 96%가 그랬다고 대답하였다. 대조적으로 77%는 게임에서 동기부여가 잘 되었다고 답하였다. 게임에 승리하기 위한 동기부여는 게임 기간 내내 팀의 성적에 따라서 변하는 듯했다. 팀이 승리하는 경우 더욱 동기부여가 되고, 패배하면 급격히 동기부여가 감소되었다. 그룹 간에는 대단한 경쟁이 있었지만 그룹의 각 구성원 간에도 그랬다. 이것은 긍정적인 동기인 것처럼 보였으며 그 결과 팀은 보다 나은 성과를 만들어 냈다.

평가는 게임 기반 접근의 긍정적 · 부정적인 측면을 강조한다. 학생들은 매 결정으로부터 피드백이 즉각적으로 주어진다는 사실을 좋아했다. 그러나 피드백이 제한적이며 활동들이 어떤 결과를 왜 초래하는지를 즉각적으로 설명하지 못하는 단점을 학생들은 깨달았다. 또한 게임은 항상 이론의 정확한 적용을 반영하지 못하는 듯하고 우연히 게임에 이길 수 있다는 사실에 대해서도 비난을 받았다. 게임은 제한된 옵션을 가진 제한적인 모델에 바탕을 두고 있고, 창조성이나 개인의 재능을 게임에서 발휘할 수 있는 가능성이 없다고 느꼈다.

 Tips

- 게임에서 제공된 구조에 매달릴 필요가 없다. 하지만 추가적인 창조적 요소들을 추가할 수는 있다.
- 내부 그룹 경쟁은 협력적인 지원을 하는 동안 학생들에게 동기부여를 촉진한다.
- 게임 성과를 직접 평가하지 마라.

사례연구 3: 《피스메이커(PeaceMaker)》

드몽포르 대학교

크리스 골드스미스 & 리처드 홀(Chris Goldsmith & Richard Hall)

정치학과 국제관계학을 드몽포르 대학교에서 공부한 24세까지의 최종 학년 학부생들은 '중동에서의 윤리학과 국제관계'에 대한 옵션 모듈을 선택할 수 있다. 윤리적 관심과 국제정치학 간의 상호작용이 최근까지 정치학의 이론적 · 실질적 측면에서 더욱 심화되었다. 이것은 영국의 노동당 정부가 외교정책에 윤리적 결정을 내리는 안에 대한 논쟁을 통해서 입증되었다. 그 모듈을 진행하는 동안 학생들은 비민주국가에 민주주의 홍보하기, 전쟁이론, 분쟁해결, 정체성과 차별성 같은 주제에 대해서 논쟁을 벌였다.

이러한 이론들이 실제로 어떻게 영향을 주는지 학생들이 깨닫도록 돕기 위해서 그들은 중동의 정치학, 이스라엘-아랍 분쟁, 걸프전(1990~1991년), 이라크 침공(2003~2008년)과 점령, 오슬로 평화과정의 흥망성쇠에 관한 일련의 연구를 진행하였다. 모듈의 교육을 뒷받침하기 위해서 학생들은《피스메이커》게임을 한다. 이것은 이스라엘 수상과 팔레스타인 대통령의 역할을 학생들이 각각 수행하도록 되어 있는 디지털 게임이다. 게임에 참여하는 각 참가자들의 목표는 이스라엘과 팔레스타인 분쟁에 대한 해결책을 찾는 것이다.

학과 교수팀은 시뮬레이션 사용과 정치학과 국제관계학을 지도하는 역할게임에 상당한 경험을 보유하고 있다. 존 듀이(John Dewey), 파울로 프레이리(Paulo Freire) 그리고 데이비드 콜브(David Kolb) 같은 교육전문가의 연구를 인용하여, 교육과정은 경험학습 기회와 전통적인 과제물이 더욱 결합되도록 설계되었다. 3년 동안의 학위 프로그램을 통해서 학생들은 그들의 지식과 기술을 실제 사회 상황에 일정하게 적용하도록 요구받았다. 예를 들어, 'EU의 정치학'에 관한 2년 모듈 동안 학생들은 각료 회의를 조정하는 시뮬레이션에 참여하는데, 석 달이나 사용하였다. 이 기간 동안, 정책 순위, 새로운 뉴스에 대한 반응, 가상 학습환경을 통한 사전 학습 등을 함께 진행하였다. 시뮬레이션에서는 중재자끼리 대면하여 만나는 하루 동안의 협상과정을 포함하고 있으며, 학생들은 EU 협상의 역동성에 대한 깊이 있는 인식과 동시에 그들의 협상력을 개발하고 연설하며 청취하는 능력을 얻는다.

결과적으로 '중동에서의 윤리학과 국제관계학' 모듈을 설계할 때, 더욱 개선된 시뮬레이션 요소를 포함한 질문이 우리 마음속에 먼저 일어났다. 하지만 주제의 성격이 상당히 무거운 이유로 일부 침묵이 있었다. 학생들은 교실에서 대립을 가져올 수 있는 이스라엘-팔레스타인 질문에 대해 한편 혹은 다른 편을 옹호하는 데 소극적인 경향이 있었다. 따라서 학생들에게 중요한 학습결과물은 지역내에 직면해 있는 문제의 복잡성에 대해서 인식시키고, 이러한 문제들이 양측에 의해서 얼마나 다르게 인식되어 있는지를 의식하고, 분쟁해결의 과정에 대한 과제를 이해하는 것이다. 과제는 예상 가능한 정치 상황에 고착되어 있기보다는 포괄적이고 학구적인 방법으로, 어떻게 문제를 해결하느냐에 초점을 두었다. 공동작업에서 보다 적극적인 학습방법은 실제 의사결정에 집중하는 것이 중요하다. 《피스메이커》게임은 학생들이 조정적인 방법으로 분쟁의 당사자인 양측으로부터 평화로운 해결과정을 경험함으로써, 목표를 성취할 수 있는 잠재적인 방법을 제시한다. 《피스메이커》게임은 전통적인 시뮬레이션에 비해 보다 복잡하고 더 많은 시간을 소비할 수 있는 기회를 제공한다.

교수팀의 디지털 게임 사용에 대한 인식은 학생참여의 의미로 게임 플레이에서 토론에 초점을 둔 워크숍을 통해서 증대되었다. 디지털, 비디지털 게임이 학습활동에 어떻게 통합되고 전달될 수 있는지에 초점을 둔, 게임 기반의 접근 방식에 대한 교육학적인 근거를 발전시키는 데 많은 기간을 할애하였다. 국제관계학 수업에 상업용 게임인 《문명(Civilization)》을 도입한 와이르와 바라노스키(Wier & Baranowski, 2008)의 연구는 사례 기반의 설계 문제를 부각시키는 데 통찰력이 있었다.

사례기반의 설계에서, 첫 번째는 이야기 구조가 대단히 중요하며, 학생들에게 게임 진행 전에 게임에 대한 전후 상황을 공개하는 것이다. 이것은 게임에 소요되는 시간을 알려 주며 팀이 학생들에게 그것으로부터 무엇을 배우기를 기대하고 있는지 알려 준다. 만일 학생들이 게임 시작 전에 이미 이스라엘–아랍 분쟁과 중동 평화과정에 대해서 강의를 들었다면, 게임을 진행하는 데 있어 경험보다 배운 내용을 재현하는 것으로 진행할 수 있을 것이다. 게임의 즐거운 면은 처벌(또는 실수하거나, 잘못된 결정을 내리거나, 문제를 해결하지 못하는 경우에)에 대한 두려움 없이 실험하는 것이다. 만일 학생이 반시대적인 생각을 가지고 있다면, 그들이 게임을 고를 때 부자연스러움을 느낄지도 모른다. 하지만 게임 주제에 대한 사전 설명 없이 게임을 하는 것은 그들이 행하는 행위의 의미를 이해하기 어렵고 깨닫기 어렵다는 것을 의미할지 모른다. 게임 안에는 이스라엘과 팔레스타인 간 분쟁의 전개과정에 대한 기본적인 개요를 제공하는 연대표가 있다. 평가기간 동안, 연대표를 사용하는 학생들은 그것이 유용하다는 점을 알겠지만 다른 사람들(사용하지 않는 사람)은 옵션으로 제공되는 연대표를 사용하는 것이 유용하다는 것조차 눈치채지 못하였다. 팀은 학생들이 중동 평화과정에 관해서 특별한 조언을 갖기 이전에 게임을 선택했지만, 그들은 게임 시작 전 연대표를 참조하도록 설명서에서 분명히 조언을 받았다.

두 번째는, 실제 게임 세션을 어떻게 구성해야 하는지를 고민해야 한다. 비록 《피스메이커》가 유리한 환율로 10프랑 미만을 지불하기는 하지만, 학생들 자신의 컴퓨터에 게임을 설치할 만큼 지불하리라고는 믿지 않는다. 그래서 인문대 컴퓨터실 10개의 컴퓨터에 게임을 설치하였다. 이것은 뭔가 잘못되었을 때, 기술 지원을 쉽게 받을 수 있다는 장점이 있다. 그러나 인문대 컴퓨터실은 수 주 동안 완전히 예약되어 있었다. 그래서 게임 세션은 1시간 동안으로 줄여야 했고, 학생들의 참여의식에 영향을 주었다. 게다가, 네트워크에 연결되어 있는 장비의 시스템 구성에 의해서 게임을 할 때 저장된 게임을 다시 시작하는 문제가 있었다.

교수팀은 1시간 동안의 게임에서 가장 많은 것을 얻어 내기 위해서 게임세션을 다시 설계해야 했다. 학생들에게 둘씩 짝을 지어 게임을 하도록 요청하였고, 한쪽은 화면상에서 게임을 하고, 다른 쪽은 그들이 선택한 옵션, 즉 게임에서 얻는 느낌과 게임에 다가가는 이유에 대한 메모를 기록하며 게임을 하였다. 게임에서 1시간 내에 문제를 해결하는 것은 최소한 쉬운 레벨에서는 가능하다. 하지만 게임을 수행하는 데 성공하지 못해도 그들이 얻은 점수를 기록할 수 있다. 학생들은 2차 세션에서는 다른 역할을 수행하여 이스라엘과 팔레스타인 지도자로서 게임을 진행하였다.

팀이 고려해야 할 중요한 문제는 피스메이커 경험을 어떻게 평가하느냐 하는 것이다. 시뮬레이션은 지금까지 실시간 접근 형태로 이용되어 왔다. 예를 들어, 레벨 2에서 진행되는 EU 장관 회의 시뮬레이션은 모듈 평가의 30%를 차지한다. 평가할 수 있는 개인과 그룹의 실질적인 결과를 바탕으로 해서 이러한 시뮬레이션은 다음과 같은 요소를 포함하고 있다.

- 1일 평가, 학생들은 그룹으로 나뉘어 유럽 통합이라는 주제에 관해서 일련의 토론을 위한 조정 전략을 개발하도록 요구받는다.
- 시뮬레이션된 토론에는 EU 헌법 초안, 크로아티아와 터키의 EU 가입, CAP(Common Agricultural Policy)의 개혁에 대한 논의가 포함되었다.
- 모듈 웹사이트는 각 그룹의 전략을 구축하고 준비하는 데 사용된다. 또 각 대표자들이 각 그룹의 종합적인 전략의 특이한 점에 대한 보고서를 게시할 수 있도록 해 준다. 즉, 보고서에는 다른 대표단 멤버들이 접근할 수 있고, 학생들이 가능성 있는 조정 파트너 또는 의견합의 시 장벽이 되는 존재를 확인할 수 있도록 해 준다.
- 보고서는 EU의 정책 조정의 영구적인 대표 단계를 반영하고 있고, 전체 시뮬레이션 단계의 15%를 차지하고 있으며, 의견개진은 그룹이 시뮬레이션 시기를 판정하기 위해서 하는 시작 단계다. 나머지 85%는 그룹 성과에 의해서 결정된다.

《피스메이커》의 시뮬레이션에 대한 학습결과는 중동 정치의 광범위한 평가와 분쟁 해결의 복잡성을 깊이 있게 이해하는 데 초점을 둔다. 따라서 팀은 일련의 학습결과를 게임에 직접 연계시키지 않고, 형성평가에 사용하도록 결정하였다.

학생들은 일련의 질문에 답하고, 그것을 가상 학습환경인 온라인 저널(online journal)에 반영하는 활동을 하였다. 그 이유는 그것이 학생들에게 익숙한 소프트웨어이기 때문이다. 레벨 3에서, 반성에 바탕을 둔 접근을 개발하는 것은 학습자들이 독립적인 학습과 자율성을 향해 움직이는 것으로 개발의 핵심이다. 일지(logs)에서 성찰활동은 평가된 세미나 발표물과 특히 《피스메이커》에서 의사결정에 영향을 준 주제에 초첨이 맞춰진 2차 에세이를 준비할 때 학생들에게 더 발전적인 근거를 제공한다(주로 비민주국가에서 민주주의 홍보, 세계적인 불평등, 전쟁 이론, 분쟁 해결, 그리고 동질성과 차별성의 정치학). 일부 학생들은 상대적인 학생들은 평화중재자로서 상대적으로 성공 또는 실패를 다뤘고, 일부 학생들은 위 주제(2차 에세이에 포함된)에 대해서 그들이 배운 것과 게임에 대해서 느낀 것에 대해 기술하였다. 의사결정을 통해서 개인적으로 학습한 것과 반영한 예들은 세미나에서 논의되었다. 논쟁 포럼 기간 동안 학생들은 최대 250자의 요약본을 개제하였다.

피드백을 통해서, 학생들이 특정한 문제의 불균형을 깊이 있게 인식할 수 있는 방법으로 특히 유용하다는 것을 입증한 셈이다. 이스라엘 수상 역할로 게임을 수행하는 전략들은 팔레스타인 대통령 역할일 때는 완전히 터무니없는 것이다. 그래서 학생들은 양측의 상이한 압력과 이견을 이해하기 시작했다. 또한 학생들은 게임에 대해서 감정적인 반응을 보였다. 예를 들면, 문제를 다루기 힘들게 할 것 같은 테러리스트의 행위 혹은 이스라엘의 침공, 방해 전략에 대해서 분노를 느꼈다. 이것은 학생들이 분쟁 해결 과정에 대한 통찰력을 배가할 수 있도록 하였다. 이러한 반성은 일부 학생의 수업 활동 에세이 주제로 완성되었다. 최종적으로, 일부 학생은 게임을 통해서 구성된 중동에 관한 가정에 대해서 특히 양국의 해결책에 대한 압력에 대해서 비평하였다.

전체적으로, 《피스메이커》 게임을 사용하는 것은 스태프들과 학생들에게 매우 긍정적인 경험이었다. 학생들은 보통 게임을 즐겼지만 일부 상습적인 게이머들은 그래픽에 대해서 혹평을 하였고, 양측의 평화 중재 과정에서 얻은 통찰력에 대해서는 확실히 인정했다. 스태프들은 이스라엘-팔레스타인 문제에 관한 토론이 이전에 진행된 것보다 한층 신중하였다고 느꼈다. 주요 문제점에 대한 학생들의 관점은 크게 바뀌지 않은 반면, 그 문제가 복잡하고 다루기 힘든 성격이라는 평가가 있었다. 이 점은 주제에 대한 수업 활동에 확실하게 반영되었고, 예년보다 격론이 덜 벌어졌다. 팀은 《피스메이커》 게임의 다른 회기를 준비하고 있으며 디지털 게임을 적절한 수업과정 내 다른 모듈에 포함시킬 수 있는 가능성을 살펴보고 있다.

 Tips

- 똑같은 일을 반복할 필요가 없다. 여러분이 학습결과를 달성하기 위해 게임을 이용하고, 수정할 수 있는 상업용 제품이 있다. 반성적인 학습의 맥락에서, 그리고 게임 상황 내의 지극히 개인적인 서사구조와 활동 과정에서 어떻게 활동의 틀을 짜야 하는지 하는 경우다.

- 디브리핑 게이머는 중요하다. 학생들에게 전체 혹은 소그룹 세션에 연결되어 있는 게임 세션 후 즉각적으로 반성할 수 있는 질문을 할 필요가 있다. 기록 할당에 연결되어 있는 특정 디브리핑 세션은 학생들이 의사결정과 활동을 평가하고 강조하는 데 도움을 준다.

- 항상 게임을 총괄평가와 직접적으로 연결할 필요는 없다. 그러나 활동 사항들은 형성평가 경험을 포착하도록 설계되어야 한다. 예를 들어, 반성을 설명하고, 이론을 실제 응용하는 방법을 도울 수 있는 학습 저널들은 학생들이 자신의 학습 자율권을 갖는 데 힘을 실어 준다.

사례연구 4 : 《레드 프런티어(Red Frontier)》

티스사이드 대학교

엘리자베스 야네스크(Elisabeth Yaneske)

이 게임에 대한 아이디어는 티스사이드 대학교에서 컴퓨터공학과 학생들에게 프로그래밍을 가르치던 내 경험에서 비롯되었다. 나는 해마다 프로그래밍을 배우는 학생들이 똑같은 콘셉트 때문에 괴로워한다는 것에 주목했다. 시각적인 비유를 사용하여 콘셉트들을 구체화시켜 학습자를 도울 수 있는 방법을 찾고 있었는데, 게임 환경이 이상적일 수 있다는 것을 알게 되었다. 이 게임은 프로그래밍을 배우기 원하면서 고등교육을 받고자 하는 초보 학생들과 성인 학습자들을 대상으로 하고 있다. 지금까지 71명의 컴퓨터공학과 학생들이 이 게임을 사용해 왔다.

　게임의 스토리는 유해한 세균들이 농경지에 퍼져 지구상의 농작물이 소멸되고 있는 지구의 위기에 근거를 두고 있다. 과학자들은 어떤 효과적인 살균제도 발명할 수 없었고, 수십 억 명의 배고픈 사람들을 먹여 살릴 작물들을 기르기 위해서 화성에 바이오돔을 건설하려는 결정을 내리려 한다. 수많은 시설물이 화성에 세워져야 하지만 아직은 준비가 덜 된 상태다. 플레이어의 임무는 바이오돔을 건설하고 식물들을 수확하여 지구에 보내기 위해 각종 시설을 갖추어야 한다. 아직 작동되지는 않지만 세 개의 시설물이 주어지는데, 발전소와 씨앗선별기, 제조 공장이 그것이다. 발전소는 전체 시설물에 파워를 제공하고, 제조 공장은 재료들을 잘라 바이오돔의 제조물에 맞게 필요한 모양을 만들어 내며, 씨앗선별기는 오염되지 않은 씨앗들이 바이오돔에 뿌려지는 것을 보장한다. 각각의 시설물은 작동 가능하게 하는 장비를 얻어야 하도록 프로그래밍되어 있다. 플레이어들은 각각의 시설물 안에 있는 장비들을 제어하는 올바른 유사 코드를 생성해 내기 위해 그래픽 사용자 인터페이스를 사용한다. 이 게임과 화성에서의 시설물 이름은 《레드 프런티어》다.

　게임의 설계는 프로그래밍 언어들이 구조 제어와 같은 몇몇의 추상적인 콘셉트들을 사용해야 한다는 전제에 근거하고 있다. 이 콘셉트들은 특별히 처음 컴퓨터 언어를 배우는 사람들을 위해서는 물론, 컴퓨터 프로그래밍 구문론 자체를 이해하기 위해서 자주 다루어지는 것들이다. 이 콘셉트들을 이해하지 못한 결과는 비효율적이고 예측할 수 없는 프로그래밍 코드를 만들어 내는 형편없는 알고리즘 설계로 이어진다. 유감스럽게도 학습자들이 코드를 시험할 때 프로그래밍 구문에 문제가 있다면 에러를 결과물로 얻게 되는데, 이것은 워드 프로세서 패키지로 철자 오류를 체크하는 것과 유사하다. 완벽한 철자법과 문법이 우수한 문학작품에 수여하는 상을 보장하지 못하는 것과 같이, 완벽한 프로그래밍 구문이 훌륭한 컴퓨터 프로그램을 보장하지는 못한다. 학습자들은 코드가 능률적이고 측정 가능한지 여부보다 프로그램이 작동하는지 여부에 주요 기준을 두면서, 과정에 초점을 맞추기보다는 제품 자체에 초점을 맞추는 경우가 많다. 프로그래밍 구문의 에러로 인해 학습자는 프로그래밍에 일찌감치 흥미를 잃고, 지나치게 조심하게 되면서 더 많은 실수를 하기도 한다. 《레드 프런티어》의 목표는 학습자들이 추상적인 프로그래밍 콘셉트를 이해할 수 있도록 도움을 주고자 하는 것인데, 예를 들면 루프가 어떻게 작용하는지, 왜 여러 개의 IF 진술문보다 루프를 사용하는 것이 더 좋은지, 또 어떤 것이 포괄적인 콘셉트인지와 같은 것이다. 게임은 구체적으로 프로그래밍 구문을 직접 가르치진 않는다. 플레이어들은 시각적으로 프로그래밍된 환경 속에서 도구상자의 옵션들을 선택함으로써 코드를 생성하면 된다. 이러한 목적으로 개발된 게임을 사용하면서 얻을 수 있는 이점은, 전체적인 문맥 속에 문제점을 노출시키면서 액션에 대한 즉각적인 피드백을 할 수 있는 매력적인 시뮬레이션을 학습자들에게 제공하는 것이다.

게임의 교육적인 근원은 경험학습 이론 또는 '행함에 의한 학습'이나 학습에 대한 사회적 구성주의 시각을 기반으로 한다. 게임은 각각의 문제를 해결하기 위해 협력하는 두세 명의 학습자 그룹에 의해 이루어진다. 학습자 간의 대화는 학습과정의 중요한 부분을 이룬다. 학습자들은 자신들의 솔루션을 인정받기 위해 그룹의 형태로 나머지 사람에게 자신들의 의견이 옳다는 것을 보여 주어야 한다. 앞서 언급했듯이, 게임을 사용하는 이점은 플레이어들의 행동에 대해 전체 맥락에서 즉각적인 피드백을 제공하는 것이다. 플레이어들은 프로그램상에서 솔루션에 대한 힌트를 얻을 수 있다. 그들은 코드를 통해 한 걸음씩 나갈 수 있고 변수의 가치가 어떻게 변하는지 볼 수 있다. 플레이어들이 솔루션을 시행할 때, 솔루션의 설계에 대한 피드백을 얻을 수 있다. 피드백은 그들에게 솔루션에 대한 모델을 제시하며 설계의 장점에 대해 명쾌하게 이야기해 준다. 게임을 끝내자마자 플레이어들은 좋은 설계 원리에 대해 깊이 생각하도록 격려를 받는다.

플레이어의 활동은 다음에 재생할 수 있도록 스크립트로 기록된다. 이 스크립트는 두 가지 목적을 위해 쓰인다. 스크립트는 재생된 내용을 토대로 토론을 통해 학습자들이 심사숙고할 수 있도록 격려하는 교수 도구로 사용된다. 스크립트는 마우스의 움직임은 물론 플레이어가 누른 컴퓨터 키보드의 작동까지 기록한다. 재생되는 스크립트를 통해 플레이어들은 콘셉트와 관련된 실수를 할 때 실제적으로 무엇을 생각했는지, 각 스테이지에서 무엇을 하고 있었는지를 설명하도록 요청받는다. 학습자들이 프로그래밍하는 과정을 기록하는 방법을 통해 프로그래밍 과정에 대해 토론이 가능해지면서 학습자들은 콘셉트에 대해 확실하게 정의할 수 있다. 콘셉트에 대한 오해는 스크립트에 의해 확인됨으로써, 게임은 보다 훌륭하게 발전할 수 있고 콘셉트를 다룰 수 있는 교수 도구가 될 수 있으며, 더 많은 퍼즐을 추가하는 게임 수정도 이루어질 수 있다. 종종 프로그램이 에러 없이 편집되고 실행된다면, 학습자는 문제가 되는 모든 것을 가정할 것이다. 그들은 프로그램의 설계에 대한 피드백을 거의 요청하지 않을 것이다. 게임은 모든 학습자가 솔루션 설계에 대해 프로그램 형성에 중요한 피드백을 제공받을 기회를 준다.

현재 게임에는 발전소, 씨앗선별기, 제조 공장의 세 가지 시설물이 포함되어 있다([그림 11-2] 참조). 각 시설물은 플레이어들이 화성의 기반 시설을 작동시키기 위해서 반드시 풀어야 하는 관련된 문제를 가지고 있다. 플레이어들은 문제를 풀기 위해 명령을 선택할 수 있는데, 그중 가장 쉽게 풀 수 있는 문제로 씨앗선별기에 대한 조언을 얻을 수 있다.

씨앗선별기 시나리오에 접근할 때, 플레이어는 빨간색과 초록색의 불빛과 탈출구인 두 개의 트랙을 가진 검사 기계의 작동 애니메이션을 보게 될 것이다. 그들은 세균이 화성에 퍼지는 것을 막기 위해 오염된 씨앗이 소각될 수 있도록 씨앗선별기를 프로그래밍해야 한다. 빨간색 불빛은 씨앗이 오염되었다는 것을 의미한다. 왼쪽에 있는 트랙은 소각로 쪽으로 향하고 있다. 플레이어

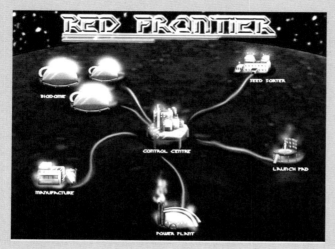

[그림 11-2]
《레드 프런티어》

는 불빛의 상태를 통해 트랙의 방향을 프로그래밍해야 한다. 이 과제를 통해 플레이어들은 게임 인터페이스의 도입으로 작동뿐만 아니라, 조건문 안에 있는 기능을 사용해야 한다는 것을 배우게 된다. 문제가 갖는 일반적인 특징을 고려한다면, 플레이어들은 프로그래밍을 하기 전에 다양한 변수를 초기화해야 한다.

제조 공장은 현재 상태로는 모양을 자를 수 없는 절단 기계 모습을 하고 있다. 이번 임무를 통해 의도된 학습목표는 학습자들이 포괄적인 기능의 이점을 이해하는 것이다. 플레이어들은 사각형으로 자르는 기능, 다음에는 삼각형으로 자르는 기능을 프로그래밍하도록 요구받는다. 그다음 게임은 각각의 모양대로 자르는 분리된 기능을 가지는 것보다는, 필수적이고 보편적인 어떤 다각형 모양이든 자를 수 있는 포괄적인 기능을 가지는 것이 더 효율적이라는 것을 보여 준다. 플레이어들의 임무는 잘라진 재료를 이용해 바이오돔을 건설할 수 있도록 종합적인 기능을 창조해 내는 것이다.

발전소는 발생되는 전체 파워를 결정하는 발전기의 상태와 결함이 있는 발전기가 없는지를 정기적으로 확인해야 한다. 플레이어는 현재 가동되고 있는 발전기의 목록을 작성할 수 있는 기능을 생성해 내도록 요구받는다. 발전기가 작동하고 있다면 제로보다 더 큰 파워를 생산할 수 있다는 것을 의미한다. 그러므로 결함이 있는 발전기는 제로 수준의 파워를 가진다고 할 수 있다. 전체 파워를 산출할 수 있으며 결함 있는 발전기의 목록을 작성할 수 있는 기능이 중요하다. 이 게임에서 기대되는 학습결과는 학습자들이 각각의 루프가 어떻게 전체 집합체 속에 있는 각 구성요소와 관계를 맺으며 순환하고 작동하는지를 이해하는 것이다.

이 시나리오의 임무는 플레이어들이 사용 가능한 기능의 목록을 제공하는 데 있다. 플레이어들이 코드를 작동시킬 때 설비된 장치들이 성공적으로 작동하는지 아닌지를 보여 주는 애니메이션을 볼 수 있다. 애니메이션은 플레이어들이 수행해야 하는 임무를 시각적으로 표현해 주기 때문에 중요하다. 또한 학습자들에게 임무를 시각화해서 이미 이해하고 있는 비가상 세계를 가상 세계와 연결시키도록 돕는다.

학습자들은 컴퓨터 실습실에서 계획된 튜토리얼 시간 동안 게임을 플레이하고 즐겼다. 게임은 수업 시작 전에 각 컴퓨터에 설치되었다. 나는 이 수업 동안 학생들에게 기술적인 도움을 주고 일반적인 지원을 했다. 이 게임은 자기 수준에서 프로그래밍을 공부했던 1, 2학년의 학부생을 평가하는 일환으로 처음 평가되었다. 참여자들은 게임 인터페이스와 게임을 통해 얻은 학습효과에 대한 학습자의 지각을 알아보기 위해 온라인 설문조사를 수행하였다. 추가로, 더 나은 질적인 피드백을 얻기 위해 포커스 그룹이 학생 자원봉사자들과 함께 수행하도록 하였다.

일반적으로 학습자들은 게임을 즐기고 퍼즐에 몰두한다. 학습하는 기간 동안 게임의 전체 맥락 속에서 이론을 적용하는 방법을 제공받음으로써, 대부분의 학습자들은 게임을 통해 배울 수 있다고 느꼈다. 학습자들은 확실한 설계의 선택이 갖는 이점을 게임을 통해 시각화할 수 있다. 학습자들로부터 얻은 피드백은 학습자들이 해결할 수 없는 기술적인 문제와 학습자들이 요구하는 사용자 인터페이스의 변화가 결합된 것을 포함하는 '버그 목록'을 생성해 냈다. 관련된 모듈에 대한 좋은 가르침은 바로 게임을 다시 하고 싶다는 간절함과 학습자들의 경험에 가치를 더할 수 있다고 느끼는 것이다. 즉, 더 많은 모듈 속에서 게임을 시도하고 더 많은 퍼즐을 통해 더욱 발전하도록 의도하게 된다.

C# 프로그래밍 언어는《레드 프런티어》의 발전을 위해 사용되어야 한다. 여기에는 수많은 이유가 있다. 먼저 C#은 사용자 인터페이스를 생성해 내고, 폼(Forms) 라이브러리를 통해 사용자가 상호작용을 다룰 때 이상적이다. C#은 또한 **빠른** 개발과 코드를 지속시킬 수 있는 좋은 언어다. C++ 같은 기존의 언어에 반대하는 C#이나 다른 관리 언어들의 불리한 면은 '레드 프런티어'의 필수조건이 필요 이상의 **빠른** 속도를 요구한다고 느끼지 않더라도 너무 느리게 작동한다는 것이다. 응용 프로그램은 비디오의 재생에 기반을 두고 있는데, 그것은 플래시 기반으로 만들어진 다음 표준 미디어 플레이어를 거쳐 '레드 프런티어' 게임 안에서 재생되기 위해 암호화되어 있다.

개발은 필요조건의 환경으로 이루어진 조립(assembly)으로부터 시작되었다. 이로부터 설계 구문은 응용 프로그램이 발전하는 동안 전체적인 개요로 사용할 수 있도록 만들어졌다. 발전의 모습은 수많은 작은 반복으로 구성되는데, 민첩하게 코드화하는 방법이나 모든 필요 요건을 채우는 방향으로 유도하며 기능을 첨가하는 것으로 이루어졌다. 새로운 기능이 제자리를 찾자마자, 게임이 목적에 맞는지 다른 버그는 없는지 테스트를 받았다. 가장 최종적인 모습은 오랜 기간 진행된 기능성과 사용성을 확인하는 평가였다. 각 발전의 반복은 기능성과 사용성을 테스트하는 단계를 통해 결론이 내려졌다. 이 과정은 자연스럽게 그다음 반복으로 피드백되는 약간의 변화를 이끌어 냈다. 응용 프로그램이 완벽한 특징을 갖추자마자 완전한 평가 국면은 다음과 같은 사항이 수행되는 것인데, 그것은 좀 더 많은 버그를 해결하거나 인터페이스를 통해 사용자들이 발견한 문제를 해결하는 것 등이다.

나는 티스사이드 대학교에서 사용할 수 있는 기업개발기금(Enterprise Development Fund: EDF)에서 자금을 받기 위해 지원했고, 게임을 발전시키기 위해 3,000파운드를 얻어 냈다. 이 돈의 절반은 게임 명세서와 게임 엔진, 게임 인터페이스를 개발하는 데 썼다. 나머지 절반은 게임에 필요한 도입 애니메이션과 퍼즐, 각각의 애니메이션에 대한 실패와 성공, 게임 지도를 생성해 낸 애니메이터에게 지불했다. 애니메이션에 쓴 돈은 비용에 대한 진정한 반성적 성찰을 필요로 했으나, 게임 발전을 위해 쓴 돈은 실제로 개발자의 시간을 다 커버하지 못했다.

🤖 Tips

- 게임의 기회, 돈과 자원, 그리고 예산의 제약 속에서도 무엇을 이루어 낼 수 있는지에 대해 깊이 있게 생각하라. 그렇지 않으면 게임은 결코 개발되지 못할지도 모른다.
- 평가하고 평가하고, 또 평가하라. 사용자 중심 설계는 게임의 성공을 위해 가장 본질적인 것이다.
- 기존의 콘텐츠를 업데이트하는 것뿐만 아니라 새로운 콘텐츠를 첨가할 수 있는 기능을 포함하여 측정 가능하게 게임을 만들어라.

사례연구 5: 《리테일 게임(The Retail Game)》

맨체스터 메트로폴리탄 대학교

존 폴 & 마크 스텁스(John Pal & Mark Stubbs)

《리테일 게임(www.theRetailGame.com)》은 MMU 비즈니스 스쿨에서 소매 마케팅 학사(우등) 과정에 있는 대학 1학년 학생들이 사용하도록 설계되었다. 이 게임은 인쇄물 중심 상점 설계 연습인데, 학습자들은 작은 마을에 새로운

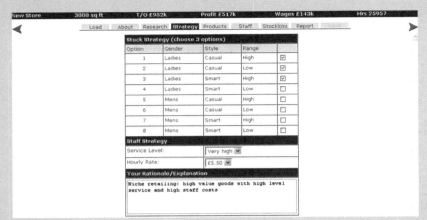

[그림 11-3]
리테일 게임

소매 직판점을 어디에 위치시킬지에 대한 전략을 세우고 운영상의 결정을 내려야 한다([그림 11-3] 참조).

이 게임은 '소매 작업' 단원에 근거를 두고 있는데, 그것은 소매 마케팅 학사(우등) 과정에 있는 1학년 학생들의 필수과목이다. 이 단원은 첫해 공부해야 하는 여섯 단원 중 하나이며, 학생들은 수업 활동 평가는 물론 학기말 고사 모두를 수행해야 한다. 이 게임은 또한 미국 보스턴에 있는 밥슨 대학에서도 사용되어 왔는데, 마지막 학기의 학생들은 소매 아카데미의 마이클 레비(Michael Levy) 교수가 이끌며 운영하는 큰 단원의 한 부분으로 게임을 수행한다.

게임은 전적으로 게임에 동의하는 사람들이 해 왔는데, 보통 30명 정도의 학생들이 참가한다. 하지만 여름 랭귀지스쿨이 운영되는 기간에는 50명 이상의 국제 비즈니스 학생들이 그룹을 이루며 게임에 참가했다.

사용자들은 가상의 소매 의류회사인 파시코(FashCo)에 대한 배경 정보를 제공받는데, 그 회사는 2,000평방피트 크기의 아울렛을 현재 50개나 가지고 있다. 이것과 관련하여 도입부의 배경 정보는 '리서치'란 제목으로 된 링크 페이지들의 시리즈를 포함하고 있다. 이 페이지들은 지역 경쟁업체와 영국의 의류 경향 그리고 지역 주민의 인구 구성에 대한 데이터를 제공한다. 또한 전체적으로 회사의 현재 실적에 대한 데이터도 제공하는데, 예를 들면 제품별로 평방피트당 매출 같은 것이다.

이 데이터들을 제대로 활용하기 위해서 사용자는 제품과 서비스 전략을 선택하고 정당화해야 하는데, 이것은 서비스 수준이나 임금 비율을 포함하는 것이어야 한다. 전략을 제대로 선택하기 위해서 사용자들은 제품을 보관할 공간을 확보하는 문제에 대해 더 나은 상황을 보여 주어야 할 뿐만 아니라, 임시직에 대한 정규직의 비율이나 파트타임 인력에 대한 풀타임(full-time) 인력 비율을 감안하여 계약조건에 따라 인력 보강 문제도 결정해야 한다. 게임을 진행하기 위해서 사용자는 또한 최종적인 결과 보고서가 출력되어 나오기 전에, 재고 손실을 예방하기 위한 전략을 결정하고 정당화해야 한다. 결과 페이지에는 빈 상점 계획만 있을 뿐인데, 이것은 절차상 초기 의사결정으로 인한 공간 할당으로 완전히 실제상황이 되어 버린 것이다.

앞서 소개한 똑같은 학습목표를 가진 인쇄물 기반 연습은 또한 더 많은 데이터의 입력과 처리를 강조하였다. 그리고 스프레드시트를 사용하면서 템플릿을 통해 교수팀이 결과를 입증할 수 있게 되었는데, 그 결과는 스태프와 학습자 모두를 위한 연습의 한 부분으로 지나치게 많은 시간을 보냈다는 것이다. 게다가 학생들에 의해 잘못 입력된 데이터는 전체적인 제안 자체를 위태롭게 만들 수 있었다. 가장 비관적인 경우는 원칙에 대한 이해가 거의 없는 상태로 새로운 상점 계획 과정을 입증할 수 있다고 생각하는 것이었다. 임무를 제대로 수행하기 위해서는 참여 그룹을 조직해야 하며, 반성적 성찰의 결여나 불참에 대한 문제를 분명하게 처리해야 했다. 이와 대조적인 새로운 접근은 어떠한 시간과 공간이든(집이나 대학 같은) 가능한 유연성이 있었다는 것이다.

게다가 새로운 접근은 다양한 제안과 최종적인 결과를 위해 변수의 변화가 주는 영향을 학습자가 직접 볼 수 있도록 반복적인 평가를 가능하게 했다는 것이다. 시간 소모를 줄임에 따라 데이터의 입력과 검증은 데이터베이스에 근거한 연습을 도입해서 진행되는데, 조건이 다 갖추어지지는 않았지만 완벽하게 구성된 제안서를 제출할 수 있도록 지원해 주었다.

가장 우선시된 관심사는 더 많은 사용자들이 데이터의 지루한 입력보다 기본 원리에 대한 발전성과 타당성을 강조하는 것이었다. '백엔드(Back end)' 위주의 데이터베이스를 도입하면서 데이터는 해가 가면 갈수록 교수팀의 매우 적은 노력으로도 변화할 수 있게 되었다.

무엇보다 중요하게 사용된 시도는 상품과 서비스를 혼합하고 다양하게 결합한 것에 대한 테스트를 강조함으로써 '콜브 사이클(Kolb cycle)'에 따라 조정하는 것이었다. 학습자들이 게임을 사용하는 것과 보조를 맞추어 강의와 지도 프로그램을 진행하면서, 학습자들이 이론과 원칙의 입장에서 시작할 수 있게 하는 것은 물론 아이디어에 대한 잦은 테스트 속에서도 즉각적으로 몰입할 수 있도록 하였다. 사용자 피드백을 통해 우리는 수많은 근본적인 변화를 만들어 냈다. 첫 번째 변화는 모든 장면을 가로지를 수 있는 수행 툴바의 도입으로 사용자들이 그들이 계획했던 금전적인 수익을 빠르게 확인할 수 있게 했다. 두 번째 변화는 각 스테이지마다 내리는 결정들이 타당하다는 것을 보여 주기 위해 정해져 있는 프리텍스트(free-text) 프롬프트를 도입함으로써 '클릭 앤무브(Click and move)' 액션을 방지할 수 있게 되었다. 그리고 세 번째 변화는 저장 기능을 도입함으로써 평가를 위해 선정된 제안을 제출하기 전에 다른 제안들과 비교할 수 있게 하였다.

학습결과는 지식의 기저, 다시 말하면 마케팅 원칙에 대한 이해와 소매 운영과 관련된 문제들과 관련되었는데, 예를 들면 상점을 배치하는 원리나 필요조건들을 편성하는 일에 대한 적용, 그리고 의사결정 기술과 타당한 의사결정을 만들어낼 수 있는 결단 같은 것이다. 마케팅 연구소의 자산 요건의 사용은 설계에 있어 계정을 얻어 내는 것이었다. 대인관계에 대한 기술에 대해서도 학습자들은 게임을 스스로 수행하기 위한 요건으로 테스트를 받았다. 그러고 난 뒤 학습자들은 소규모 그룹을 조직하고, 게임을 하면서 축적된 지식에 기반한 그룹의 노력을 보여 주었다. 연습과 함께 운영되는 강의와 지도뿐만 아니라, 각각의 실패에 대한 교사의 맞춤식 피드백이 종합적인 피드백으로 제공되었다.

이미 암시한 것과 같이 사용자들은 게임상에서 세 가지 주요 임무를 수행해야 한다.

- 회사나 지역 인구, 그리고 국내의 유행 경향에 대한 리서치 데이터를 조사하고 해석하는 것
- 진열할 상품의 조건에 맞춘 상점의 위치를 결정하는 것과 노동자의 임금 비율, 구성에 대한 고려는 물론 노동자의 일정에 대해 결정하는 것
- 텍스트 박스를 통과할 때마다 각 단계별로 내리는 의사결정의 타당성을 입증하는 것

게임과 관련하여 대학 1학년 학생들은 다른 소매업자들의 벤치마킹 데이터와 가장 좋은 실습 사례를 설명하는 것은 물론, 그들의 제안에 대한 장단점을 대략적으로 기술하는 간단한 보고서를 제출해야 한다. 국제 여름학교 참가자들도 그들의 결정에 대해 구술하여 표현하도록 되어 있다.

게임은 3년간 소매작업 강좌에 등록한 학생들이 유일하게 이수해야 하는, 대인관계 기술을 배우는 단원의 플랫폼으로 사용되었다. 게임의 전체적인 맥락은 새 상점의 설계 계획에 중점을 두며 잘 꾸며져 있었고, 모든 학습자는 첫해의 사업 결과를 제공받았다. 게다가 각 학생은 재고손실 예방 관리자, 재무이사, 구매 감독 등과 같은 경영진의 역할과 확실한 목표에 대해 간단한 설명을 제공받았다. 그런 다음 학습자들은 8개의 그룹을 만났으며, 현재 사업 상황을 바로잡기 위해 필요한 일을 협상하기 위한 근거를 마련하기 위해서 역할을 그린 삽화를 사용했다.

게임은 학습자들이 취해야 할 입장과 시작을 알려 주는 단원의 가상학습 환경 속에서 몇 년 후에 공식적인 발표와 문서들이 목록화될 것임에도, 구술 발

표에서 학생들을 위해 소개되었다. 비슷하게 게임은 미국 보스턴에 있는 밥슨 대학에서도 게임 설계자로부터 교사에게 충분히 제공되는 브리핑 팩의 사용 같은 어떠한 입력도 없이 사용되어 왔다.

게임으로부터의 결과는, 그 자체로 꽤 많은 학생들에게 사례에 대한 평가는 물론 새 상점을 여는 데 관여하는 원리를 이해하도록 제공되었는데, 그 사례들은 학생들에게 매력적으로 작용했을 것으로 추정되는 벤치마킹 활동을 통해 얻어진 다른 의사결정의 타당성과 결정 모두를 통해 얻어진 것이었다.

더 많은 원리에 대한 평가가 이루어지고 학습자의 피드백이 호의적이라는 것은 분명했다. 게임에 대한 우리의 다른 글(Pal & Stubbs, 2002; Stubbs & Pal, 2003; Pal et al., 2005)에서도 이 양쪽 영역들에 대해 발표해 왔다.

웹에 기반한 브라우저 포맷이 선택되었는데 이것은 게임이 어떤 특정한 소프트웨어 패키지에 의존하지 않음을 의미한다. 이 포맷이 더 많은 유연성을 부여함에 따라, 액티브 서버 페이지의 기술 사용성은 브라우저들의 전체적인 다양성에 관련해 평가를 받아야 했다.

팀 중 하나는 대학교의 연구비를 받으면서 보편적인 의무로부터 자유로운 시간을 가졌다. 그렇지만 그 시간의 대부분을 매크로미디어 울트라 디브(Macromedia Ultra Dev)를 마스터하기 위해 애쓰면서 초반 스테이지에서 사용하였다. 유럽 사회 기금 프로젝트로부터 조성된 펀드를 통해, 초보 프로그래머인 존(John)은 기술적으로 능숙한 마크(Mark)의 프로그래밍 기술을 얻을 수 있었는데, 이것은 프로젝트를 완성하기 위해 필요한 것이었다. 그렇지만 시간이 과도하게 사용되었다는 주장과는 거리가 있다고 해도, 약 5,000파운드의 비용은 프로그래밍의 진정한 비용을 보여 주지 못했다.

게임 설계는 상호보완적인 기술들로 이루어진 두 개체 사이의 공동연구였다. 그중 하나는 적절한 스크립트를 쓰기 위한 기술적인 상식이며, 다른 하나는 소매 활동에 대한 구체적 노하우였다. 래피드 프로토타입을 통한 접근이 도입되었고, 중요한 설계가 완성되자마자 웹사이트를 테스트하는 데 가장 많

11 사례연구

은 시간이 투입되었다. 웹사이트 개발에 소요된 시간의 가장 중요한 부분은 게임을 테스트하는 데 사용된 시간 중 가장 많은 시간을 할애하였다.

> 🤖 **Tips**
>
> - 목표를 분명히 하라.
> - 목표를 간단히 하라.
> - 기술적인 좌절에 대비하라.
> - 다른 게임이 주로 사용하는 블랙박스 방식의 접근보다는, 사용자가 발전 과정을 직접 볼 수 있게 하라.

사례연구 6:《월드 오브 워크래프트(World of Warcraft)》

옥스퍼드 대학교

데이비드 화이트(David White)

《월드 오브 워크래프트(World of Warcraft: WOW, 이하 워크래프트)》는 대규모 다중사용자 온라인 게임(Massively Multi-player Online: MMO)으로 플레이어들은 판타지 장르에서 다루는 것처럼 주제와 관련하여 심미적으로 만들어 놓은 3차원 세계 속에 있는 신화적인 창조물과 싸운다. 게임의 경이적인 성공과 톨킨 스타일(Tolkien-style) 세계의 실현은 종종 세련된 프로세스 과정과 플레이어들이 배울 수 있도록 동기화된 구조를 감추고 있다. 많은 긍정적인 측면을 고려할 때, 이렇게 게임을 만드는 형식은 온라인상의 사회적 협력 공간의 정점 그 자체다. 용을 사냥하는 것에 집중할 때도《워크래프트》는 수많은 기술적이고 사회적인 원리를 중요시하는데 이것은 보편적으로 e-러닝에 응용할 수 있다.

《워크래프트》에 있어 게임의 핵심 목적은 임무를 완벽하게 수행함으로써 가장 수준 높은 경험치의 레벨에 도달하는 것이다. 이것은 개인 게이머에 의해 빠르게 수행할 수 있는 매우 간단한 탐험에서 시작된다. 그리고 게임의 다음 단계에서 점진적으로 스케일을 키우기 위해서는 게임 과정상의 각 섹션에서 팀 시간처럼 25명의 플레이어가 함께 게임을 수행할 것을 요구한다. 플레이어들은 게임의 버전을 선택할 수 있는데, 버전에 따라 각자 싸울 수 있고, 컴퓨터에서 생성된 캐릭터들로 이루어진 환경과 싸울 수도 있으며, 또는 간단한 역할놀이를 할 수도 있다. 환경과 싸우는 버전에서 플레이어들은 게임의 경쟁적인 측면에 가장 흥미를 느끼는데, 게이머들은 플레이어 사회를 지탱하는 게임능력에 의해 증가되는 다양한 요인으로 인해 게임에 더욱 몰입한다. 싱글 플레이어 게임에서는 유일하게 컴퓨터에 대항해서 경쟁한다(전통적인 아케이드 게임에서 리더보드는 주목할 만한 예외적 사례로, 싱글 플레이어 게임을 사회적으로 경쟁할 수 있는 다른 게임으로 만들기도 한다.). 《워크래프트》와 다른 게임에서 경험치나 게임 장비(예를 들면, 갑옷, 칼, 마법 등) 같은 요소들은 사회적 자본의 형식을 상징한다. 그래서 개인 플레이어의 주요 관심은 레벨에 따라 점차 올라가는데, 가상 세계의 동료들로부터 존경과 부러움을 받으려는 동기가 점차 강화되면서 게임에서 완벽하게 이기려 한다. 덧붙여 이러한 동기의 사회적인 차원은 다른 복잡한 동기들을 부추기는데, 이는 좋은 팀 플레이어가 되거나 믿을 수 있는 존재로 알려지는 것들이다.

《워크래프트》는 같은 공간 내에서 단순히 다중적인 개개인으로 있기보다는 플레이어들끼리 커뮤니티를 형성하도록 격려하기 위해 수많은 기술을 사용한다. 그중 가장 중요한 세 기술은 플레이어들의 출석을 관리하는 것과 다양한 직종의 캐릭터를 통해 다중 기술을 구사하는 팀을 형성하는 것, 중요한 이야기 속에서 명확한 목표를 추구하게 하는 것이다. 내 생각에는 이 중 앞선 두 가지는 온라인 학습 공간을 설계하거나 프로그래밍 학습에 의해 적절히 연구되지 못한 영역이다.

11 사례연구

학습자들의 커뮤니티에 참여하면서 동기가 생길 수 있는데, 동기를 유발하는 결정적인 요소는 각 영역을 이루고 있는 개개인의 믿음을 얻는 것이다. 학습자들은 게임 환경이 안전하다는 것을 알 필요가 있을 뿐만 아니라, 같은 게임 환경 속에서 어떤 형식이든 게임에 기여하기 위해 반응을 보일 수 있는 다른 참여자들이 출석해 있다는 것을 알 필요도 있다. 이러한 요소는 참여적인 커뮤니케이션을 동기화할 수 있으며, 사회적 구성주의자의 교육 형식과 협동을 위해 우선적으로 필요하다. 《워크래프트》에서 플레이어는 기본적으로 열려 있는 채팅 채널과 아바타를 통해 다른 게이머들의 사회적인 출석을 즉시 알 수 있다(즉, 그들은 문자 그대로 플레이어 주변을 걸어 다닐 수도 있다.). 이 채팅 채널은 모든 플레이어에게 유용하다. 개인들의 기여로 움직이는 채널은 게임 환경 속에서도 진짜 사람이 있다는 것을 말해 준다. 이러한 출석 형태는 확실하게 새로운 플레이어를 매료시키지 못하기도 하지만, 다른 사람들의 감각에 대해 어렴풋이 알려 준다. 그 사람들은 잠재적인 커뮤니티에 대한 느낌을 만들어 나가기도 하고, 새로운 플레이어가 처음으로 시각적 몰입을 위해 위험을 무릅쓸 필요 없이 게임을 해 나갈 수 있도록 예절과 의식을 배울 수 있도록 해 준다. 이러한 위험도가 낮은 출석 형식은 개인에서부터 사회에 이르기까지 게임의 목표를 완성시키는 만족감을 올려 준다.

《워크래프트》는 팀을 만드는 것을 촉진하도록 설계되어 왔다. 플레이어가 게임을 해 나가면서 캐릭터를 선택할 때, 마법과 치유, 또는 싸움과 같은 잠재적인 기술의 상세한 옵션을 선택한다. 게임의 나중 단계에서 목표는 오직 게임의 범위 안에서 만들어진 플레이어의 그룹이나 이 기술들의 균형을 맞춘 단체에 의해서만 달성될 수 있다. 각 플레이어는 수행하는 게임이 가지고 있는 사회성 범위 안에서 그들의 역할을 배운 다음, 나중 단계에서 다중 기술을 가진 팀에 참여한다. 게이머 역할의 명확한 과제는 이러한 방법을 통해 협동작업을 하도록 격려하는 것이며, 이 협동작업을 통해서 소속감과 함께 확장된 게임 세계 속에서 개인의 가치를 느끼게 한다. 게임의 형식은 플레이어가 다른 캐릭터들과 함께하는 경험을 제공하고, 다른 역할을 통해 그들이 잘 할 수 있는 역할을 발견하게 하며, 즐길 수 있는 역할을 가지게 한다. 플레이어 대부분은 언제나 수행할 수 있는 캐릭터나, 역할의 형식에 의존할지라도 어떤 주어진 세션에서도 수행하기를 원하는 하나 이상의 캐릭터를 가지게 될 것이다.

교수-학습 방법에 따라, 부여된 역할은 협동활동을 위해 중요하다. 종종 역할은 학습자 그룹 안에서 발전시킬 필요가 있으며, 게임 내에서 너무 명확하게 만들어지지 않아야 한다. 대처할 수 있는 개인이 아닌, 단순히 개인적인 게임 시간을 초과하는 게임 목표의 설정은 실제적으로 다중 기술을 가진 팀을 요구하는데, 온라인 학습을 설계할 때 간혹 적절하게 고려되지 못하기도 한다. 따라서 몇몇 사례에서는 역할을 좀 더 분명하게 하기도 한다. 확실한 커뮤니케이션 도구가 제공되자마자 팀워크가 이루어질 거라는 단순한 기대를 가지고 게임을 하기보다, 역할을 바꿀 수 있는 유연성을 허락하는 것은 성공적인 협동 학습이 되도록 도울 수 있었다. 그것은 학습자들의 커뮤니케이션의 편의성 속에서 공유된 노력이 가장 중요한 요소가 된다는 것을 보여 주는 확실한 사례다.

온라인 교수-학습의 실제는 e-러닝 서비스에 효과적일 수 있는 게임 장르에 매료된 기술적이고 사회적인 기술을 사용하는 게임 설계자의 영향을 받는다. 나는 모든 학습이 '게임화' 되는 사례를 만들지 못하고 있는데, 이것은 판타지나 공상과학 장르에서 주제를 감추는 것이 불가능한 것과 마찬가지다. 동기, 몰입, 그리고 학습조건에 따라 게임 설계자들이 당면하고 있는 많은 도전은 실은 간단한 문제인데, 이것은 웹상에 있는 사회적 미디어나 공간이 확장되는 이익을 가져다줄 거라고 기대하며 다음 세대의 e-러닝을 설계하는 사람들이 맞닥뜨리게 될 도전과 유사하다.

Tips

- 애쓰지 말고 《워크래프트》를 통해 가르치라. 장르나 심미성이 정말 강력하다.
- 게임을 하고 있는 누군가를 관찰하고, 무엇이 그들에게 동기를 부여하고 있는지 이해하려고 노력하라.
- 만약 학습의 사회적인 면이 중요하다는 생각을 하지 못한다면, 워크래프트를 하지 말라.
- 커뮤니케이션 채널의 폭넓음을 비롯하여 공식적인 것에서 비공식적인 것, 개인적인 것에서 공동체적인 것에 이르는 활동은 이 게임을 성공으로 이끈 요인이다. 모든 커뮤니티가 주제와 관련이 없는 일에 대해 서로 소통하면서 많은 시간을 보낸다는 것을 참아 내면서, 직접 가르치는 맥락에서 이러한 채널들과 활동들의 형식 중 어느 것이 필요할지 고려하라.

맺는말

12

마지막 장에서는 앞서 언급한 주요 핵심들을 함께 설명하고, 고등교육에서 앞으로 연구 가치가 있는 분야인 학습을 위한 디지털 게임의 현재 실태에 대해 생각해 보고자 한다. 또한 디지털 게임을 사용하는 학습을 위해 시도해 볼 만한 문제를 부각시켜 보고, 후속연구(future research)를 위한 중요 분야를 살펴보고자 한다.

여러분이 이 장에 이를 때엔 고등교육에서 디지털 게임의 이론적 맥락에 대한 개요를 이해하고, 디지털 게임의 사용에 대해 확신하는 저자의 견해를 충분히 이해했기를 바란다. 또한 교수-학습 맥락에서 게임을 디자인할 수 있는 여러분만의 아이디어를 만들어 내고, 실제로(현실에서) 게임이 활용될 수 있도록 그다음 단계에서 해야 할 일을 발견했기를 바란다.

학습을 위한 디지털 게임에 대한 교수 이론의 기초에 관해 2~4장에서 살펴보았듯이, 그것들은 특정 게임의 유형과 구성주의 학습이론 사이에 강력한 연결고리 같은 관계가 있다. 게임은 평가, 비평적 사고, 종합, 분석 등과 같은 고도의 기술 발전의 영역 안에 있다고 확신한다. 그래서 게임은 고등교육에서 가장 큰 가능성을 지니고 있다. 비록 기억의 적용과 지식과 기능의 발달이 있으며, 게임은 분명한 역할을 가지고 있지만, 우리가 적극적인 학습환경으로서 게임이 가진 가능성을 무시한다면 우리는 게임이 제공하는 대부분의 이점을 놓치고 있는 것이다.

나는 이 책에서 개방적인 의미를 사용하여 학습을 위한 디지털 게임의 의미가 무엇인지 탐색했다. 많은 연구자들이 게임의 정의에 대해 많은 글을 남겼지만, 그 안에서 정의를 찾는 것이 얼마나 가치 있는지 확신하지 못하겠다. 단순히 게임이 아니라는 이유로 무엇인가 가치 있는 것을 배제하기보다 포괄적인 정의를 선택한다면 학습을 위한 게임과 유사한 활동 모두를 포함하는 것이 가능하기 때문이다.

내가 느끼기에 특히 고등교육의 장(場)에서 디지털 게임기반학습의 접근성은 중요한 문제이나 간과하기 쉽다. 너무 많은 관심은 교육적인 적절성을 고려하지 않은 채, 지각적인 동기를 증진시키는 것으로 비춰진다. 이런 맥락에서 학습을 위해 디지털 게임을 활용할 때, 즉 교육적 원리가 분명하고 학생과 충분한 소통이 된다면, 게임은 가르치고 배우는 데 가장 효과적이고 적절한 방법이 될 것은 아주 중요한 사실이다.

더 나아가 교사와 학생 모두를 위한 교육적인 문제에서 컴퓨터 게임은 참신한 가치를 지니고 있다. 그 어떤 교수법의 새로운 기틀도 게임의 역할에 관심이 있을 것이다. 디지털 게임기반학습이 설계되고 보급되었을 때, 오랜 시간을 두고 진행된 연구의 결과를 더한다면, 그것은 우리에게 새로운 경험의 효과가 무엇인지를 알 수 있게 해 줄 것이다.

5~7장은 고등교육에서 게임기반학습의 활용에 관한 실질적인 문제에 초점을 두었다. 불행하게도 모든 학과에 적용되는 게임기반학습의 정답은 단 한 가지일 수가 없다. 여러 가지 요인, 이를테면 학생의 태도, 교과목의 성격, 교사의 경험과 교육과정 설계 범위 등이 어떻게 게임기반학습을 통해 구현될 수

있을지에 영향을 줄 것이다. 따라서 훌륭한 수행 활동을 위해 제공된 지침을 절대적인 것으로 생각하기보다는 비판적으로 생각하는 것이 중요하다. 어떤 지침은 주어진 상황에 적절하지 않기 때문이다.

여러분이 다른 교육혁신 방법을 적용하거나 설계된 교육과정을 수정할 때 게임기반학습에 관해서도 생각하는 것이 중요하며, 어떻게 게임기반학습이 학교의 규정과 절차 안에서 적합하게 운영될지 고려하는 것도 중요하다. 교육 과정 안에서 디지털 게임의 통합에 관한 다양한 모델은 사용자가 처한 서로 다른 환경을 위해 적절할 것이다.

디지털 게임기반학습의 평가는 또 다른 중요한 문제다. 이는 어떤 평가라도 적절성과 타당성을 갖는 것이 중요하다. 게임기반학습의 도입은 이미 평가된 교육과정의 방법에 대해 생각하고, 새로운 접근을 시도하기에 아주 좋은 기회 다. 교육방법에서 새로운 제도와 방법의 도입에 관한 모든 측면에서 게임기반 학습의 수행이 효과적이라는 것을 확인하기 위해, 그리고 실시되고 있는 교 수-학습-평가를 증진시키기 위해 평가가 더욱 중요하다.

8~10장은 디지털 게임을 실행할 수 있도록 하는 다양한 기술에 관해 중점 을 두었다. 나는 여러분이 특정 기술에서 전문가가 되는 것을 기대하는 것보 다는 이에 관한 개략적인 관점을 제공하려고 노력했다. 이는 많은 사람들이 자신을 위한 게임을 전혀 개발하지 않을 테지만, 바라건대 이 장들에서는 가 능한 선택과 기술의 습득을 위해 많은 개요를 제시할 것이다. 이 책에 나오는 웹사이트는 보다 많은 기술적인 세부사항과 산출물과 관련된 최신 링크를 제 공한다. 이 부분의 마지막 장은 또한, 내가 생각하고 있는 앞으로 (1~2년 후) 고등교육에 도입될 디지털 게임을 활용한 학습의 진정한 가능성에 관해 여러 분에게 아이디어를 줄 것이다.

이 장들은 현재 활용되는 게임을 찾거나(그리고 그것을 어떻게 평가할지), 혹 은 아이디어(웹상에서의 많은 온라인 게임 사이트의 링크도 있다.)에서 출발해 게 임 개발을 원했다 하더라도 독자 입장에서 일반적인 통찰력을 제공하려는 데 그 목적이 있다. 어느 쪽이든 여러분에게 주어지는 선택은, 디지털 게임기반 학습은 결코 만만치 않다는 것이다. 고등교육에 새 제도를 도입한다는 것은 변화를 원치 않는 사람들, 수용되지 않는 시스템, 그리고 예상대로 작동되지 않는 기술과 맞닥뜨리게 될 것이며 컴퓨터를 활용한 학습이 누구에게나 도움이 되지 않는다는 것도 알게 될 것이다. 그러나 이 책은 희망을 가지고 교수법에서 디지털 기반 학습의 가능성에 대한 탐구를 시작해 보라고 독자에게 강조하고 있다.

후속연구 분야

컴퓨터 게임이 어린이(Squire & Barab, 2004)와 어른(Ebner & Holzinger, 2006) 모두에게 동기를 증진시키고, 학습을 향상시키는 효과적인 방법(Kambouri et al., 2006; Hämäläinen et al., 2006)이라는 실증적인 증거들이 있기는 하나, 게임기반학습에 관한 대부분의 연구는 다분히 일화적이고 소규모적이며, 교육적인 효과성에 대한 문제를 직접적으로 설명하지는 않는다. 교육용 컴퓨터 게임이 어떻게 교육의 전 영역에서 교육활동에 가장 효과적으로 사용될 수 있는지에 관한 증거를 제공하는 보다 큰 규모의 견실하고 경험적인 연구를 위한 요구(정책입안자들 사이에서 인정하는)가 있다고 본다(de Freitas, 2007). 미첼과 사빌-스미스(Mitchell & Savill-Smith, 2005: 61)는 학습을 위한 게임에 관한 종합연구 보고서에서 다음과 같이 언급하고 있다.

문헌 자료(the literature base)는 상대적으로 빈약하다. 연구 결과는 종종 발견된 점과는 모순이 있다. 청소년을 위한 교육용 게임의 활용에 대한 연구는 부족하다. 어떤 연구는 방법적인 문제를 가지고 있기에 장기적인 연구가 필요하다.

교육계 안에서 디지털 게임기반학습이 채택되기 위해서는 다양한 연구 분야에서 연구 과제를 줄이지 않고, 의문을 제기하고, 평가를 지속적으로 수행하는 것이 중요하다. 특히, 고등교육에서 게임에 관한 후속연구에 적합한 흥미로운 주제는 많다. 이러한 주제는 대규모 게임기반학습의 개발과 실행, 평가의 가능성, 심층적인 질적 조사 기술과 대규모의 양적 연구의 수행, 3차원 환경의 인식에 관한 조사, 참신하고 실험적인 인터페이스 디자인 연구, 그리고 원격 학습자를 지원하기 위한 가상 학습환경의 사용에 적합한 비동시적 게임 설계의 가능성 등이다.

대규모의 개발과 실행

고등교육에서 게임기반학습 연구가 가진 많은 제약사항 중 하나는 소규모 연구라는 점이다. 연구를 위한 명료한 후속방향은 대규모 디지털 게임기반학습을 수행하는 것이다. 예를 들면, 도처에 소재한 지원 단체나 기관, 혹은 지원 프로그램을 활용하고, 그 단체나 지원 프로그램이 게임기반학습 환경 구성을 위해 사용될 수 있도록 하고, 이를 토대로 몰입형(사용자가 가상 현실에 있는 것 같도록 하는) 게임 같은 환경을 만들어 주는 것이다. 이러한 활동은 시간을 두고 학습하는 것에 대한 효과를 보장하기 위한 보다 정확한 평가를 가능하게 하며, 특히 이러한 작업은 새로운 효과를 불러일으키기도 한다. 왜냐하면, 게임기반학습과 연계된 새로운 요인이 평가되기 때문이다. 이것은 많은 학생들이 참여하는 학습맥락과 상황의 범위, 사회적 상호작용과 집단 활동을 후원하기 위한 협력적인 게임 환경을 위한 아주 좋은 가능성이다. 이것은 또한 고등교육 맥락에서와 같이 수업의 수행활동 변화와 관련된 조직과 관리 문제 같은 관련 이슈를 평가하기 위한 범위다. 즉, 지협적 혹은 널리 확산된 네트워크를 아우르며 대규모의 다중사용자의 상호작용을 지원하기 위한 기술과 소프트웨어를 설계(디자인)하는 문제, 그리고 게임기반학습 과정의 적정한 방법과 같은 교수−학습 문제 등이다.

질적 그리고 양적 평가

고등교육에서 학습을 위한 디지털 게임에 대한 연구들의 두 번째 한계는 단순한 데이터 수집 방법과 분석 기술에 초점이 맞추어진 것이다. 이 데이터는 의미 있고, 심도 있는 질적 데이터 혹은 양적 데이터 중의 하나를 의미한다. 후속연구를 위한 두 번째 영역은 보다 다양한 혼합된 연구 방법을 수행해야 할 것이다. 보다 견실하고 정확한 양적 연구와 함께 관련된 게임기반학습의 질적인 실험 연구, 예를 들면 가상 게임 커뮤니티의 민족학적인 조사, 고등교육에서 사람들이 컴퓨터 게임을 인식하는 방법에 관한 현상학적 연구, 다양한 학생집단의 학습에 적합한 게임을 개발해야 하는 요인을 발견하기 위해 다양한 모집단(populations)을 살펴보는 것, 즉 주제, 나이, 성별, 그리고 컴퓨터 게임에 대한 선(先)경험 등의 측면에서 살펴보는 것 등이다. 활동의 몰입과 학습 사이에 대한 직관적인 인식이 있을지라도, 그 관계의 성질과 범위에 대한 자세한 연구는 적다. 같은 학습자 집단에서 학습의 정도와 몰입의 정도에 대한 상관관계 연구는 보다 세밀한 면에서 이 관계에 관한 조사에 유용할 것이다. 그리고 몰입의 증가가 학습을 향상시킨다는 관계에 관한 실질적인 증거를 제공할 것이다. 양적 연구와 결부된 이러한 질적 연구는 사회현상과 관련 분야 연구자들의 예상을 통해 게임기반학습의 성격에 대한 보다 나은 이해를 줄 것이다. 질적 분석은 또한 게임 중독, 특정 게임과 공격성 간의 관련, 게임 환경에서의 성 역할과 편견, 게임 활동 연구와 관련된 보다 민감한 주제의 분석을 가능하게 한다. 이러한 이유가 게임을 통한 학습이 필요한 실재적인 증거를 제공하는 경험(실증)적인 연구의 필요성을 증명하는 명백한 증거다. 그래서 새로 도입하는 제도의 교육적 가치에 관한 진정한 의미를 얻을 수 있기 위해 전통적인 학습 모델은 새로운 학습방법과 충분히 비교될 필요가 있다.

3차원 환경

연구를 통해 내가 접해 본 소수의 사용자들은 3차원 가상 환경에서 탐색 활동을 하는 것에 대해 특히 어려워하는 것으로 나타났다. 후속연구로 필요한 주제는 가상 환경 인식과 공간지각 간의 관련성에 대해 조사하는 것과 3차원 인터페이스가 사용자들의 내비게이션(navigation)을 지원할 수 있는 방안을 고려하는 것에 관한 주제가 연구되어야 할 것이다. 특히, 내비게이션에 대한 경험이 적은 사용자들에게 말이다. 인과관계를 조사하는 것 역시 흥미로울 것이다. 사람들이 공간지각 능력의 부족으로 3차원 게임을 플레이하지 않았기 때문인지, 혹은 게임을 적게 플레이해 보았기 때문에 공간지각 능력의 발달이 지연되었는지에 관해서 말이다. 만약 전자의 이유라면, 게임을 통한 공간지각 능력 향상과 획득에 관한 유용한 증거가 될 수 있다.

상호작용 장치

후속연구를 위한 흥미 있는 네 번째 영역은 게임 인터페이스와 플레이어 간 상호작용의 대안적인 방법—특히 콘솔 게임 기계에 사용되는 인터페이스 장치의 새로운 종류를 탐색하는 것에 초점을 둔—을 고려하는 것이다. 예를 들면, 민감하게 작동하는 댄스 매트(dance mats), 마이크로폰(microphones), 그리고 조정장치(controllers) 등과 같은 것이 그렇다. 이것은 육체적인 기술 훈련과 기능습득을 위한 게임 개발을 고려하고, 육체적인 도전을 위한 게임을 하게끔 동기가 부여된 사람들에게 호소력 있는 게임을 제공할 수 있을 것이다.

가상 환경에서 사람들이 협력활동을 수행할 수 있는 방법의 범위에 대한 조사도 후속연구로 가능하다. 즉, 어떻게 그들이 다양한 기구를 가지고 상호작용하는지, 그리고 가상 환경에서 나타나는 다른 사람과의 상호작용 방법이 어떻게 서로에게 영향을 주는지 등에 대해서 말이다. 하지만 접근성에 대한 문제는 여기서는 특히 상대적이다. 왜냐하면 게임기반학습 환경의 이용은 아마도 적은 경험 혹은 육체적 또는 인지적 장애가 있는 학습자들에게는 불공평한 경험을 만들어 낼 수 있기 때문이다.

비동시적 협력

협력적인 다중사용자 게임 대부분은 동시적인 상호작용을 특징으로 한다. 그러나 이 경향은 항상 실질적인 것은 아니다. 학생들이 반드시 같은 시간에 온라인인 상태가 아닐 경우 온라인 혹은 원격교육은 특히 그렇다. 후속연구로 가능성 있는 마지막 분야는 비동시적 게임의 개발이다. 이것은 학생들에게 융통성을 보다 많이 제공할 것이다. 비동시적 환경을 위한 게임 설계, 시간을 두고 참여 정도를 평가하고 이를 확실히 하게 하는 방법 등이 가능한 연구 과제가 될 것이다.

게임기반학습 분야에는 가능성 있는 많은 후속연구가 있다. 그리고 여기서 논한 다섯 가지는 단지 내가 특별히 관심을 두고 있는 것들에 대한 예에 지나지 않는다. 많은 관심과 연구의 분야 중 하나인 게임기반학습은 빠르게 성장하고 있다. 여기에 설명한 것들이 (게임기반학습에 관한) 학문에서 후속연구를 수행하고, 평가하는 실질적인 도구일 뿐만 아니라, 고등교육에서 게임기반학습의 사용에 관한 이론적이고 방법적인 기초를 제공함으로써, 다른 연구자들에게 활용될 수 있기를 바란다.

디지털 게임을 통한 학습의 전망

디지털 게임이 고등교육에서 학습을 위한 혁신적인 방법과 사용자 참여를 촉진하는 도구가 될 수 있다고 확신한다. 또한 연구자들이 제기해야 할 도전

과제가 있다는 것에 대해 인식하고 있다. 마지막으로 이 부분에서는 간단하게 도전 과제에 대해 살펴보면서 생각을 정리하고자 한다. 학습에서 컴퓨터 게임 사용에 대한 중요한 실질적인 문제는 활용할 수 있는 교육용 게임을 어떻게 디자인하고 개발하는가다. 오락용으로 설계된 기존(기성품, off-the-shelf)의 게임 소프트웨어를 사용하든, 맞춤형(bespoke) 교육용 게임을 만들어 내든지 간에 말이다. 맞춤형 교육 소프트웨어의 설계와 연관된 문제는 종종 오락용 소프트웨어와 비교하여 맞춤형 교육 소프트웨어의 제작에는 엄청난 비용문제가 수반된다. 그리고 그것이 학습자들의 기대에 어떻게 영향을 미칠까에 관해 문제시된다(Jenkins, 2002). 대부분의 교육용 소프트웨어는 질이 떨어지고 엉터리 편집에 비전문적이라고 논의했다. 그것이 단 하나의 예는 아니겠지만, 상업적인 소프트웨어에 쏟는 많은 비용은 교육용 게임을 위해서도 가능할 것이다. 그리고 교육용 게임은 오락성과 학습 측면에서 잘 설계되었다는 것을 확실하게 하기 위해 많은 자원(resources)들이 활용될 것이라는 것은 중요한 사실이다. 교육 분야에서 활용하기 위해 기존 게임 소프트웨어의 수정에서 생기는 새로운 경향(de Freitas, 2007)은 아마도 이 문제를 해결해 주는 하나의 방법을 제공할 것이다.

게임기반학습에 관한 다른 비판들은 실생활에 응용 가능한 게임기반학습이 분명하지 않다(Dempsey et al., 1993-4)는 것이다. 특히, 이 책에서 논하는 높은 수준의 기술 맥락에서는 말이다. 게임을 하려는 동기는 학습에 실질적으로는 유해할 수 있고, 게임은 전통적인 학습방법에 비해 비효율적인 방법일 것이다. 특히, 그중에서도 게임에 적응하기 위해 필요한 시간의 양 때문에 말이다. 그 시간은 일반적인 학습을 위해 사용될 수 있을 것이다(Alessi & Trollip, 2001).

컴퓨터 게임기반학습과 관련된 또 다른 단점들은 게임을 사용할 학습자들의 흥미와 도전의 정확한 수준에 게임을 맞추기 어려운 것, 성차별적인(gender-specific) 것, 때로는 폭력적이거나 편견이 반영된 캐릭터, 그리고 협력과 집단 활동이 학습을 급격히 향상시키는 것과는 다르게 개인 사용자를 위해 만들어진 컴퓨터 게임이 많다는 것이다. 덧붙여, 거기에는 게임기반학습의 사용이 여성을 차별할 수도 있는 증거들이 있다. 그리고 공격성, 중독성, 혹은 사회 부적응적(anti-social)인 행동을 유발할 수 있다(Sandford & Williamson, 2005). 그러나 이는 성인 게임 활동과 관련된 곳, 특히 단기적이고 규칙적으로 게임을 사용하는 곳에서는 문제가 적다. 교실 상황에서 게임의 사용은 비실용적일 수 있다. 왜냐하면 제한된 시간과 교사가 게임을 배워 학생들을 가르칠 시간이 걸리기 때문(Becta, 2001)이며, 활용할 수 있는 설비(de Freitas, 2007)와 기술적인 기본 시설의 부족 때문이다. 게임 결과, 학습결과 그리고 평가 사이의 통합을 확실히 하는 것도 주요 논쟁거리다(Sandford et al., 2006; Lean et al., 2006). 존스(Jones, 1997)는 게임과 시뮬레이션이 강력한 학습도구가 될 수도 있는 반면에, 그것들은 인간관계를 손상시키고, 정서상의 상처와 고통을 줄 수도 있다고 주장한다.

단점과 실질적인 실행의 문제에도 불구하고, 특정한 컴퓨터 게임은 사람들을 몰입하게 하는 힘을 가지고 있다는 점은 분명하다. 만약 게임이 교육과정과 평가에 적절한 교육적인 내용뿐 아니라 상호작용과 협력적인 경험의 건전한 학습원리를 포함하여 설계되었다면, 게임은 학습을 위한 적절한 도구임이 분명하다. 게임이 학습자에게 가장 적절하고 만족스러운지는 게임이 사용되는 개별적인 학습의 맥락에 달렸다.

미래의 디지털 게임이 고등교육에서 보다 광범위하고 창조적으로 사용될 것이라는 것은 내 희망이며 커뮤니티를 통해 좋은 사례가 만들어지고 공유되어야 학습을 위한 증거가 될 것이다. 또한 게임의 활용에 대해 진행 중인 체계적이고 견실한 연구의 중요성에 대해 다시 한 번 강조한다. 그래야만 우리가 게임의 장점과 단점에 대해 완전히 이해할 수 있다. 나는 여러분이 이 책을 읽고 난 후에는 고등교육에서―실용적이고 창조적인―디지털 게임을 활용한 교육의 이점을 올바르게 인식할 것이라고 믿는다. 그리고 이 책에서 제안된 아이디어 중의 일부를 시도하려는 노력이 있기를 바란다.

12 맺는말

용어 정리 🤖

대체현실게임(alternate reality game: ARG)

시간을 두고 행해지는 이야기구조 기반 게임으로 실제와 온라인 세계의 요소들이 혼재되어 있음. 그리고 플롯(plot)이 드러나도록 게임 플레이어와 협력적으로 해결할 수 있도록 진행되는 문제들이 제공됨

아바타(avatar)

게임 혹은 가상 세계에서 사용자를 표현하는 시각적인 표상

채팅 룸(chat room)

두 명 혹은 그 이상의 사용자가 다른 사람과 문자(혹은 간단한 그래픽)를 이용하여 실시간으로 대화할 수 있는 다중사용자 가상 환경

상업용 게임(commercial off-the-shelf games :COTS)

컴퓨터 혹은 게임숍(game shop)에서 구입할 수 있는 게임으로 학습용이라기보다는 순수하게 재미와 오락용으로 설계되었음.

커뮤니티 포럼(community forum)

비동시적인 토론 포럼으로 회원들은 다른 사람에게 메시지를 올리거나 한 명이 여러 명(일대 다수)을 상대로 대화할 수 있음

구조적인 일치(constructive alignment)

학습목적(혹은 결과), 학습활동과 평가 간의 의도되고 계획된 안(案)

구성주의(constructivism)

실제적인 맥락의 활동적인 경험으로부터 그들 자신의 의미와 이해를 만들어 가고, 그에 대해 타인과의 사회적 교류를 통하여 지식과 경험의 정당성을 입증하는 학습방법에 관한 이론

몰입, 참여(engagement)

어떤 활동에서 완전하게 몰두하고, 집중하고, 몰입하고, 그리고 정서적으로 매혹/감화된 상태

인스턴트 메시징(instant messaging)

컴퓨터와 컴퓨터 간의 네트워크 소프트웨어로 실시간으로 사용자가 한 컴퓨터에서 다른 컴퓨터로 직접 메시지를 보낼 수 있음

쌍방향(대화형) 소설(interactive fiction: IF)

캐릭터를 통제하기 위해 명령을 사용하고, 환경에 영향을 끼치고, 이야기를 진전시키는 텍스트 기반 환경. 이것은 1980년대에 유행했던 텍스트 어드벤처 게임(text adventure games)을 포함한다. 퍼즐 풀기(puzzle-solving)라기보다는 서사구조와 글쓰기에 초점을 둔 보다 문학적으로 강조되는 쌍방향 소설이 일례임.

리더보드(leader board)

게임에 참여한 게이머들이 보통 획득한 점수에 따라 이름을 순서대로 적어 둔 목록으로 게이머들이 경쟁자와 정당하게 경쟁했는지를 보여 줌

대규모 다중사용자 온라인 롤플레잉 게임(massively multi-player online role-playing game: MMORPG)

많은 수의 게임 사용자가 가상의 판타지 세계에서 상호작용하고 협동적으로 활동할 수 있는 컴퓨터 네크워킹 게임. 문제를 풀고, 적과 싸우고, 환경을 탐험함. 〈월드 오브 워크래프트(World of Warcraft)〉, 〈길드 워즈(Guild Wars)〉, 〈룬스케이프(RuneScape)〉 등이 대중화된 게임임

미니 게임(mini-game)

대규모 게임에 속한 미니 게임으로 메인 게임 플레이에 보조적임

모바일 게임(mobile game)

휴대전화와 같이 손에 쥐고 이동할 수 있는 기기에서 작동되는 게임

모딩(modding)

보통 게임 개발자가 제공한 creation software를 가지고 기존의 상업용 게임을 수정하거나 확장 등을 하는 것

다중사용자 가상 환경(multi-user virtual environment: MUVE)

많은 사용자가 동시에 가상 공간을 이용(navigate)하거나, 대상에 대해 서로 상호작용 또는, 서로 간에 대화/교류할 수 있는 온라인상의 가상 세계

리치 미디어(rich media)

일반적으로 상호작용적이고, 다양한 멀티미디어를 사용하는 기계적인 미디어 혹은 온라인 미디어

세컨드 라이프(second life)

린든 랩(Linden Lab)에서 개발한 가장 유명한 온라인 몰입/참여(형) 가상 세계 중의 하나. 사용자들은 아바타라는 그래픽 캐릭터에 의해 재현되고, 다른사용자와 (문자 혹은 목소리로) 대화와 교류를 할 수 있음. 세계의 곳곳을 다닐 수 있으며, 다양한 객체와 그들 자신의 환경을 만들 수 있음

소셜 네트워킹(social networking)

사용자가 개인적인 프로필을 만들고, 사용자들의 (세부)사항을 공유하고, 네트워크와 사용자 그룹에 참여할 수 있게 허용하는 웹사이트 혹은 소프트웨어

가상 학습환경(virtual learning environment: VLE)

웹 기반 소프트웨어로 학습을 돕는 교수 자료, 커뮤니케이션과 평가의 방법 등과 같은 광범한 도구들을 액세스하는 공통된 포인트(a single point of access to a range of tools)를 제공함.

워크스루(walkthrough)

어떻게 게임을 익힐(완성할) 수 있는지 단계적으로 안내하는 것. 보통 이미 습득한 사람에 의해 온라인으로 정보가 알려짐

참고문헌

Alessi, S. M., & Trollip, S. R. (2001). *Multimedia for Learning.* Boston: Allyn & Bacon.

Anderson, L. W., & Krathwohl, D. R. (Eds.) (2001). *A Taxonomy for Learning, Teaching and Assessing: A Revision of Bloom's Taxonomy of Educational Objective.* New York: Longman.

Bateman, C. (Ed.) (2007). *Game Writing: Narrative Skills for Videogames.* Boston, MA: Charles River Media.

Becta (2001). Computer games in education project: findings report. Retrieved Jan, 2009 from http://partners.becta.org.uk/index.php?section=rh&rid=13595

Bennett, S., Maton, K., & Kervin, L. (2008). The 'digital natives' debate: a critical review of the evidence. *British Journal of Educational Technology, 29*(5), 775-86.

Benyon, D., Turner, P., & Turner, S. (2005). *Designing Interactive Systems.* Harlow: Addison-Wesley.

Biggs, J. (2003). *Teaching for Quality Learning at University* (2nd edn). Maidenhead: Open University Press.

Biggs, W. D. (1993). Using supplementary activities with computerized business simulations to develop transferable skills. In S. Lodge, F. Percival, & D. Saunders (Eds.), *The Simulation and Gaming Yearbook*, vol. 1: *Developing Transferable Skills in Education and Training.* London: Kogan Page.

Bloom, B. S. (1956). *Taxonomy of Educational Objectives*, Handbook 1: *The Cognitive Domain.* New York: David McKay Co. Inc.

Boud, D., & Feletti, G. (1991). *The Challenge of Problem Based Learning.* London:

Kogan Page.

Bredemeir, M. E., & greenblat, C. E. (1981). The educational effectiveness of games: a synthesis of findings. *Simulation & Games, 12*(3), 307-31.

Bruner, J. S. (1966). *Toward a Theory of Instruction.* Oxford: Oxford University Press.

Caillois, R. (2001). *Man, Play and Games.* New York: Free Press.

Chapman, E. (2003). Alternative approaches to assessing student engagement rates. *Practical Assessment, Research & Evaluation, 8*(13). Retrieved Jan. 2009 from http://pareonline.net/getvn.asp?v=8&n=13.

Childress, M. D., & Braswell, R. (2006). Using massively multiplayer online role-playing games for online learning. *Distance Education, 27*(2), 187-96.

CIBER (2008). *Information Behaviour of the researcher of the Future.* Bristol: JISC.

Colarusso, C. A. (1993). Play in adulthood. *Psychoanalytic Study of the Child,* 48, 225-45.

Connolly, T., Stansfield, M., & Hainey, T. (2008). Development of a general framework for evaluating games-based learning. In T. Connolly & M. Stansfield (Eds.), *Proceeding of the 2nd European Conference on Game-Based Learning.* Reading: Academic Conferences Ltd.

Cooper, P. A. (1993). Paradigm shifts in designed instruction: from behaviorism to cognitivism to constructivism. *Educational Technology, 33*(5), 12-19.

Crawford, C. (1984). *The Art of Computer Game Design.* Berkeley, CA: Osborne/ McGraw Hill. Retrieved May 19, 2009 from http://www.vancouver, wsu.edu/fac/peabody/game-book/Coverpage.html.

Csikszentmihalyi, M. (2002). *Flow: The Psychology of Happiness.* London: Random House.

Dansky, R. (2007). Introduction to game narrative. In C. Bateman (Ed.), *Game Writing: Narrative Skills for Videogames.* Boston, MA: Charles River Media.

de Freitas, S. I. (2006). Using games and simulations for supporting learning. *Learning, Media and Technology, 31*(4), 343-58.

de Freitas, S. I. (2007). *Learning in Immersive Worlds: A Review of Game-Based Learning.* Bristol: JISC.

de Freitas, S. I., Savill-Smith, C., & Attewell, J. (2006). *Computer Games and Simulations for Adult Learning: Case Studies from Practice.* London: Learning and Skills Network.

Dempsey, J., Lucassen, B., Gilley, W., & Rasmussen, K. (1993-4). Since Malone's theory of intrinsically motivating instruction: What's the score in the gaming literature? *Journal of Educational Technology Systems, 22*(2), 173-183.

Dempsey, J. V., Haynes, L. L., Lucassen, B. A., & Casey, M. S. (2002). Forty simple computer games and what they could mean to educators. *Simulation & Gaming, 33*(2), 157-68.

Densombe, M. (2002). *Ground Rules for Good Research: A 10 point Guide for Social Researchers.* Maidenhead: Open University Press.

Dormans, J. (2008). Beyond iconic simulation. Paper presented at 'Gaming 2008: Designing for Engaging Experience and Social Interaction, Amsterdam, 22-27 July.

Draper, S. (1999). Analysing fun as a candidate software requirement. *Personal Technology, 3*, 117-22.

Ducheneaut, M., & Moore, R. J. (2005). More than just 'XP': learning social skills in massively multiplayer online games. *Interactive Technology & Smart Education, 2*, 89-100.

Ebner, M., & Holzinger, A. (20070. Successful implementation of user-centered game-based learning in higher education: an example from civil engineering. *Computers and Education, 49*(3), 873-90.

Ellington, H., Addinall, E., & Percival, F. (1982). *A Handbook of Game Design.* London: Kogan Page.

Facer, K., Joiner, R., Stanton, D., Reidz, J., Hullz, R., & Kirk, D. (2004). Savannah: Mobile Gaming and Learning? *Journal of Computer Assisted Learning, 20*, 399-09.

Feinstein, A. H., Mann, S., & Corsun, D. L. (2002). Charting the experiential territory: clarifying definitions and uses of computer simulation, games and role play. *Journal of Management Development, 21*(10), 732-34.

Gagné, R. M., Briggs, L. J., & Wager, W. W. (1992). *Principles of instructional design* Fort Worth, TX: Har.

Gee, J. P. (2003). *What video games have to teach us about learning and literacy.* New York: Palgrave/Macmillan.

Grabinger, S., Dunlap, J., & Duffield, J. (1997). Rich environments for active learning. *ALT-J, 5*(2), 5-17.

Greco, M., & Murgia, G. (2007). Improving negotiation skills through an online business game. In D. Remenyi (Ed.), *Proceeding of the European Conference on Game-Based Learning.* Reading: Academic Conferences Ltd.

Gredler, M. (1996). Educational games and simulations: a technology in search of a (research) paradigm. In D. Jonassen (Ed.), *Handbook of Research for Educational Communications and Technology.* New York: Macmillan.

Hämäläinnen, R., Manninen, T., Järvelä, S., & Häkkinen, P. (2006). Learning to collaborate designing collaboration in a 3-D game environment. *The Internet and Higher Education, 9,* 47-61.

Harvey, J. (Ed.) (1998). *Evaluation Cookbook.* Edinburgh: Heriot-Watt University.

Hodson, P., Connolly, M., & Saunders, D. (2001). Can computer-based learning support adult learners? *Journal of Further and Higher Education, 25*(3), 325-35.

Hollins, P., & Robbins, S. (2008). Educational affordances of multi-user virtual environments. In D. Heider (Ed.), *Living Virtually: Researching New Worlds.* New York: Peter Lang Publishing.

Hon, A. (2005). The rise of ARGs. *Gamasutra.* Retrieved Jan. 2009 from http://gamasutra.com/features/20050509/hon_01.shtml

Honebein, P. C. (1996). Seven goals for the design of constructivist learning environments. In B. G. Wilson (Ed.), *Constructivist Learning Environments: Case Studies in Instructional Design.* Englewood Cliffs, NJ: Educational Technology Publications.

Houser, R., & Deloach, S. (1998). Learning from games: seven principles of effective design. *Technical Communication* (third quarter), 319-29.

Hughey, L. M. (2002). A pilot study investigating visual methods of measuring engagement during e-learning. Report produced by the Learning Lab at the Center for Applied Research in Educational Technologies (CARET), University of Cambridge.

Huizenga, J., Admiraal, W., Akkerman, S., & ten Dam, G. (2008). Cognitive and affective effects of learning history by playing a mobile game. In T. Connolly & M. Stansfields (Eds.), *Proceeding of the 2nd European Conferences on Game-Based Learning.* Reading Academic Conferences Ltd.

IPSOS MORI. (2007). *Student Expectations Study.* Bristol: JISC.

Jacques, R., Preece, J., & Carey, T. (1995). Engagement as a design concept for multimedia. *Canadian Journal of Educational Communication, 24*(1), 49-59.

Jenkins, H. (2002). Game theory. *Technology Review, 29* March.

Johnson, S., & Johnson, D. W. (1989). *Cooperation and Competition: Theory and Research.* Edina, MN: Interaction Book co.

Jones, K. (1997). Damage caused by simulation/games. In B. Cox, D. Saunders, & P. Saunders (Eds.), *The International Simulation & Gaming Yearbook, vol. 5: Research into Simulation in Education.* London: Kogan Page.

Kambouri, M., Thomas, S., & Mellar, H. (2006). Playing the literacy games: a case study in adult education. *Learning, Media and Technology, 31*(4), 295-410.

Kiili, K. (2005). Digital game-based learning: towards an experiential gaming model. *The Internet and Higher Education, 8,* 13-24.

Klabbers, J. H. G. (1999). Three easy pieces: a taxonomy on gaming. In D. Saunders & J. Severn (Eds.), *The International Simulation & Gaming Yearbook,* vol. 7: *Simulations and games for Strategy and Policy Planning.* London: Kogan Page.

Knowles, M. (1998). *The Adult Learner* (5th edn). Houston, TX: Butterworth-Heinemann.

Kolb, D. A. (1984). *Experiential Learning: Experience as the Source of Learning and Development.* New Jersey, NJ: Prentice Hall.

Kolo, C., & Baur, T. (2008). *Homo Ludens* going mobile? Perspectives on mobile gaming. Paper presented at 'Gaming 2008: designing for Engaging Experience and

Social Interaction', Amsterdam, 22-27 July.

Koster, R. (2005). *A Theory of Fun for Game Design*. Scottsdale, AZ: Paragylph press.

Krawczyk, M., & Novak, J. (2006). *Game Development Essentials: Game Story and Character Development*. Clifton Park, NY: Delmar Learning.

Land, S. M., & Hannfin, M. J. (2000). Student-centered learning environments. In D. H. Jonassen & S. M. Land (Eds.), *Theoretical Foundations of Learning Environments*. Mahwah, NJ: Lawrence Erlbaum Associates.

Lave, J., & Wenger, E. (1991). *Situated Learning: Legitimate Peripheral Participation*. Cambridge: Cambridge University Press.

Lean, J., Moizer, J., Towler, M., & Abbey, C. (2006). Simulations and games: use and barriers in higher education. *Active Learning in Higher Education, 7*(3), 227-43.

Lepper, M. R., & Malone, T. W. (1987). Intrinsic motivation and instructional effectiveness in computer-based education. In R. Snow & M. Farr (Eds.), *Aptitude, Learning and Instruction*, vol. 3: *Cognitive and Affective Process Analysis*. Hillside, NJ: Lawrence Erlbaum Associates.

Livingstone, D. (2007). Learning support in multi-user virtual environments. In D. Remenyi (Ed.), *Proceeding of the European Conference on Game-Based Learning*. Reading: Academic Conferences Ltd.

Malone, T. (1980). *What Makes Things Fun to Learn? A Study of Intrinsically Motivating Computer Games*. Technical Report CIS-7. Palo Alto, CA: Xerox Parc.

Malone, T., & Lepper, M. R. (1987). Making learning fun: a taxonomy of intrinsic motivations for learning. In R. E. Snow & M. J. Farr (Eds.), *Aptitude, Learning and Instruction*, vol. 3: *Cognitive and Affective Process Analysis*. Hillside, NJ: Lawrence Erlbaum Associates.

McConnell, D. (2000). *Implementing Computer Supported Cooperative Learning* (2nd edn). London: Kogan Page.

McConnell, D. (2006). *E-learning Groups and Communities*. Milton Keynes: Open University Press.

Magnussen, R. (2005). Learning games as a platform for simulated science practice.

Paper presented at the Digital Games Research Association 2005 Conference, Vancouver, Canada.

Mitchell, A., & Savill-Smith, C. (2005). *The use of Computer and Video Games for Learning: A Review of the Literature*. London: Learning and Skills Development Agency.

Montfort, N. (2005). *Twisty Little Passages: An Approach to Interactive Fiction*. Cambridge, MA: MIT Press.

Moseley, A. (2008). An alternative reality for higher education? Lessons to be learned from online reality games. Paper presented at ALT-C 2008, Leeds, UK.

Oblinger, D. (2004). The next generation of educational engagement. *Journal of Interactive Media in Education, 8*, 1-18.

Oxland, K. (2004). *Gameplay and Design*. Harlow: Addison-Wesley.

Pal, J., & Stubbs, M. (2002). Of mice and pen. *Learning and Teaching in Action, 2*, 11-16.

Pal, J., Stubbs, M., & Lee, A. (2005). Designing a web-driven retail marketing simulation. *Journal of Marketing Management, 21*(7/8), 835-58.

Palloff, R. M., & Pratt, K. (2003). *The Virtual Student: A Profile and Guide to Working with Online Learners*. San Francisco, CA: Jossey-Bass.

Piatt, K. (2007). *Studentquest. 2006 a.k.a. 'Who is herring Hale?'*. Summary Project Report. Brighton: University of Brighton.

Pimenidis, E. (2007). Developing a Computer game for university library induction. In D. Remenyi (Ed.), *Proceedings of the European Conference on Game-Based Learning*. Reading: Academic Conferences Ltd.

Prensky, M. (2001). *Digital Game-Based Learning*. New York: McGraw Hill.

Prensky, M. (2006). *Don't Bother Me Mom - I'm Learning!* St Paul, MN: Paragon House.

Read, J. C., MacFarlane, S. J., & Casey, C. (2002). Endurability, Engagement., and expectations: measuring children's fun. In Becker, M. M., Markopoulos, P., & Kersten, Tsikalkina, M. (Eds.), *Proceedings of Interaction Design*. Masstricht: Shaker.

Rieber, L. (1996). Seriously considering play: designing interactive learning environments based on the blending of micro worlds, simulations and games. *Education and Training Resource & Development, 44*, 42-58.

Rieber, L. P., Smith, L., & Noah, D. (1998). The value of serious play. *Educational Technology, 38*(6), 29-37.

Rockler, M. (1989). The British mystery writer as simulation/gamer. *Simulation/games for Learning, 19*(2), 63-75.

Robertson, J., & Howells, C. (2008). Computer game design: opportunities for successful learning. *Computers & Education, 50*(2), 559-78.

Robson, C. (2002). *Real World Research.* Malden, MA: Blackwell.

Rylands, T. (2007). ITC to inspire with Myst. Retrieved Han. 2009 from http://www.tim-rylands. Com/index.html

Salen, K., & Zimmerman, E. (2004). *Rules of Play: Game Design fundamentals.* Cambridge, MA: MIT Press.

Sandford, R., & Williamson, B. (2005). *Games and Learning.* Bristol: Futurelab.

Sandford, R., Ulicsak, M., Facer, K., & Rudd, T. (2006). *Teaching with Games: Using Commercial Off-the-Shelf Computer Games in Formal Education.* Bristol: Futurelab.

Savery, J. R., & Duffy, T. M. (1995). Problem-based learning: an instructional model and its constructivist framework. *Educational Technology, 35*, 31-38.

Shedroff, N. (2001). *Experience Design 1.* Indinapolis, In: New Riders.

Squire, K. D. (2005). Changing the game: what happens when videogames enter the classroom? *Innovate,* 1/6.

Squire, K., & Barab, S. (2004). Replaying history: engaging urban underserved students in learning world history through computer simulation games. Paper presented at the 6th International Conference on Learning Sciences, Santa Monica, CA.

Steinkuehler, C. A. (2004). Learning in massively multiplayer online games. Paper presented at the 6th International Conference on Learning Sciences, Santa Monica, CA.

Stewart, S. (2006). Alternate reality games. Retrieved Jan. 2009 from http://www.seanstewart.org/interactive/args/

Stubbs, M., & Pal, J. (2003). The development, design and delivery of a retail simulation. *British Journal of Educational Technology, 34*(5), 1-11.

Sung, Y-T., Chang, K-E., & Lee, M-D. (2008). Designing multimedia games for young children's taxonomic concept development. *Computers & Education, 50*(3), 1037-51.

Thiagarajan, S. (1993). How to maximise transfer from simulation games through systematic debriefing. In S. Lodge, F. Percival, & D. Saunders (Eds.), *The Simulation and Gaming Yearbook*, vol. 1: *Developing Transferable Skills in Education and Training*. London: Kogan Page.

Thiagarajan, S., & Jasinski, M. (2004). Virtual games for real learning: a seriously fun way to learn online. ITFORUM Paper #41. Retrieved Jan. 2009 from http://it.coe.uga.edu/itforum/paper41/paper41.html

Virvou, M., Katsionis, G., & Manos, K. (2004). On the motivation and attractiveness scope of the virtual reality user interface of an educational game. Paper presented at the 4th International Conference on Computer Science, Krakow, Poland.

Vygotsky, L. (1978). *Mind in Society: The Development of Higher Psychological Functions*. Cambridge, MA: Havard University Press.

Whitton, N. (207). An investigation into the potential of collaborative computer games to support learning in higher education. Doctoral thesis. Edinburgh: Napier University School of Computing. Retrieved Sept. 2008 from http://playthinklearn.net/?page_id=8.

Whitton, N., & Hynes, M. (2006). Evaluating the effectiveness of an online simulation to teach business skills. *E-Journal of Instructional Science and Technology, 9*(1), Retrieved Jan. 2009 from http://www.ascilite.org.au/ajet/e-jist/docs/vol9_no1/papers/current_practice/whitton_hynes.htm

Whitton, N., Jones, R., Whitton, P., & Wilson, S. (2008). Innovative induction with alternate reality games. In T. Connolly and M. Stansfield (Eds.), *Proceedings of the*

2nd European Conference on Games-Based Learning. Reading: Academic Conferences Ltd.

Wier, K., & Baranowski, M. (2008). Simulating history to understand international politics. *Simulation & Gaming.* Retrieved Jan. 2009 from http://sg/sagepub/com/

Wilson, B. G. (1996). What is a constructivist learning environment? In B. G. Wilson (Ed.), *Constructivist Learning Environments: Case Studies in Instructional Design.* Englewood Cliffs, NJ: Educational Technology Publications.

Wittgensitein, L. (1976). *Philosophical Investigations* (3rd edn). Oxford: Basil Blackwell.

Wolf, M. J. P. (2001). Genre and the video game. In M. J. P. Wolf (Ed.), *The Medium of the Video Game* (113-34). Austin, TX: University of Texas Press.

찾아보기

내 용

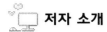 **저자 소개**

니콜라 휘튼(Nicola Whitton)

현) 영국 맨체스터 메트로폴리탄 대학교 교수

⟨관심 분야⟩

컴퓨터 게임, 학습을 위한 리치미디어, 상호작용 설계, 멀티미디어 학습, 교육혁신

e-mail: n.whitton@mmu.ac.uk

Skype ID: nickie66

⟨기고문⟩

Gaming and the Network Generation (*Connected Minds, Emerging Cultures: Cybercultures in Online Learning*, 2008)

Learning and Teaching with Computer Games in Higher Education (*Games-Based Learning Advancements for Multi-Sensory Human Computer Interfaces*, 2009)

 **역자 소개**

백영균(白英均)

미국 조지아 주립대학교 대학원 철학박사(교육공학 전공)

현) 한국교원대학교 교육학과 교수

⟨주요 저서⟩

에듀테인먼트의 이해와 활용(도서출판 정일, 2005)

게임기반학습의 이해와 적용(교육과학사, 2006)

효과적인 수업을 위한 교수ㆍ학습 매체의 제작(공저, 학지사, 2009)

가상현실공간에서의 교수-학습(학지사, 2010)

유비쿼터스 시대의 교육방법 및 교육공학⟨3판⟩(공저, 학지사, 2010)

Digital Simulation for Improving Education: Learning Through Artificial Teaching Environments(공저, IGI Global, 2009)

Gaming for Classroom-Based Learning: Digital Role Playing as a Motivatior of Study(편저, IGI Global, 2010)

박형성(朴炯星)

한국교원대학교 대학원 교육학박사(교육공학 전공)
현) 경기대학교 · 한국교원대학교 겸임교수

〈주요 저서〉
효과적인 수업을 위한 교수 · 학습 매체의 제작(공저, 학지사, 2009)
Handbook of Research on User Interface Design and Evaluation for Mobile Technology(공저, IGI Global, 2008)
Collective intelligence and e-learning 2.0: Implications of web-based communities and networking(공저, IGI Global, 2009)
Digital Simulations for Improving Education: Learning Through Artificial Teaching Environments(공저, IGI Global, 2009)
Handbook of Research on Practices and Outcomes in Virtual Worlds and Environment(공저, IGI Global, 2011)

디지털 게임을 통한 학습

고등교육에서 학습자 참여를 위한 실제적인 안내

LEARNING WITH DIGITAL GAMES

A practical Guide Engaging Students in Higher Education

2011년 7월 11일 1판 1쇄 인쇄
2011년 7월 19일 1판 1쇄 발행

지은이 • Nicola Whitton
옮긴이 • 백영균 · 박형성
펴낸이 • 김진환
펴낸곳 • ㈜ **학지사**

       121-837 서울특별시 마포구 서교동 352-29 마인드월드빌딩 5층
대표전화 • 02) 330-5114 팩스 • 02) 324-2345
등록번호 • 제313-2006-000265호

홈페이지 • http://www.hakjisa.co.kr
커뮤니티 • http://cafe.naver.com/hakjisa

ISBN 978-89-6330-709-1 93370

정가 16,000원